"两弹一星"元勋
故事丛书

杨嘉墀：
大海与星空
YANGJIACHI DAHAIYUXINGKONG

王剑冰 著

青海出版传媒集团
青海人民出版社

图书在版编目（CIP）数据

杨嘉墀：大海与星空 / 王剑冰著. -- 西宁：青海人民出版社，2025.9. --（"两弹一星"元勋故事丛书）. -- ISBN 978-7-225-06884-8

Ⅰ．K826.16-49

中国国家版本馆 CIP 数据核字第 20258GF015 号

"两弹一星"元勋故事丛书

杨嘉墀：大海与星空

王剑冰　著

出 版 人	樊原成
出版发行	青海人民出版社有限责任公司
	西宁市五四西路 71 号　邮政编码：810023　电话：（0971）6143426（总编室）
发行热线	（0971）6143516 / 6137730
网　　址	http://www.qhrmcbs.com
印　　刷	青海新华民族印务有限公司
经　　销	新华书店
开　　本	890 mm × 1240 mm　1/32
印　　张	15.5
字　　数	300 千
版　　次	2025 年 9 月第 1 版　2025 年 9 月第 1 次印刷
书　　号	ISBN 978-7-225-06884-8
定　　价	62.00 元

版权所有　侵权必究

目录
contents

上 部　无边的大海

第一章
归　来 / 3

第二章
新　生 / 19

第三章
上海中学 / 29

第四章
慌乱的年代 / 40

第五章
考入上海交通大学 / 50

第六章
到西南联大去 / 66

第七章
中央电工器材三厂 / 80

第八章
中国第一台单路载波电话机 / 91

目录
contents

第九章
再次踏上征程 / 104

第十章
哈佛大学 / 120

第十一章
傅里叶变换器 / 137

第十二章
收获甜蜜之果 / 149

第十三章
爱情的结晶 / 160

第十四章
"杨氏仪器" / 175

第十五章
祖国的召唤 / 186

第十六章
故乡情 / 201

目录
contents

● 下 部 璀璨的星空

第十七章
  感受祖国的热情 / 215

第十八章
  纷纷热情相邀 / 224

第十九章
  自动化及远距离操纵研究所 / 234

第二十章
  参加国际自动控制联合会（IFAC） / 243

第二十一章
  自动化情况摸底调查 / 252

第二十二章
  走上大学专业讲堂 / 261

第二十三章
  人造卫星的序曲 / 274

第二十四章
  我们一定要搞人造卫星 / 287

目 录
contents

第二十五章
　　核潜艇项目的研究与开发 / 303

第二十六章
　　第一颗原子弹和氢弹 / 320

第二十七章
　　"151 工程" / 346

第二十八章
　　"东方红一号" / 358

第二十九章
　　返回式卫星 / 378

第三十章
　　"331 工程" / 398

第三十一章
　　"实践"系列卫星总设计师 / 415

第三十二章
　　"863"计划 / 426

目 录
contents

第三十三章
　　重返故乡 / 446

第三十四章
　　星　空 / 458

杨嘉墀生平活动年表 / 471

参考文章及书目 / 480

上部 无边的大海

第一章 归 来

一

站在大地上，人们不自觉地朝着天空仰望，会看到无数颗明亮的星星。它们携带着光辉，补缀在天幕上。

有人为它们命名，启明星、北斗星、天王星、海王星……

而你知道吗？其中的一颗，叫"杨嘉墀星"。

杨嘉墀，那是一个曾经鲜为人知的名字，同时也是一个在某种领域如雷贯耳的名字。

杨嘉墀，"两弹一星"元勋，共和国的栋梁，自然，也是人们仰望的星辰。

当你走进他的世界，你会发现他的世界很大，就像苍茫大海，广阔无际；就像万里苍穹，充满奥妙。

是的，每一个奇人，都有着不同寻常的经历，不一样的人生。

你看,此时的杨嘉墀,戴着一副深度近视镜,扶着栏杆,正意气风发地对着我们笑着。

是的,这是在海上,在辽阔无垠的大海上。

大海波涛汹涌,深蓝无边。

远处看不到一个岛屿,也很少看到其他的轮船。

只有波涛、深蓝;深蓝、波涛。

还有一只只的飞鸟,在船的上方翻飞、追逐。

浪里随时会有一条金鳞跃起,飞向远处;还会有很大的波涌,一条大鱼冲出来,咬上另一条大鱼。

漂亮的水母在水中开放,开放成一朵朵白色的菊。那么多的菊,印在蓝色的抖动的画布上。

这是1956年,一个十分有意义的年份。

杨嘉墀和他的妻子徐斐和女儿西西,站在克利夫兰总统号的甲板上。他们的方向,是祖国大陆。

这艘从美国西海岸出发的巨轮,已经在海上航行了一个多月。

二

轮船离开美国西海岸之后,逐渐进入了辽阔无垠的深蓝。

杨嘉墀对四岁的西西说,我四岁生日那天,你知道我获得的生日礼物是什么吗?

西西望着爸爸,摇了摇头。而后催着说,你快说呀爸爸,你总是跟我绕圈子。

杨嘉墀笑了,亲切地抚了抚女儿的头,说,我的爸爸从上海回来,带给我一架小望远镜。

西西说,什么是望远镜呀?好玩吗?

杨嘉墀笑着说,就是这个奇怪的东西。

说着,从身后拿出了一架精致的望远镜。那是他刚从船上礼品专柜买来的。

西西放到眼睛上,看着爸爸说,呀,我看到你的胡子了,你的胡子好长!

杨嘉墀笑起来,说,我拿到望远镜的时候,是爬到窗台上,去看天上的星星。

西西说,我也要看星星,天快点黑呀!

杨嘉墀和徐斐都笑了。

现在西西正拿着望远镜对着大海看来看去。

一会儿她便叫起来,妈妈,快看,远处有一条大鱼!

徐斐顺着她的小手望过去,说,啊呀,孩子,那是一艘船。

不,就是一条大鱼,现在看不到了,可是船还在。

杨嘉墀慎重起来,拿起望远镜看过去,一会儿,还真的发现有一条大鱼时起时伏。

杨嘉墀说,是有一条大鱼,看来是一头鲸鱼,只有鲸鱼有这么大的个头。

西西跳起来,哦哦,我看到鲸鱼了!

三

离祖国越来越近了,望着无尽的大海,杨嘉墀总是陷入深深的回忆。

那是无忧无虑的快乐童年,那些时光,想起来就让人感慨,甚至发笑。

杨嘉墀想起,有一天他背着妈妈,躲在屋子的一个角落,起劲地拆着一只时钟。

那只时钟是父亲从上海买回的,整天放在棕黑色的条案上,和一些瓷瓶、茶罐放在一起。

杨嘉墀很奇怪它的钟摆为什么总是晃来晃去?为什么里

面的机件乱转一气,也不会散架?为什么一到半点和整点它就会响起金色的声音?

母亲找到嘉墀的时候,嘉墀跟前的时钟已经被拆了一地。
母亲又生气又着急,说,你爸爸回来还不揍你,看你怎么装起来。
嘉墀本来想得好好的,拆了再装上就是了。却没想刚拆散就被母亲发现了。
嘉墀就赶紧拼装。这才发现不是那么容易了。
他左装右装,上拼下拼,无论如何都装不成原来的样子。
嘉墀有些愧疚地望向妈妈,眼睛里含了泪水。
母亲帮了半天忙,也是装不起来。就小心地收好,放在一个稳妥的地方。

说起话的时候,母亲就把嘉墀的事跟祖父说了,说这孩子太调皮,把好好的一只时钟给拆坏了。
祖父听了就呵呵笑起来,说,哦,这个嘉墀啊,什么都琢磨,小脑袋瓜里不知道想些什么。好啊,调皮点儿没什么,调皮的孩子,聪明。
祖父杨文震受到洋务运动的影响,思想比较开明,看得也比较长远。
他将杨嘉墀的父亲杨澄蔚送到苏州、上海的洋学堂读书,后来又同意他留在上海的银行任职,不必再回到震泽。

只是婚姻大事还是要为之操心。

1912年冬天，由父母做主，杨澄蔚娶了震泽沈家丝行的姑娘沈慧珍做妻子。也就是杨嘉墀的母亲。

沈慧珍聪明贤惠，勤劳节俭而又谦恭有礼。

杨嘉墀的父亲在上海工作，遇到周末就会回来。

父亲回来了，看到桌子上一堆金黄的零件，再看看嘉墀的窘相，就摸着嘉墀的头笑了。

嘉墀听父亲慈祥地说，这个孩子，你是不是想着表里有一个心脏，一个藏得深深的能够指挥一切的小人啊？

嘉墀感觉父亲说到了自己心里，他轻轻地点了点头。

嘉墀不知道，父亲的心目中，已经预感到儿子将来会有大出息。

父亲带着母亲包起来的一堆零件，去了钟表修理店。

走时不忘叫上嘉墀一同去。

在老师傅的钟表店，杨嘉墀瞪大眼睛，看着那位头发花白的老师傅，拿起一只黑色的眼罩，卡在自己的右眼上。

那只眼睛，立时就让人感觉出无比的神奇。

而后嘉墀看到，师傅一会儿拿起一支小镊子，一会儿拿起一支小改锥，一会儿拿起一支小钳子。他那灵巧的手，三下两下，就把一堆的零件都安排得妥妥的。

拧上发条，那些零件就开始了转动和摇晃。而后再拨动一下指针，就听到"当当"的金属声响了。

杨嘉墀开心地笑了。

他想着，钟表师傅可真能耐呀！将来要是能像钟表师傅，有这么一套手艺就好了。

于是，杨嘉墀从小就对于机械、自动、构造有了深刻的印象。

这之前，嘉墀还把锁门的铜锁拆开过。

不是拆开，是拆不开，找了一把锤子砸开了。

嘉墀想看看那只横着长的铜锁里面到底是什么物件，为什么从右边插进钥匙，一捅就开？

为什么那把钥匙，会是长长的一条，头上还拐个小弯，像个小拐棍？

把锁砸开，嘉墀也没弄明白。

里面的构造并不复杂，却是再也装不起来了。

嘉墀怕母亲发现，干脆藏到了大床下面。

母亲后来找不到锁，只好又去买了一把。

四

杨嘉墀喜欢站在高处仰望天空，他总是在夜晚跑到底定桥上，朝着暗蓝的夜空遥望。

有时祖父找到他，问他，看什么呢？

嘉墀说，我也不知道，天太大了，它把大地都罩住了。

它为什么能把大地罩住呢？为什么天上有那么多的星星，那些星星都在天上挂着，也不掉下来。可是到了夏天，就总有挂不住的星星掉下，那些掉下来的星星都落到哪里去了？

祖父说，那些落下来的星星都被大气层烧化了，烧不完的就会掉到地面，不再发亮，变成一块石头。那就是陨石。

嘉墀说，陨石是什么样子呢？

祖父说，听说比一般的石头颜色深，分量更重。

嘉墀说，那太有意思了。

此后，杨嘉墀再仰望的时候，就会想到那些落下来的星星，他希望有一颗落到震泽，让自己也看看星星变成的石头。

他有时又会突发奇想，我们人能不能把地上的石头送到天上去，让它变成星星呢？

嘉墀捡起一块小石头使劲朝着天上扔去，小石头最终掉进了水中。

祖父看着笑了,说地球是有引力的,你不可能扔到天上去。

嘉墀说,引力?

祖父说,就是吸力。

嘉墀说,要是地球没有了吸力,是不是就可以扔上去了?

祖父笑了,说这个问题我也不懂。等你长大了,去读大学就能知道了。

嘉墀想,大学里还能学到这些?那太有意思了,将来一定要去读大学,好知道更多的东西。

五

杨嘉墀经常见不到父亲,他知道父亲很忙,在上海上班。

只有星期六父亲才会赶晚班的火车回来。

嘉墀总是问父亲,上海有多大,比吴江城还大吗?

嘉墀去过吴江,感觉那里比震泽大多了。

他就想,上海能比吴江大到哪里去呢?

后来母亲也会去上海住一段时间,嘉墀就让母亲讲上海的事。

母亲会讲到火车跑得有多快,黄浦江里的轮船有多大,上海的楼房有多高,南京路的汽车有多少。

于是，杨嘉墀就对上海有了更多的好奇，对火车和轮船也产生了兴趣。

终于有一次，父亲母亲要带着杨嘉墀回上海的家里去。

他们先是到苏州，然后乘火车去上海。

父母在车上一边望着窗外的风景一边说话。

嘉墀感受着跑得飞快的火车，他悄悄离开座位，一步一晃地走到了火车头那里。

这种老式的火车没有几节车厢，车头也与车厢相通着。

这让杨嘉墀很清楚地看到了司机操作火车的情况。

杨嘉墀就那么呆呆地看着。

还看着司炉拿着大铲子，铲起煤块，用脚一踩，炉口的两扇合页便打开了，露出吐着熊熊红舌的大口。

司炉将煤块猛劲地扔进炉膛，炉膛里立刻燃起贼亮的蓝色火苗。

这时火车便觉得舒坦了，有了无尽的力量，它大喘着粗气，扑地一声，喷出浓雾样的白色水汽，而后一声嘶鸣，跨上了一座有着钢铁框架的大桥。

为什么火车要烧煤才跑得快？不烧煤不行吗？那个大炉膛里，究竟会产生什么作用，使得司炉叔叔一次次地将煤块填进它欲望无止的大口？

杨嘉墀呆呆地看着，热气冲到脸上也没有顾忌。

慢慢地减速了,火车要到站了。

司机手抓住了一个器件,就听到车轮猛然发出咔咔的摩擦声。

司机又拉起一个器件,火车竟然声嘶力竭般嗷地鸣叫了一声,吓得杨嘉墀赶紧捂紧耳朵。

这个时候,父亲不知怎么找来了。

父亲说父母把前后车厢都找遍了,人都急坏了,却原来在这里。

司机和司炉看着杨嘉墀说,你小子在这里待得时间可不短了,快快长,长大了也来开火车!

父亲带着嘉墀和两位师傅告别。

回到车厢,嘉墀看到母亲急得都快哭了,就说,没有什么吗?我又不会跳到火车下面去。

父亲母亲带着嘉墀下车的时候,车上的人早就走光了。

六

今天的风比较大。

海浪扬起来,有一些打到了甲板上。

杨嘉墀拉着妻子并没有下到船舱里去。

他们已经习惯了海风和海浪的拍打。

只是往船后移了移。

杨嘉墀对妻子徐斐说,自己小的时候,经常会闹些小毛病,母亲就会请镇上的医生到家里来。

杨嘉墀最害怕医生,他觉得医生手里提着的那个小箱子,装着神秘又可怕的东西。

因为一般人家里都没有。

他记得那位大夫穿长衫,戴眼镜,蓄着长长的白胡子,见人总是一脸笑意。

只要医生一来,就会抓起他的一只胳膊,还会让他张开嘴,看他的舌头。或者把他的衣服撩起来,用一只手捂住他的肚子,另一只手在这只手背上敲击。

杨嘉墀就听到了咚咚的鼓一样的声音。

然后大夫就打开一个小盒子,拿出笔来,蘸上一点,在纸上写起来。

写完,交给家人,嘱咐几句,就撩起长衫往外走去。

那个派头,很有些大仙的感觉。

医生一走,家里人就跟着出门。

然后厨房里就会散出难闻的味道。

最后母亲把一碗黑乎乎的药水端来,让嘉墀喝下去。

杨嘉墀至今记得那碗药水的滋味,真的是苦啊。苦得让人打激灵。

另一边，母亲已经准备了一块冰糖。

所以嘉堽就闭着眼睛，让那药水从牙缝间赶紧地喝下去。

喝下去就有糖吃了。

七岁那年，杨嘉堽看着桑树长出了大叶子，人们忙着采桑，喂食蚕宝宝。

杨嘉堽喜欢随着小伙伴到蚕农家去，看蚕宝宝摇头晃脑咬着桑叶。

蚕屋里一片沙沙声响。

蚕一天天长大，最后开始吐丝作茧。

嘉堽回家告诉母亲，母亲给他讲了一个成语，他深深记下了——作茧自缚。

杨嘉堽还会到河边看人网鱼、钓鱼。

那些网鱼的人会用一张大网猛地扔到河里去，而后慢慢地拉拽。

提到岸上的时候，就有各种小鱼活蹦乱跳。

有时网里面会有像蛇一样的鳝鱼，还会有乌龟，或者一堆的螺蛳。

钓鱼的人就不一样，他们都很沉稳。

坐在那里，可以一整天都不动。就那么坐着，好像不是为了钓鱼，而是为了坐着。

看水，看时光慢慢流过。

别人网了很多鱼也不羡慕，他们觉得那样容易的事情没有意思。

什么时候鱼儿上钩，轻轻地一抬，便就知道有什么样的快乐了。

杨嘉墀看着不同的捕鱼人的生活，便也有了不同的想法。

他觉得那是两种不同的人生追求，杨嘉墀会采取哪一种呢？

他一时还没有想明白。

就在这段时间，镇子里有孩子得了麻疹。

母亲不再让嘉墀出去玩了，怕被传染，母亲说这是一种病毒。

可是嘉墀还是被传染了。

起先是咳嗽、流鼻涕，后来就发起烧来，眼睛也红起来。

渐渐地想睡觉，母亲叫也不愿意睁开眼。

母亲吓坏了，祖父祖母都过来看，让人去叫大夫。

来的还是那位慈祥的白胡子老先生，他还是抓起嘉墀的手腕，翻看嘉墀的眼皮，看嘉墀的肚皮，让嘉墀伸出舌头。

而后就坐在太师椅上写药方了。

母亲这次不敢离开嘉墀半步。

杨嘉墀后来听母亲说，他当时发着高烧，说胡话，牙关紧闭，把母亲吓坏了。

母亲为了给他喂药，用竹片撬开他的嘴，一点点地灌下去。

看着高烧不醒的杨嘉墀，母亲急得掉下泪来。

跟祖父说，是不是把嘉墀的父亲叫回来。

祖父知道嘉墀父亲在上海工作繁忙，不愿意让儿子分心。

就说，今天晚上看看，明天还不见好，就给嘉墀父亲拍电报吧。

祖母则是跪在堂前，不停地念叨着。

第二天一早，母亲发现嘉墀的眼睛慢慢睁开了，跟她要水喝。

母亲惊喜地摸了摸嘉墀的额头，体温真的降下来了。

母亲赶忙让身边的人去告诉祖父。

祖父祖母都赶了过来，脸上带着欣慰的笑。

母亲又给嘉墀端来熬好的米汤，一家人看着嘉墀喝下去。

祖父说，哈呀，今天要是还不见好，我这电文都在心里拟好了。

祖母嘴里嘟嘟囔囔，说着把人担心坏了的话，祖母平时不多说话，但是嘉墀的病还是把她吓坏了，她就总是挪着小脚，一遍遍地到佛堂去烧香。

祖父又让人去请大夫。

一是感谢他的妙手回春，二是看看再开点什么药调理调理。

杨嘉墀记得,这个时候,母亲的眼里又挂了泪花。母亲为了儿子,真的是细心费力,无微不至。

第二章　新　生

一

暂时将镜头拉回。

1919年的9月9日,震泽雨后初晴,天高云淡。

一抹阳光从云隙中射出,顺着一片灰瓦,落在杨家的老宅院里。

杨家人正急切地盼望着一个生命的诞生。

男人们围在厢房周围,看着几个女人进进出出,按照接生婆的要求忙这忙那。

祖父端着水烟壶,捋着胡子在院子里不停地走。

他的脚下,阳光越来越多地积聚在潮湿的石条上。

祖父抬头望天,看到了天上的云全开了,便露出了一丝欢喜的笑意。

这个时候，厢房里传出了一声响亮的啼哭。

生了，生了，是个男孩！

全家人高兴地传递着这个消息。

祖父终于满满地抽了一口水烟。

他猛然停住脚步，自言自语道，好，孩子属于"嘉"字辈，就叫嘉墀吧。嘉者，善也，墀者，阶也。

好，嘉墀！

大家跟着念叨起来。

长大了，嘉墀才明白祖父取的这个名字的意义。

祖父是希望孙子一步一个台阶地往上攀，直到上到无尽的高度，达到一个理想的顶点。

或者说，永远在上，没有终点。

二

杨嘉墀出生的 1919 年，正是民主新思潮日益影响中国的时候。

也正好是爷爷投资的浔震电灯公司第一台发电机组投产送电的时候。

第二章 新生

震泽一片灯火，百姓们享受着这神奇的光明，欢天喜地奔走相告，互相谈论着、祝福着。

而这个时候，杨家的嘉墀出生了，更成为一个热闹的话题。

人们问着杨家这个小男孩的名字，觉得这个叫嘉墀的孩子，同样给他们带来了喜庆和希望。

震泽的丝绸业十分发达，丝业公会为便于业内子弟就学，民国元年，也就是1912年，开始筹建丝业小学。

这在当时的吴江县也是一件大事情，开行业办学的先河。

事实上，丝业小学是杨嘉墀的堂伯父杨澄中着手创办的。

杨澄中是清末秀才，就读于上海龙门师范学校，后来任教于上海青年会中学。

1912年受杨嘉墀的祖父杨文震之聘，回到家乡震泽，创办了丝业小学并亲任校长。

小学开始设在旱桥庄宅内，由于所聘教师好，入学学生多，教学环境优良，第二年便被省里定为模范小学。

影响大了，规模也要跟上去。为了扩大影响，广招学生，1920年，又在北栅藕河豆腐桥北建了新校舍。

校舍整整建了两年多，耗资一万多元。

震泽的百姓们总是到建设工地去看，他们期盼着校舍早日完工，想早日目睹一下新校舍的新姿。

现在终于看到了眉目。

那是两幢双层西式砖砌的现代化学校。

教学楼有拱形走廊及栏杆，还有大礼堂和操场，里面的设施齐全且新颖。

人们议论着，能在这一流的洋学堂里学习，还有一流的先生教学，震泽的孩子们有福了。

1926年，丝业小学增设初中班，改称丝业公学。

现在这座老建筑，成了江苏省苏州市吴江区文物保护单位。

三

渐渐长大的嘉墀也赶上了。

1924年秋天，嘉墀被父母送进了新落成不久的丝业小学。

虽然他刚满5岁，却已经能够认识很多字。

入学时，学校的先生先问了嘉墀的名字，而后按照规定，要预考一下嘉墀。

嘉墀一天天长大的时候，祖父和母亲都会用心地教育嘉墀。

"人之初，性本善。性相近，习相远……"

一边教，一边给嘉墀讲解。嘉墀心里慢慢透亮。

先生先是说一些简单的数字，而后增加难度，嘉墀却是不慌不忙地都回答出来。

先生又拿出一本线装书，指着里面的字让嘉墀认，有些嘉堙竟然能够连读出来。

先生露出了满意的笑容，唔，这是个好苗子啊！

于是在报到簿上写下了"杨嘉堙"三字。

也就是准许了还不到上学年龄的嘉堙提前入校。

杨嘉堙一入校即感受到各种新鲜事物。

1925年10月11日，丝业小学举行廖仲恺追悼大会。

会场设在学校的大礼堂。

杨澄中、柳亚子等著名爱国人士登台讲演，宣传进步思想。

有人领着喊口号，会场上群情激奋。

杨嘉堙虽然小，对一切十分懵懂，却也是对这些新思潮产生了深刻印象。

每天，杨嘉堙都会被祖父或母亲领着，顺着镇子里的那条石板道，顺着石板道上的霞光往前走，再顺着流水，走上那座单孔的老桥上学去。

每天杨嘉堙都是兴致勃勃，对一切都充满渴望。

他就像是一块海绵，吸收着无尽渴望的水分，让自己充盈、饱满。

渐渐地，杨嘉堙就不要祖父和母亲送了，他已经十分熟悉了那条小路，能够自己独立走进美丽的校园了。

何况他还有了小同学一路相伴。

祖父和母亲看拗不过嘉墀的坚持，就答应了他。

他们知道这个孩子在长大，有了独立自主的能力，而且应该培养他具有独立自主的能力，就放手由着他去了。

他们看着嘉墀礼貌地向祖父和母亲告别而后转身大步走去的身影，露出了欣慰的笑容。

嘉墀一边走，一边唱着跳：

摇啊摇，
摇到外婆桥，
外婆不在了，
娘舅买个鱼来烧……

四

那些年，正是世事混乱之际，不断有这样那样的事情发生。

学校里也会不断举行各种活动，或集会，或游行，散发传单，张贴标语，抵制日货，反对帝国主义。

杨嘉墀幼小的心灵，总是时时受到某种震撼。

在进步教师的引导下，杨嘉墀在学校的图书馆阅报室里，翻看到《申报》《时报》《救国日报》，渐渐形成了自我的独立人格。

第二章 新生

1930年，杨嘉墀在丝业小学毕业了。

由于他的学习成绩突出，被保送到了震泽中学。

别小看这个震泽中学，在当时已经有着七年的建校史，由施肇曾和施肇基两兄弟出资创办。

施肇曾在镇上也是大名鼎鼎，他早年就读于上海圣约翰书院及上海电报学校，专攻英语及时政。

1920年至1942年间，施肇曾还出任过驻澳大利亚、英国、新加坡、新西兰等地的副领事和领事，是一位敦行积学、勤于施济的有志之士。

杨嘉墀进入震泽中学后，感觉学习的空间越加广阔，先生们所教知识也更丰富，他的兴趣也就更加浓厚。

尤其那些课堂实验，开阔了他的视野，增强了他对于物理化学的认识。

他的作业总是被先生评为5分，可以说各科都得心应手。

祖父曾经问嘉墀，对学业感到吃力吗？

嘉墀回答说，太容易了，完全对付得了。

祖父听了满意地点头，同时说，看这孩子，信心满足呢，可也不能骄傲呦，骄傲就会落后。

嘉墀说，放心吧爷爷。

祖父说，期末考试见分晓啰！

从口气中也能听出来，祖父对他的这个孙子十分欣赏。

遗憾的是实物教学还是不足，譬如植物学先生讲植物，植物标本就很欠缺。

先生也只能带领学生去野外认识一些简单的植物。

那个时候父亲在上海工作，便把哥哥嘉屏接到上海读书。

嘉墀不知道哥哥在上海的中学里是否比自己学得全面。

尽管这里的实物教学条件不是很完备，但是嘉墀凭借着课本上的图片和解释，理解得也差不多了。

船头的甲板上，杨嘉墀还在回忆着。

杨嘉墀对夫人说，学校的开学典礼，全校师生都在训导主任的带领下高唱校歌，那场面很震撼，给新同学留下深刻的印象。

后来课堂上再教唱时，同学们也会高声地跟着先生唱，唱得意气风发、斗志昂扬。

杨嘉墀现在还记得校歌是张渊甫先生所作，说着竟然小声地唱起来："先哲有言，志存高远。跻圣轶贤，夫孰能限……"

杨嘉墀说，唱完校歌，校长就上台讲话。

他的开场白也会引用歌词中的"先哲有言，志存高远"，然后按照歌词大意侃侃而谈。

同学们觉得校长讲得生动而深奥，不禁佩服得五体投地。

后来在校园里见到校长，杨嘉墀和同学们都会老远就鞠躬致礼。

杨嘉墀说，他还会背老师在堂上教的范成大的《缫丝行》。

因为震泽是丝绸重镇，植桑、养蚕和缫丝的人尤其多，所以他特别在意这首诗。总是在上学的路上，边走边背：

小麦青青大麦黄，原头日出天色凉。
妇姑相呼有忙事，舍后煮茧门前香。
缫车嘈嘈似风雨，茧厚丝长无断缕。
今年那暇织绢着，明日西门卖丝去。

五

1931年9月，杨嘉墀升入了二年级。

这个时候发生了日军侵占东北的"九一八事变"。

震泽中学的学生开展了一系列抗日救亡活动，校园里时常响起振奋人心的爱国歌曲。

还有同学编了情景剧，在舞台上演出。

教室后面的墙报上，有着各种各样的漫画和口号。那上边，就有杨嘉墀的得意之作。

同时，还有外校的学生来学校串联，演出。

同学们搞起了大联欢，每当演到高潮处，就会响起此起彼伏的口号声。

杨嘉墀的思想变得越加成熟，他已经开始关于社会、关于人生的思考，懂得了国富民强、国弱受辱的道理。

六

1932年端午节时，杨家发生了一件大事：祖父宣布分家，让子女各自独立门户。

祖父先是说了一番世界经济形势，无非是较为广泛的经济危机，而且影响到了中国国内丝业的发展，蚕丝生意日渐衰落，已经不是以前的繁荣景象。

祖父说，考虑到孩子们各自成家，有的在外立业，而自己的年龄也大了，所以有必要早些把家产分清楚。

祖父分家的这个情况，也正是茅盾在小说《春蚕》里反映乌镇、震泽、盛泽一带蚕民所遇到的现实。

于是大家接受了祖父的决定。

父亲杨澄蔚考虑到回家一次多有不便，维持两地的分居生活也不现实，分家时，便决定放弃家业，举家迁居上海。

第三章　上海中学

一

杨嘉墀自然有些舍不得震泽中学。

毕竟这里的环境已经十分熟悉,而且学校的学习氛围也不错。老师教得好,同学相处也好。

还有一点,也让杨嘉墀不舍。

这里的亲人多,祖父祖母对自己都很好。离开了,会让杨嘉墀失去很多,留下很多遗憾。

可是父母都要去上海,自己一个人留下来,虽然能住在祖父家里,但长久来看,也不是个事儿。

因为还有以后上高中的问题,震泽老家没有高中,那就还得离开。

想来想去,杨嘉墀也只好同意跟着父母走了。

去上海，杨嘉墀首先面临的就是转学问题。

也就是跟着父母离开震泽中学后，去上海读哪一所中学。

当然，要读最好是去上海中学。

上海中学是一所历史悠久的名牌学校，创建于1867年。

前身是龙门书院，1905年废除科举后改为"龙门师范"。1910年又成为江苏省立第二师范。再后来几家中学合并，改名为江苏省上海中学。

上海中学名师荟萃，教学质量一直为全省榜首。

而且上海中学是省立中学，学费比私立学校低得多。

杨嘉墀听父亲说，当时上海中学一学期十块大洋，私立中学却要七八十块。

父母希望杨嘉墀能够进入上海中学，杨嘉墀当然也是这么想的，不仅能为家中节省一笔不小的学费，而且上的还是上海最好的学校。

杨嘉墀必然地进行了入学考试。

因为上海中学对学生的成绩要求很高，一律用分数说话。

结果很理想，杨嘉墀如愿转入了这所心中的名校。

父亲在学校附近租了一间厢房。

一分为二，一边父母亲住，一边是兄弟两个住。

父亲专门给哥俩买了两张书桌。每天晚上七点至九点，哥俩上晚自习，父亲总是在一旁读书看报。

他们知道，这是父亲有意在陪着他们。

星期天父亲还会带着俩孩子去看电影,看足球比赛。

父亲是位很知道培养孩子的家长,他做事总是不动声色,只是让孩子去用心体会,耳濡目染,潜移默化。

父亲曾经对母亲说,以前对嘉墀关心不够,现在到了身边,就要好好弥补。

二

入校后,杨嘉墀还是感到了诸多不适。

首先就是不会讲上海话。

听着同学们叽里呱啦地说着上海话,杨嘉墀就一头雾水,无法与他们交流。

甚至在课堂上,有些先生讲课当中,讲着讲着,就会用上海话进行解释,好像只有上海话能把问题讲清楚。

同学们还能够接受,没有人提出异议。

杨嘉墀却听不大懂,作业有些问题也问不清楚,学习一度感到吃力。

这让他有了一点惊慌,怕跟不上队伍。原来震泽中学的尖子生,成了拖后腿的落后生可就完了。

母亲还是一如既往地关心着杨嘉墀，她从来不给孩子增加压力，只是不断送上自己的关爱，给嘉墀准备好舒适的学习用具和衣物，及时送上亲切的问候和鼓励的话语。

父亲则说，重点学校各方面都是极为严格的，教学理念也不一样，如果嘉墀接受不了，可以考虑转到私立学校去，那里可能轻松一点。

父亲好像知道杨嘉墀的性格，他是绝对不服输的那种孩子，越是激他，他就越是上劲儿，自强争胜。

果然，杨嘉墀并不回答父亲的话，只管闷着头走出家门到学校去。

渐渐地杨嘉墀能够听懂上海话了。

事实上他是有意加强这方面的训练。

举一反三，找出规律，很快就明白了上海话独特的发音特点。

渐渐地，他也能够与人交流，并且主动接受人家的纠正。

接触的机会多了，老师讲的也能听懂了，课外作业也能与同学一起分析研究，学习成绩很快就跟了上来。

这个震泽中学的优秀生，果然在上海中学也毫不逊色。

杨嘉墀渐渐后来居上，初中毕业时，受到了学校嘉奖。

杨嘉墀回家把学校发的奖状交给父母时，父母自然露出了欣慰的笑容。

直说杨嘉墀就是他们想象的那样，一定会呈现出自己最好的状态。

而后，杨嘉墀顺利地被保送进入本校的高中部学习。

杨嘉墀回家，第一时间就把这一喜讯告诉了父母。

三

没想到后面还会节外生枝。

江苏省教育厅对高中入学做出了新的规定，取消学校保送进入本校高中入学资格。所有已经入学的同学，都要重新参加高中入学考试。

那就再考吧，杨嘉墀并不怕考试，而且被保送的同学，也都是学习好的同学。

考试的科目有国文、英文、代数、平面几何、物理和化学。

杨嘉墀的国文、英文掌握得很好，数理化学得更是扎实，所以他胸有成竹，很轻松地完成了答卷。

出来和同学们互相讨论，答案基本都对，各科成绩应该都是优等。

回家告诉父母，父母也很高兴。夸嘉墀发挥正常，必定考上无疑。

但是好事多磨，好戏曲折。

省里的考试专员在试卷评定后，又对试卷进行了复查，对一些试卷提出了异议。

其中就包括杨嘉墀的国文试卷。

他们认为杨嘉墀的国文试卷有些观点不妥，不应该给那么高的分数。

国文的命题是《新生活运动》。

杨嘉墀强调了"新生活运动"给人们带来的影响，社会观念也由此发生了不小的变化。但是所谓的新生活，无非只是一个表面，因为新生活只存在于上流阶层，与普通大众的关系不大。杨嘉墀对此进行了详细论说。

杨嘉墀所言是客观事实，独特的分析和思想，显然与出题者的要求不大合拍。

最终，杨嘉墀的国文分数重新划定。这样，总分相加，未能达到标准。

按照规定，达标者，才可进入普通高中班学习。

杨嘉墀却要与之失之交臂了。

杨嘉墀十分苦恼，他的情绪一落千丈。

和杨嘉墀情况差不多的同学有好几位，都面临着不能升入本学校高中班学习的情况。

上海中学的郑通和校长知道后很是生气。

因为他心里清楚，这些同学都是品学兼优的学生，即使是升入本校高中班，也同样是佼佼者。

郑校长要为杨嘉墀这样的好学生争取一下。

按照平常规定，虽然杨嘉墀等同学不能正常进入高中班级，校长却可以行使自己的保送权。

当然，保送权也有限制。那就是只能保送到工科班。而非正常的高中班。

郑校长征询了杨嘉墀他们的意见，大家都愿意留在本校学习。

于是大家便被校长保送进入了高中部的工科班。

四

机械工科班是新设立的，教学实践能力很强，配套有木工、铸工、锻工、钳工、机械、电器六处工厂及一所原动力实验室。

这样一比较就知道，高中比初中增添了很多东西。

教师可以实景教学，学生可以亲手操作，理论与实践相结合，知识掌握得更加扎实。

这无疑使得学生眼界大开。

真的是歪打正着，比起普通高中班来，在工科班不仅学习了机械制造方面的知识，还增强了操作能力。

学习中，杨嘉墀他们对钳工、铸工、锻工都有体验，车、铣、刨、磨，都有操作。

真的是开动了脑筋，开发了创新思维，为杨嘉墀后来从事科技研究打下了良好的基础。

只是有一点，工科班是半天上课，半天劳动。普通班却是全日制上课。

这样，有得有失。

实践操作上可能占得一筹，但是理论知识上却会失掉一些。

进入上海中学还不是为了能够考取名牌大学？

这样虽然有了实践经验，但多少也会影响理论学习。

于是大家向老师反映，要求增加教学内容。

老师把同学的意见反馈给工科主任，看能否减少劳动实践，增加文化课程。

但是没有结果。

同学们说，这样不行，我们应该直接找校长，只有校长能够改变一切。

对，当然我们得讲究策略，不能都去，那样显得不礼貌，好像是闹事。

讲这话的同学叫唐有祺，与杨嘉墀一样都是班上的尖子生。

唐有祺后来任北京大学化学系教授、国家教委科技委主任，也是中国科学院院士。

大家都同意唐有祺的意见，便推举他和杨嘉墀、刘畅三位学习最好的同学，代表大家去向郑通和校长请求。

这三位同学也是郑校长所喜爱的学生。

三位同学礼貌地敲开了校长办公室的大门。

郑校长一看来的同学都认识，都是自己特意保送的同学。

便说，哦，嘉墀，有祺，你们找我有什么事吗？快别站着，坐下来。

而后校长又说，学习上还顺利吧？老师讲的都能听懂吧？

杨嘉墀他们开始有些拘束，并且带有一股子怨气。

但是一遇到校长的热情，便都释然并显得不好意思起来。

唐有祺看了看杨嘉墀，希望他先说。

杨嘉墀本就不是个爱出头露面的人，被同学们赶鸭子上架也是不得已而为之，看唐有祺看自己，并没理解他的意思，只能应对校长的提问。

杨嘉墀觉得校长也挺不容易，半工半读或许也是校长的考虑。

但是唐有祺忍不住了。

唐有祺说，校长，我们三个是代表全班同学来的，来了不说怕辜负了同学们的好意。

郑校长就严肃起来说，哦，发生了什么事？

五

那个时候讲究民主,学校里的小自由还是不少的,虽然是重点中学,学生都不会胡来,但是思想问题还是重视的。

唐有祺不再拘谨,讲出了同学们要增加理论课学习的请求。

杨嘉墀也不再沉默,跟着说出了自己的意见,事实上那也真的是自己的意见。

杨嘉墀说,校长,我们本来就是模范中学,学生们本该以学习为主,因为大家都是以进入大学尤其是重点大学为目的。所以,应该加强理论知识的学习,不应按照职业学校的方式办学。

刘畅也说,有更多的同学将来能够考入名牌大学,也是为母校争光嘛!可现在同学们都怕耽误了学业,也不知道人家其他班都学到哪里了,学的多深了。

郑校长说,这个问题,你们向科主任反映过吗?

三个人你看看我,我看看你,而后都点了头。

郑校长一看就明白了。

他说,我非常理解同学们的心情,这样,你们先回去,向同学们表明学校的意见,学校的责任就是教书育人,把国家需要的人才推送到最好的大学。基于这一点,我们会考虑调整现在的教学计划。

三位同学高兴地回去了。

不久同学们就得到消息，工科主任被调离了。

之后，文化课时也进行了调整。

基础课程加强了，并且增加了英语和数学课程。

杨嘉墀他们终于如愿以偿，学习时间和全日制普通班基本一样了。

所不同的是，自习时间他们多有安排，那就是实际操作。

这对于杨嘉墀这些既有学习基础又有学习热情的学子，实在是太及时太重要了。

回家说与父母，他们也很高兴。

因为这样，孩子们才能保持在一个水平线上，学习知识的程度大致相当。

第四章 慌乱的年代

一

1937年,杨嘉墀从上海中学毕业了,下一个目标,就是争取考入上海的重点大学。

事实上,上海中学也是鼓励同学们毕业后能够考上重点大学。

说起重点大学,当时影响最大的便是上海交通大学。

交通大学的前身是南洋公学。南洋公学初建时以培养高端法政人才为办学目标,先设师范院、外院、中院、上院,继设铁路班、特班、政治班、译书院、东文学堂等。

1905年,学校改隶商部,改校名为商部上海高等实业学堂,始以培养高级工程技术与管理人才为目标。1906年秋,学校工科之始——铁路工程班成立。

1907年改隶邮传部,易校名为邮传部上海高等实业学堂。

同年 10 月，学校的第一个工程专科，即学制 3 年的铁路专科正式成立。1908 年夏，学校增设电机专科，是中国高等学校最早设立的电机系科。

1928 年 10 月，铁道部成立。学校移归铁道部管辖，定名为交通大学。

学校先后成立了科学学院、管理学院、土木工程学院、机械工程学院、电机工程学院和中国文学系、外国文学系。

由此形成了以工为重点、理为基础的一所综合性大学。1937 年 8 月 1 日，学校划归教育部，名为国立交通大学。

交通大学是中学时代上海的同学最为向往的大学，他们都渴望毕业能够考上这所名校。

自高三第二学期开始，除了正式学习，杨嘉墀便抓紧课余时间，学习大学入学考试的各种课程。

他和同学搜集了交通大学最近 10 年的入学试题，不断地复习参照，模拟试考。

试考中，杨嘉墀发现交通大学的国文考试卷，与现在强调和提倡的白话文不同，其仍旧注重传统的古代文学。

比如，试题含有不少"四书""五经"中的古文文选。

为此，杨嘉墀加强了古文知识的阅读。他找了很多像《四书集注》一样的参考书，如获至宝。

他孜孜不倦地认真学习，对于生疏的词句，加强记忆，不懂就问老师。

上海中学也安排了有经验的教师帮学助教，辅导学生训练复习。

教师早已掌握了各个大学的基本情况。

他们告诉同学，交通大学在工学院设有机械工程、电机工程、土木工程三个学院，历年来培养出一大批高级专门人才，"爱国爱校，追求真理，勤奋踏实，艰苦朴素"，已成为交通大学校训。

交通大学招收学生，会提前接受报名，然后安排统一的考试时间，在交通大学进行考试，而后择优录取。

杨嘉墀在学校听说，远处的学生为了参加交通大学入学考试，都提前预订了学校周围的小旅馆。交通大学附近的旅馆已经订购一空。

有些外地的来了才知道自己下手晚了，没有办法，只能订离交通大学相对近的旅馆，考试当天，要早早起来，赶乘公共汽车到徐家汇的考场。

相比之下，上海中学的考生算是有福的。

杨嘉墀还得知，学校早就安排好校车，专门接送学生参加考试，而且还有老师跟随，一切都由老师操心负责。

路上谁有疑问，还可以随时解答。这一点，让同学们感到满意和开心。

回家说与父母，父母也很欣慰，直说还是上海中学为学生考虑得周到。

第四章 慌乱的年代

早就通知了考试时间：1937年7月7日。

这是个特殊的日子，后来同学们才知道。

7月7日早晨，杨嘉墀他们由上海中学乘校车直达徐家汇考场。

同学们坐在校车上，有的在说笑，有的在看题，有的在闭目思索。

杨嘉墀则一直望着窗外，盼望着早点到达。对于向往已久的交通大学，他信心满满，志在必得。

终于到了，杨嘉墀他们走下车，快速地随着人流进入校门，找到自己的考场。

卷子发下来，杨嘉墀发现交通大学的考卷内容比预料的还要多，一张张的，那么多的考题。

如果不抓紧时间，不可能全部做完。

不敢有任何懈怠，杨嘉墀低下头奋笔疾书。

两个小时的时间，杨嘉墀几乎是一口气做完。

刚刚做完，下课铃就响了。也就是说，如果不能全部掌握，稍有犹豫和思考，就有可能答不完整。

交卷时，杨嘉墀看到不少考生的卷子上还有空白。

到了中午，有消息传来，7月7日这天，日本人制造了"卢沟桥事变"，中国驻军奋起抵抗，一场不可预想的战争已经发生。

下午接着考试。

同学们坐在考场上,既感到紧张,又感到幸运。

作为一名年轻学子,唯有以优异的成绩报效祖国。

第二天,考场外传来了鞭炮声。

下课后听说,中国军队收复了北平的丰台。

同学们同市民一样,感到欢欣鼓舞,恨不得也去放上几挂鞭炮。

他们希望中国军队狠揍日本帝国主义,取得最后的胜利。

两天时间很快过去,总算是考完了。

二

回到家里,父母和哥哥问起来,杨嘉墀说,考得还可以吧。尤其是数理化和英文。

但是不知怎么,杨嘉墀没有再往下说,他的心里没有底的是国文,尽管进行了认真的准备。

母亲总是对儿子一如既往地信赖,她认为问题不大,让嘉墀放心,一定会如愿以偿。

父亲想了想,建议杨嘉墀还是做两手准备,再参加一次同济大学的招生考试。

反正复习过了,也在交通大学考场练了一次兵,这样,考上哪个就上哪个。

父亲说,我没有考虑让你去外地读大学,一是想着上海的大学都很好,二是觉得在家门口,多少有个照应,现在社会不稳,时局不定怎样变化。

杨嘉墀听了父亲的话,抬起头说,我也是这么想的。

父亲听了,满意地点了点头。

父亲说,好,考完了,我带你们去中央大戏院看电影,你们听说了吧,这些天一直都在放映《狂流》,夏衍编剧,程步高导演。

杨嘉墀早就在《申报》上看到过《狂流》的海报,主演是蝴蝶、谭志远。

讲述的是刘铁生老师带领乡民抗洪水斗劣绅的故事,属于新观念的进步影片。

只是那时学业紧张,无暇顾及,父亲也没有提起过。这次父亲提到,杨嘉墀心里还是涌起一股暖流。

他知道父亲的心思,父亲对自己寄予了很大希望,但他不说,他怕儿子压力太大。

8月12日,杨嘉墀一大早就赶到江湾,参加同济大学的招生考试。

这次没有学校的校车接送了。

考场设在同济大学体育馆,里面被隔成了无数小间。

杨嘉墀很快就找到了考场，并且安静地坐下，等着考试的铃声响起。

考卷发下来一看，与交通大学相比，同济大学的考卷要简单得多。

已经不像第一次考试那样，有着些许的紧张。他很顺利地答完了所有试题，又认真地检查了一遍。

交卷的铃声响了。

上午考完，下午接着再考。

刚进行了一个小时，就听得外面一片嘈杂声，渐渐地嘈杂声越来越大。甚至听到了军人的口令和跑步声。

一会儿有人进来宣布，实际上是在大声地喊：

同学们，我有些抱歉地告诉大家，日本侵略者已经进攻上海，中国军队正在调动，双方交火在即。为了安全，我们决定停止这场考试，何时再考，另行通知。现在，请同学们迅速离开考场，以自己的方式尽快回家！

尽管有人现场组织指挥，场面还是混乱起来。

一时间，大家拥挤着、吵嚷着往外面跑去。

其间夹杂着女生的尖叫。考卷从桌子上滑落下来，掉得地上都是。

同学们冲出教室，冲出学校，显得慌乱和茫然。

老师们表现得还是比较稳健，他们提醒着、指挥着同学们。

第四章 慌乱的年代

于是很快，跑出来的同学跑向了巷弄深处。

不少同学又从巷弄深处跑向了车站。他们有的是去赶长途汽车和火车。

杨嘉墀一口气跑到家里。

母亲正焦急地守在门口四下里张望。

一看到杨嘉墀出现在街头，就高声地喊叫着，忙不迭地说，孩子你可回来了，可把妈急坏了。

杨嘉墀气喘吁吁地说，妈妈，看你急的，我这不安全回来了嘛。

母亲给杨嘉墀递上一条毛巾，让嘉墀赶紧擦擦汗。

母亲说，日本侵略者快打到家门口了，街坊邻居们能跑的都跑了，你爸让咱们去老家躲一阵子。

现在就走吗？杨嘉墀问。

是的，现在就走。我都准备好了。母亲说。

杨嘉墀发现，母亲已经做好了准备，打好了行包。

父亲因为公事走不开，母亲便带着杨嘉墀和哥哥慌忙地赶往车站。

他们要尽快躲到震泽老家去，那里毕竟是乡下，离上海也有一段距离。

三

回到震泽的第二天,"八一三"淞沪抗战便全面爆发。

中国军队显现出无比的顽强和勇敢。

报纸上每天都会报告战况,令人激动和振奋的消息一件件传来。

杨嘉墀不断地将报上的消息念给母亲听。

母亲担心着父亲,不时会叨唠几句,也不知道你父亲在上海怎样,他们的工作一定受到了影响,那样还不回来?

母亲让嘉墀给父亲写信,问问父亲的情况。

震泽发往上海的信件,一两天就可到达父亲手中,父亲回信也会一两天到达。

震泽离上海不远,乡亲们常常聚集在桥头巷尾,讲述着前线战事。

有人刚从上海回来,还没上岸,就在船上向人们说起他的亲眼所见。

啊呀,可不得了,满大街都是兵,兵车、摩托车过来过去,救护车响着喇叭不断地拉伤号,救火车也是跑来跑去。

很多人组成了担架队,抬着门板跟着当兵的往前跑,而后又从前线跑回来。担架上的血一滴一滴地往下流。啊呀,

第四章　慌乱的年代

日本侵略者太可恶，他们到我们中国来撒野，飞机到处扔炸弹，炸死了好多人，黄浦江都被血染红了……

有人就问，那我们中国的飞机呢？

那人就说，中国的飞机也去跟他们打，可是没有日本的厉害，有一架中国的飞机，就掉在了大上海的街上。伤了好多人呀！

人们听了就唏嘘不已，有的说，要是中国军队不能打胜，日本侵略者就有可能打到震泽来。

有人就担心起来，说，那可怎么办才好啊？

有人说，大不了跑，跑得远一点。

可是这里的丝业，还有家业可就完了。

大家就好一阵慌乱，不知道如何是好。

震泽人有很多在上海做生意，现在都乘船回来了。

说生意做不成了，有的铺子还被日本的飞机炸毁，听说也有人受伤或死在了外边。

那个时候真的是人心惶惶，每个人都寝食难安。

杨嘉墀去买报纸的时候，看到这些情景，听到这些消息，愤恨不已，日本侵略者还不是凭着他们的飞机大炮，才这么横行霸道！

早晚中国的力量先进了，让他们知道我们的厉害！

第五章　考入上海交通大学

一

杨嘉墀每天都翻阅报纸，一个是关心着国家战事，还有就是操心自己的考试成绩。

按照以往惯例，凡是录取结果，都会登报发布。

战事有好有坏，好的消息总是让人振奋，杨嘉墀就立刻去读给母亲听，母亲也会高兴地絮叨几句。

他们一直和父亲保持着通信联系。尽管战事不断，但邮路还是畅通的。

父亲他们在上海坚持工作，遇到飞机轰炸就会躲到楼下去。

父亲让家里放心，一切都是有序进行，警察也在维持着秩序。

这天，杨嘉墀像往日一样，跑到街上的报馆去买报纸。

他接过报纸就赶紧翻看。

竟然在最后一版看到了交通大学的录取通告。

杨嘉墀激动得两手发颤,他迅速地浏览那长长的名单。啊,在哪里,有吗?

杨嘉墀的目光在迅速地掠过。哦,有了,在这里!

他终于看到了自己的名字:杨嘉墀。

不错,杨嘉墀反反复复地看了几遍,考取交通大学电机工程系的正式学生是 30 名,备取生 5 名,"杨嘉墀"三个字排在电机工程系正取生的第 3 名!

他跑进家里,高声地叫着母亲,叫着祖父祖母。

母亲先迎了出来。

母亲说,听你的口气,就知道是好消息。

家中多天来沉闷的气氛,一下子烟消云散。

大家都为杨嘉墀高兴,一时欢声笑语不断。

祖父端着他的水烟壶,不住地点头笑着。祖母则又去堂前烧香了。

母亲说,嘉墀考同济大学遇到了战事,考试结果也不知道怎样,如果交通大学没有考上,同济大学也没有消息,可就把人急坏了。

杨嘉墀也是这么担心过,他想如果是那样,还真不知道以后的路该怎么走。

这下好了，就像自己找到了队伍，无论战时形势如何，自己都可以勇敢地跟着队伍往前行进。

二

上海的形势不容乐观，但是阻挡不了正常的工作和教学秩序。

总不能因为战事，一切都陷入混乱和瘫痪。

那样，正是侵略者所希望的，他们希望中国迅速瓦解和垮掉。

交通大学依然在报纸上通知了报到日期。

虽然母亲有些担心，但杨嘉墀还是坚持要赶去报到。

祖父也支持孙子，他老人家在什么时候都显现出那种沉着和坚定。

祖父说，嘉墀成了大学生，也就成了大人了，我们不能还拿他当小孩子看待，要让他去经风雨，迎骇浪，那样才能走得更远。

杨嘉墀为祖父的话深受感动，有这样的祖父做后盾，他还有什么好怕的。

杨嘉墀早早起来，接过母亲为自己准备好的箱子，在夜色中朝镇口走去。

母亲陪着嘉墀，一路上千叮咛万嘱咐。

做母亲的，儿子出去，哪有不担心的，尤其是战火纷飞的时刻。

杨嘉墀从震泽坐长途车，赶往了苏州火车站。

杨嘉墀发现，原来熙熙攘攘的票房里，已经了无人影。

这个时候，没有多少人还敢出行，更别说是往上海。

火车也不准时。

广播里不时传来列车晚点的通知。

实际上，几乎就没有客车进站。只有几列货车匆匆而过。

杨嘉墀不断去问服务员，每次都是被告知耐心等待。

一直等到傍晚，广播喇叭才响起了让人高兴的消息。一列客车马上进站。

杨嘉墀兴奋地提起箱子，朝着检票口走去。

好容易登上了一列不长的客车。

火车的速度比以前慢了许多。

有些路基像是新修过，通过时更是缓慢。

一定是日本的飞机炸毁了铁路，国家又不能停止交通大动脉的运行。不光是民众必要的出行，还有军队的运送和邮件的传递。

夕阳已经沉落,夜幕降临。

不定哪里传来一两声枪炮的闷响。

有时还会看到远远的地方有大的火光升起,映红了半边天空,但很快就被列车落在了后面。

为防止飞机袭扰,车厢里没有开灯,连车头也是在黑暗中行驶。

这倒让杨嘉墀放下心来,知道这样会更安全一些。

正是国难当头之时,自己刚去上大学,身单力薄,不能参与抗日救国大事,杨嘉墀希望自己快些长大,快些毕业。

在火车的哐当声中,杨嘉墀想了很多,可谓是百感交集。

窗外一片漆黑,嘉墀看着想着,终于抵御不了一天的疲惫,渐渐进入了梦乡。

三

清晨睁开眼睛的时候,列车渐渐停下了。

这里离市区还有一段距离,但是火车已经不能再往前开。

广播员以沉稳而动听的声音告诉乘客,前面战事紧张,全体人员都要在此下车。请各位旅客带好行李,有序地下车,下车后按照站台服务人员的引导出站。

第五章 考入上海交通大学

大家都站起来，慌忙地寻找自己的物品。

杨嘉墀提着一只手提箱，跟着大队人流往前挪。

他知道这些人的目的地都一样。

几个小时后，杨嘉墀总算赶到了离家不远的街道。

街道上已经显得混乱，好像很长时间没有人打扫，到处都是丢弃的东西。

杨嘉墀熟悉这段路，他紧紧张张地往前赶，终于顺利地找到了家。

一进家门，父亲正焦急地等在那里，看到杨嘉墀，立刻就走过来，接过杨嘉墀手里的箱子。

父亲亲切地说，唉，总算把你等来了，怎么样，路上紧张吧？

父亲接到从震泽发来的电报，专门请了假在家里等着。

他早已经知道嘉墀考上了交通大学，一连高兴了好几天。这个孩子，终是没有辜负全家对他的寄望。

杨嘉墀说，还好，就是晚点了，路上也是走走停停。

父亲为嘉墀买了好吃的，还做了几样菜。这时都端上来了。

嘉墀洗了手，也去帮忙。

真的饿了，杨嘉墀一连吃了两碗米饭。

已是 1937 年的 10 月，上海的街头失去了往日的热闹。

一些树叶飘下来，飘下来的还有一些传单样的纸片。

几位老人蹒跚着，追来追去地捡拾。

父亲提着东西，陪着杨嘉墀一同去交通大学。

杨嘉墀不让父亲送，父亲却坚持着要把儿子送到校门口。

路上，父亲不时地嘱咐嘉墀几句，嘉墀都点头记下。

父亲说，要守在学校里，听从安排。没有老师带领，千万不要独自外出。

嘉墀说，放心吧，我不会乱跑的。

依然有枪炮声传来。

前面就是交通大学了。走到门口，父亲看着儿子走进了令人向往的校园。

门口有老师和同学迎接，他们热情的笑脸，让杨嘉墀感到亲切和欣慰。

到处都是激昂奋进的标语，到处都有热情的招呼。

走去好远，杨嘉墀回头，看到父亲还站在那里看着他。

杨嘉墀眼圈一红，差点儿落下泪来。

四

开学典礼依然很隆重。

日本的隆隆炮声，使这个典礼更显不同。

激越高昂的校歌播放之后,校长发表了热情洋溢的讲话。

校长首先欢迎来自五湖四海的学子,而后介绍了学校的光辉历史,接着讲到了今天的形势。

校长说,同学们,不要忘记,你们是在怎样的时刻走进交通大学的,所以大家要秉持良好校风,努力学习,掌握好知识和本领,在不久的将来,为我们的国家尽一份力量!

大家激动而热烈地鼓掌。

有人喊起了口号,一时群情激奋。

杨嘉墀发现,由于信息不畅及交通不便等原因,电机工程系的学生到校人数不是很多。后来的几天,还有同学陆续赶到。

最迟者,是第二年才赶来报到。那只能比杨嘉墀低一年级了。

上课的第一天,同学们刚坐进教室,就有日本飞机从头顶呼啸而过。

有同学慌乱地躲到了桌子底下。

老师平静地说,大家不要紧张,日本的飞机都是飞往前线,轰炸重要目标,一时还不会轰炸这里。

果然,一会儿就听到远处传来了爆炸声。

那是港口吧?教室的门窗被震得一阵轰响。

有时也会响起一阵哨音,广播里响起通告。

老师就立即停止上课,让同学们离开教室,躲到安全的地方。

就这样，课程断断续续地进行着，老师和同学们慢慢也适应了。

杨嘉墀对新知识很感兴趣，他记了不少笔记，有些是心得体会。

10月下旬，形势越发不利。

日军攻占了上海的大部分地区，交通大学徐家汇校区也被日军攻入。

日军看到这里设施完备，教室整齐，地面宽敞，就作为了兵营。

交通大学不得已迁入了法租界。

日军来得突然，一些教学设备和图书来不及迁移，落入了敌手。

震旦大学在法租界内，交通大学的学生便借用了部分教室。

震旦大学，原名震旦学院，是中国近代一所私立大学。1908年迁址卢家湾。1928年改称震旦大学。曾经有"东方巴黎大学"的美誉。

由于住宿紧张，只能委屈本市学生走读，让外地学生住校。

父亲给杨嘉墀买了一辆自行车，虽然是旧的，但是大件都没有问题。

调了一下手刹，拧了拧螺丝，就让杨嘉墀临时骑着上学。

杨嘉墀每天出门，父亲都要反复叮嘱。

杨嘉墀说记下了，就将车子骑进了越来越寒冷的大街。

他一路注意着，防备碰上日军。

五

正是敌寇侵略、烽火连天的时日，交通大学不平凡的学习生活，给杨嘉墀留下了深刻印象。

即使四周被日军包围，但因交通大学在法租界内开展教学，日军不能随便乱闯，同学们便有了一个稍微安定的学习环境。

老师和同学们坚定信念，学习报国成了学子们唯一的目的。

只有尽快地掌握好知识，把学到的本领用于国家需要的领域，才能使祖国逐渐强大起来，把日本侵略者赶出去。

让杨嘉墀感到幸运的是，当时教育界有声望的教授，如物理名师裘维裕、机械名师胡端行、热工名师陈石英、直流电机名师马就云、交流电机名师钟兆琳、力学名师杜光祖，都来亲自授课。

有些老师已经是苍髯皓首,依然冒着危险,坚持来到学校,毫无保留地将他们的知识,悉数传授给学生。

他们对同学说,你们就是国家的未来,我们希望你们尽快把知识学到手。

大家利用这个环境,无不刻苦学习,埋头读书。

教学设备缺失了,教授们会想尽办法。

他们带着学生走进工厂,根据自己的需要去加工制作。

工厂都十分配合,专门设有为学生开辟的车间。因为平时也是同学们的实习工厂。

有些设备,是老师带着同学们从废品堆里找来,进行组装而成。

凭借着深厚的理论基础和教学经验,教授们耐心细致地讲说、辅导、实践。

在此过程中,同学们一点点地掌握,一点点地进步。

为了检验学习成果,学校会不断进行考试测验。每星期考试一次。频率之高,几乎让学生们应接不暇,但是考后,学生们都感到收获颇丰。

后来同学们同别的大学学生聊起来,他们还是挺感佩交通大学的教育理念的。

这样下来,学生们进步很快,学的知识也很扎实。

经过一次次测验考试,老师看到同学们确实掌握了所学知识,便都露出了欣喜的笑容。

有时候，他们还会讲到救国救难的话题，希望同学们尽快走入社会，用于实践，传递知识，带领更多的人救民报国。

师生们还会参加文化界组织的支援前线的募捐活动。

观看王人美、韩兰根主演的《渔光曲》，赵丹、周璇主演的《马路天使》，以开阔视野。

同学们看后都会讨论影片内容，有的还写出观感文章，贴在壁报上。

电机系的老师为了有一个实验教学的场所，克服困难，因陋就简，建立了一个简易实验室，一些小的实验都可以凑合着进行。

较大较难的实验，就带着学生到震旦大学去，利用人家的教学空当，借用他们的实验室。

有些实验，还是在晚上进行。

同学们自然积极主动，毕竟一堂实验课来之不易。

杨嘉墀记得，实验室的窗子都贴上了米字形纸条，以防止被震坏。窗帘也都是被拉上的。

每次实验，大家都很兴奋，无论是老师操作，还是在老师的引导下自己动手，都非常有体会。

这样，即使遇到真正的物体，他们也能应付得了。

老师同样高兴，这批学生的自觉性非常高，可能是战时的原因，大家都很珍惜难得的学习机会。

他们还到震旦大学的操场搞工程的平面测量，那里有架起来的各种临时设施。供两个大学的学生实际操作。

由此同学们也跟震旦大学建立了良好的教学关系。

更难更大的实验，还是联系上海的工厂，在机械设备上进行。

这些工厂除了实习工厂，还有老牌企业，他们都乐意同交通大学搞互动，因为平时也会因为一些技术上的问题向交通大学求助并且开展合作。

同学们在和工厂师傅的接触中，学到了实际应用的本领。

有些学生还会在老师的引导下突发奇想，对一些笨拙的应用进行改进。

六

进入高年级阶段，交通大学的学生几乎都进了工厂，因为要进行专业实习。

这样也就更加广泛地接触了一线的仪器和设备，等于是实际应用。

这一时段，对于学生们以后进入社会很有帮助。

杨嘉墀后来的很多发明都可以说与此有关。

电机系与电厂联系紧密，但因电厂被日军炸毁，老师只能联系电话公司。

这同样给杨嘉墀创造了机会，让他提早对于无线电器材有了接触，并且有了深刻认识。

美国出版的业余无线电手册成了每天学习的至宝。

杨嘉墀和几位同学都成了无线电爱好者。他们试着装矿石机，再装直流一管机，效果都很好。

有此基础上，就试着进一步深入。在老师的指导下，他们再装交流外差式五、六管机，都成功了。

在这个过程中，他们对无线电的认知程度有了质的飞跃。

学校成立了电机工程学会，主办科普杂志。

杨嘉墀参与了《科学大众》杂志的编辑工作。这对他的理论修养和学术认知有很大帮助。

大学四年，杨嘉墀的成绩在班上一直名列前茅，并多次获得奖学金。

无线电的小喇叭里传来前线战况，大家平静下来，仔细地听着抗战将士英勇抗敌的消息。

当听到武汉、湖南战场对侵略者给予沉重打击时，同学们都感到无比振奋。

老师说，前线将士利用的就是这些无线电器材进行通信联络和指挥战斗。当然那都是外国制造的，我们还需要努力，希望不久的将来，我们也会造出能够适用战场的设备。

杨嘉墀深深记下了老师的话。

可惜自己的水平还达不到,厂子也没有这方面的基础。

但是挡不住他的学习热情,先行学好,只待将来。将来有了机会,就可以与实际联系起来。

同俞百祥一起学着装调收音机时,杨嘉墀竟然调出了美妙雄浑的交响乐。

那些乐曲由无数器乐组合发出,有的是齐奏,有的是独奏。

尤其是钢琴的协奏,铿锵有力的音节简直震动了杨嘉墀的心弦。

每次调装,杨嘉墀都会找到音乐节目,让悠扬动听的乐曲播放出来。

武书鼎说,嘉墀这么喜欢音乐,今后可以多选修一门。

杨嘉墀说,欣赏还可以,我对乐器可是一窍不通。

黄克沛说,这不要紧,将来嘉墀可以找个音乐学院的伴侣嘛!

朱祺瑶几位同学在一旁听了,都笑起来。

杨嘉墀反驳不是,不反驳也不是,脸一下红了,赶紧转动旋钮。

此事或在杨嘉墀心中埋下了一颗种子,以致多少年后,这颗种子真的发芽、结果。

海浪翻涌。

杨嘉墀讲到这里的时候,望着徐斐。

徐斐也望向了杨嘉墀。

两个人相视而笑了。

第六章　到西南联大去

一

　　大海在翻涌，轮船在日夜穿行。

　　杨嘉墀有时一个人在回想，有时又将回想内容跟妻子徐斐共享。

　　徐斐有的知道，有的还是第一次听说。

　　如果不是在这漫长的旅途中，丈夫杨嘉墀也没有时间细细地跟她说这些。他每天的事情太多了。

　　徐斐听得很认真，有时也会为杨嘉墀操心，担惊受怕。

　　但是事情总是往好的方向发展，一个又一个奇迹的出现，使得她总是十分感慨，觉得丈夫就是了不起的人物。

　　就这样，当丈夫什么时候停止讲说，或者一个人站在船头望向大海的时候，徐斐又会来到丈夫身边，让他继续昨天的话题。

那些话题就又接续起来。

徐斐说,等将来,把这些都写出来,留着什么时候看看,会很有意思。

时间来到了 1941 年,抗日战争到了更加艰苦的时期。

上海的形势不容乐观,教学也受到影响。

为此,交通大学缩短了学制,杨嘉墀所在系本该秋季毕业,不得已春季提前结束所有课程,举办毕业典礼。

接下来,是紧张的择业问题。

学校为此全力组织毕业生和用人单位进行接洽,双向选择。

交通大学的毕业生,主要去向自然是铁道部和交通部。中国的铁路发展时间不长,所以急需各方人才,而且由于战争影响,交通运输部门十分需要加强建设,交通大学的毕业生可以说供不应求。

一时间,铁路和交通各方面的招聘人员,接到学校的通知,都迅速来到交通大学,到处招聘宣讲,联系各系的学生。

校内的壁报栏里,贴满了单位的介绍,包括企业性质、待遇和所在地方的特点。

杨嘉墀每天都和同学们挤在人群里,观看招聘启事,参加介绍会。既感到兴奋又有些不知所措。

二

  这天,杨嘉墀正在宣传栏前驻足,竟然看到了马就云老师。

  杨嘉墀说,马老师,你来这里做什么?

  马老师说,就是找你啊,想着你就在这里。

  杨嘉墀就感到有什么好事情。说,马老师找我有什么事吗?

  哦,嘉墀啊,你有目标了吗?马老师问。

  还没有,不知道战争会发展到哪里,那些地方还会不会后撤。招聘单位说得也是很含糊。也就总是拿不定主意。杨嘉墀坦率地说。

  也确实,目前的情况,谁也不能保证到了那里就是稳定的。不过,云南那边倒是没有问题,那是中国的大后方,战争一时半会也不会在那里打起来。马老师说。

  可是这次招聘单位,没见有云南方面的人来。杨嘉墀说。

  马老师就笑了,说,我找你就是这事。西南联大电机系的人直接到系里来联系,让学校推荐几位优秀毕业生去做助教。你知道,西南联大就在昆明,又在大学教书,还是很不错的。学校考虑了几个人选,其中就有你。你看看,愿意到那里去工作吗?

  杨嘉墀早就知道西南联大的事。

第六章　到西南联大去

当时，为实施教育部的"应急措施"，北京大学、清华大学和南开大学三所北方著名高等学府，迁往湖南长沙，1937年8月合并成立了长沙临时大学。随着战火的迅速蔓延，长沙也危在旦夕，不得已，临时大学又继续南迁。1938年4月迁到了昆明，更名为国立西南联合大学。

马老师带来的这一消息，对杨嘉墀来说，真的是一件大事。从目前来看，昆明还是较为安全的，而西南联大校园也是较为安稳的。

只是，他还从来没有考虑过要去那么远的地方工作。从上海到昆明，要横跨大半个中国，人生地不熟，有着各种不确定性。

杨嘉墀跟马老师坦诚地说了自己的想法。

马老师说，你还是应该考虑一下，这个机会难得。西南联大是由几所名校组合而成，师资力量十分强盛，去做助教是一次提升自己的机会。

杨嘉墀点了点头，说马老师，给我半天时间，我尽快答复。

马老师说，那就等你半天，希望不要错过机会。

杨嘉墀又问了一句，马老师能告诉我还有谁要去吗？

马老师说，董宗祥已经决定了。

杨嘉墀点了点头，感激地向马老师告别。

三

离开马老师，杨嘉墀又跑到钟兆琳老师家里。

钟兆琳老师是他最信赖的导师，他要听听钟老师的意见。

钟兆琳老师说，我认为可以考虑，联大很有前途，在那个环境里，会结识很多名师，会得到锻炼和提高，使得视野更为广阔。

杨嘉墀心里有了底，高兴地告别了钟老师，往家里跑去。

杨嘉墀觉得，不能自作主张，要回家同父母商量一下，得到他们的同意。

母亲一听就有些不同意。

这四年来，虽说杨嘉墀在法租界上学，但每天也是担惊受怕，好容易熬到毕业，她希望杨嘉墀能就近找个工作，彼此好有个照应。

父亲却不这么认为，父亲有点像祖父，眼光比较长远。

父亲先是问了杨嘉墀的想法，嘉墀就把征求老师的意见都说了，并且说了自己的打算。

父亲说，好啊，好男儿志在四方嘛，嘉墀在学校的表现不俗，所以学校才会推荐嘉墀，这是个好机会。现在正是社会动荡时期，上海也不好待，昆明属于大后方，嘉墀到那里去，起码我们少操了一份心。而且，说不定到了那里，还会有更好的发展天地。

听了父亲的话，母亲也不再坚持己见，就问，嘉墀，还有谁跟你一同去吗？

嘉墀说，董宗祥也去。

母亲就放心了，她知道他们两人从初中到高中直至大学，一直都是很好的关系。

母亲说，儿大不由娘，嘉墀愿意去就去吧，别担心我和你爸，我们都会好好的，将来有机会，我们也许会到昆明看你去。

杨嘉墀高兴起来，他立刻又跑回学校，把决定告诉了马老师，并且找到好友董宗祥。

董宗祥笑着说，我知道有你，就怕你家里不放。

交通大学为选择好单位的毕业生都做了精心安排，办理了有关手续，还给他们发放了有关费用。

杨嘉墀他们也得到了 450 元旅费。

母亲给杨嘉墀打好行李包裹，又塞给嘉墀一笔钱，让他路上花。

杨嘉墀说用不了那么多，坚持不接。

母亲说，路上不定有什么事，还是多带些好，你不带上，我就不放心。

杨嘉墀就接下了。但是嘉墀说母亲准备的行李太重，旅途行动不便。

母亲只好又仔细挑选了一下，拿出了一些物品。

杨嘉墀还说多，但母亲说什么也不再往外拿。

这样，杨嘉墀就在 1941 年 6 月，与同学董宗祥、曹显钧一起，带着简单的行李上路了。

四

杨嘉墀他们商量了半天，又多方征求意见，认为从上海走长江到重庆这条线，虽然比较顺畅，但这个时候却正是交战前线。

相比来说，从上海乘船先去香港，再从香港往内地返，虽说有些折腾，却较为安全。

于是他们选择了走海路。

一路艰辛，终于到达了柳州，而后又到了桂林。

桂林是当时广西的省会，国内许多精英都集中在这里。

由于是在千重大山的深处，日军一时打不进来，但是他们总是派飞机到这里狂轰滥炸。

旅途中，吃饭不及时，到了一个地方，就抓紧猛吃。这样饥一顿饱一顿的，董宗祥就肚子疼起来，好不容易才坚持到桂林。

他们找了一家旅店住下，而后买药调治，却还是不见好，而且发起烧来。如此，就耽搁了几日。

这天，杨嘉墀外出，给董宗祥取药。

桂林的上空骤然响起了刺耳的空袭警报。

人们惊慌失措地四散而逃，很多人跑到防空洞去躲避。

杨嘉墀却一直往回跑，他知道董宗祥跑不动。

进了房间，大声地叫着，宗祥，宗祥！快点离开房间！

董宗祥正躺在床上，身上没有一点力气。

杨嘉墀架起他就往外走。警报响得更紧，敌机已经飞到头顶。

杨嘉墀拖着董宗祥往郊外跑。必须离开有建筑物的地方。

董宗祥大喘着气，跟跟跄跄地被杨嘉墀拉着连走带跑。

轰的一声，炸弹落在了他们的身后，紧接着又一声呼啸，一棵树被炸断了。

有人尖叫着，有人跑得更快了。杨嘉墀和董宗祥扑倒在地上。

董宗祥说，嘉墀你快跑吧，不要管我了，我实在是跑不动了。

杨嘉墀说，不要说这些，我不会丢下你的。

杨嘉墀看着在空中盘旋俯冲的飞机，拉着董宗祥不是躲在大树下，就是趴到草丛里。

有杨嘉墀在身边，董宗祥感到了安慰。

他后来说，当时就感觉到自己这次没命了，要不是嘉墀在身边，动都不愿意动了，随它侵略者飞机去炸吧。

飞机鸣叫着俯冲了几次，扔了几颗炸弹，终于飞走了。

杨嘉墀就近找人讨了水，让董宗祥吃了药。而后又找了个地方休息。

差不多了，才扶着董宗祥回旅社。

董宗祥的病情渐渐缓解，几个人开始准备出发去昆明。

五

杨嘉墀去了几趟汽车站，但都没有发往昆明的班车。

已经进入 6 月，眼看着手里的盘缠也花得差不多了。

这天，杨嘉墀又去车站，看着班车已经没有希望，就看看有没有顺路搭车捎人的告示，房东说往常有这么走的。

但是等了半天，也没有看到有人来贴。

杨嘉墀就有些沮丧地往回走。如此下去，什么时候是个头呢？

正走着，杨嘉墀突然感到谁拍了他的肩膀一下，回头一看，喜出望外，竟然是同学王安。

哎呀，王安，你怎么会在这里？

第六章 到西南联大去

王安也是惊喜万分，说，刚才见你在那里看告示，我就觉得，这个人怎么这么眼熟呀，他会跑到这里来吗？开始不敢认，看了好半天，还跟了老半天，不是你杨嘉墀是谁呀？

王安是 1940 年交通大学毕业，比杨嘉墀早了一年，也就早一年参加了工作。

王安拉着杨嘉墀就往自己的住处走。

一路王安不停地说着自己的情况。

杨嘉墀这才知道，王安已经在资源委员会办的桂林无线电厂工作。

当时的桂林，是广西的省会，属于大后方，相对比较稳定。尽管时常有敌机来捣乱，但战火一时半会还达不到这里。

王安就住在厂内。

走进厂子，杨嘉墀感到这个无线电厂还挺像样，一座座厂房，十分整齐。跟上海的那些大厂似的。

王安说，这个厂属于重点企业，因生产无线电产品，业务范围很广，可以说遍及全国，且多是战时的军需品。

王安当然问了杨嘉墀为什么跑到桂林来了，毕业了，难道是来哪个部门报到吗？

杨嘉墀把他们的情况跟王安说了，说现在急得像热锅上的蚂蚁，就是等不来去昆明的车。

杨嘉墀说着的时候，突然想起来，跟王安说，你们的业务肯定有昆明方面的，你问问你们的车去不去昆明，如果去，

75

我们就可以搭一下顺风车。

王安说,确实,我们有昆明那边的业务。我现在就帮你问问。说着就抓起电话,让总机接到有关部门。

连着转了几个办公室,才问到人。询问的消息是:最近没有安排去昆明。

杨嘉墀有些急迫,他说,你再问问,最快会在什么时候安排?

王安就再打过去。

听说还得等一个月,杨嘉墀就显得急躁和为难。他告诉王安,这段时间他已经四处打听,希望都变成了失望。由于日本飞机的轰炸,长途车停运了,顺路车也没有。他们几个人带的盘缠,也看着不够维持日常开销了。

王安说,这不要紧,先从我这里拿点钱用着。

杨嘉墀说,那怎么行,哎——他突然想起来,王安,你问问,看看我能不能先在你们的厂里干一段时间,维持一下生活再说。

王安一拍大腿,说,我怎么就没想到呢?我这就去问问厂长。

六

王安去了没一会儿，就回来了。

杨嘉墀还在王安的办公室等着，一见到王安回来，就赶紧站起来。

王安笑着说，哈，还挺顺利，我跟厂长说了你的情况，他很感兴趣，说可以，那就先让杨先生留下熟悉一下，也是支持我们嘛。

王安接着说，你看，一切都解决了，而且你们三个都可以住到厂里来，不用再给旅店交房钱了。

杨嘉墀立刻就辞别王安，高兴地往回返，他要把这个好消息告诉董宗祥他们。

厂里把杨嘉墀分配到了扩音器试制组。

这个大功率扩音器市里要安放在独秀峰上，以随时发布重要通告和消息。

只是由于没有测试仪器，放大器高低音的和谐问题一直解决不了。所以还在试制阶段。

杨嘉墀愉快地接受任务，到试制小组去上班了。

杨嘉墀十分感慨自己在上海一些厂子实验和实习的经历，那些经历使他能够接触到真刀真枪，理论联系实践，打下了深厚的基础。再者,他已经进行过好多次装调收音机,并且规格越调越高。扩音器和这些都是相通的,所以对于杨嘉墀来说,都不能算难。

他领头和大家探讨,画图纸、搞验算,一点点摸索,一次次调试。

几天过去,换了几次零配件。再试,音声十分和谐,而且清晰。放到山顶再试,在远处听得效果一样。终是达到了要求。

厂长对王安说,好啊,你这个同学还真像你说的,是一块好钢呀!

于是就又交给杨嘉墀其他的工作,当然也都是厂子正在攻关的任务。杨嘉墀都完成得很顺利。

实际上,杨嘉墀也是练了一次手,以前的操作毕竟是小打小闹,现在才是真正的理论联系实践。

杨嘉墀显得很高兴,毕竟没有让老同学白吹了一通自己。

杨嘉墀拿到了自己的第一笔工资,他喜滋滋地请同学们下了一次馆子,还去看了一场欧阳予倩的戏。

欧阳予倩当时也在桂林,是广西省立艺术馆馆长。老百姓都知道他是戏剧名角,抢着看他的戏。

获得了几次成功,厂长很高兴地把王安找去,说,王安呀,看来这个杨嘉墀像你一样,很善于钻研,厂里还是缺少你们这样的人才，我们议论了一下，想让杨嘉墀留下来，你看行不行？

王安说，留下来当然好，可是人家已经是西南联大的人了。

厂长说，哎，事在人为嘛，不是还没去报到？我们厂子也是任鸟飞任鱼跃的地方，他完全可以发挥出自己的特长来。

王安就去找杨嘉墀，把厂长留下他就地工作的好意说了。

杨嘉墀显得很感动，毕竟是国家一流的无线电厂，也好发挥自己的所学。

但是又一想，自己可是交通大学和西南联大说好了的，关系都开出来了，昆明那边还等着呢，不能让交大和联大两头失望吧？

杨嘉墀就把感谢的意思跟王安说了，自然也说了自己的为难。

厂长听到王安的反馈，知道杨嘉墀是一个讲信义的人，就不再勉强，并且为了让他们尽快到达，抓紧安排发往昆明的货物。

第七章　中央电工器材三厂

一

8月下旬,杨嘉墀他们终于乘上桂林无线电厂安排的运货卡车上路了。

经过六天艰苦的行程,车子终于进入昆明。

由于厂长的特意安排,车子还专门把他们送到了目的地。

到了西南联大,杨嘉墀才发现这里不愧为名牌学府,以前听说过的朱自清、闻一多、华罗庚、杨石先都在其中,当然还有电机系的任之恭、章名涛、马大猷,都是学界的名师。

他们知识丰厚,见识广博,认识超前,各科学生都互相串班去听他们讲课。

杨嘉墀也不例外,一边做好助教的工作,一边偷闲去听课。

他以前只在交通大学这一所大学上学,而这次是三所大学组成的联校，更多的好传统带了进来，而且相互影响，相互融合，这对于莘莘学子更为重要。

大家逐渐形成了独立思考、认真钻研、积极进取的良好学风。

由于校舍紧张，联大所属的五个学院都不在一个地方，位于云南昆明西北的文理学院，还一度迁往云南蒙自。

工学院地处西南郊，租用的是迤西、全蜀和江西三所会馆的旧址。

杨嘉墀所在的工学院电机工程学系，虽然教学环境丝毫不具备名牌学府的气势，但他进入这座以"刚毅坚卓"为校训的战时大学后，很快就感受到这里不同凡响的知识氛围。

除了上面提到的著名学者，杨嘉墀还见到了顾毓、朱兰成、范崇武、倪俊等知名教授。

与杨嘉墀同为助教的都是各个名牌大学的毕业生，与他们在一起共事，杨嘉墀也是眼界大开，心胸舒展。

接触的过程中，他发现这些年轻人都有着各自的宏伟蓝图。

当时正是留美学习热，大都想着要进一步深造。那就是一边跟着教授做好助教，一边在抓紧进修，准备报考公费留美。

这一点给杨嘉墀早早提了个醒，他在心里也便有了目标。

杨嘉墀也像那些同事一样，一是多听教授的理论和实践课程,二是自己多钻图书馆,多记笔记,向同行多学习,并且询问如何报考出国留学,为考试全面备战。

二

  敌机也会来袭,但是昆明人已经习惯了,只要警报响起,立刻疏散,钻防空洞,敌机走了一切照样。

  这天,董宗祥叫住了杨嘉墀,说好多天不见你,在忙什么?

  杨嘉墀就告诉了自己的想法。

  董宗祥跟杨嘉墀说着话,递给了杨嘉墀一封信,说是自己去传达室看到的,好像已经放在那里好多天了。

  杨嘉墀这才看到是母亲寄来的家书。

  自己在联大的这些日子,光是忙着学业了,把家事早忘在了脑后,想着父母他们都在一起,只是自己一个人在外面,也就没有太在意。

  但他哪里知道母亲的感情呢?烽火连三月,家书抵万金。母亲可是天天都在想他念他。

  告别了董宗祥,杨嘉墀打开了信。杨嘉墀知道母亲的信都是由邮所门口那位老"私塾"代写,母亲会跟老"私塾"

絮絮叨叨，老"私塾"就会把母亲的意思和感情都带进去。也真的是"见信如面"了：

　　嘉墀吾儿，你在昆明还好吧？那里有飞机轰炸吗？你可要小心着点。
　　我和你父亲都挺好，没有什么让你操心的，就是希望能经常看到你的来信，若是见不到你的来信，母亲的魂魄就不得安生。
　　吾儿必定如前，将一门心思投入在学业上，只是不知如今你的近况，接信后望能速速回信，以释母念。
　　切切。

　　杨嘉墀这才想起，已经有一个多月没有给家里写信了，信件本来在路上走得就慢，自己也确实是疏忽了，即使现在写回信，没有个十天半月也不会到达母亲手中。
　　想到此，杨嘉墀立刻提笔，把这里的一切都告诉母亲。
　　并且还告诉母亲，这里的年轻人都想报考公派留学，自己也在积极努力。

三

助教的工作,重要的一项是带领同学们做好实验课。

本来杨嘉墀的动手实践能力就比较强,这一点也就成为他的长项,同学们也喜欢跟着杨助教上实验课。

同学们发现,每次实验课,杨嘉墀会把实验课的所有都准备充分,使得同学们做起来十分顺利。

教学教具比较缺乏,杨嘉墀却总是能够找全,没有的教具他也会像在上海交大时那样,去到工厂淘换,或者是废物利用。

那次他带着几位男同学,从工厂里拉来几只废旧汽油桶,用水冲洗干净后,埋在了实验室的地下。

其他同学很是好奇,后来才知道杨助教的目的。

每次做完实验,杨嘉墀会和同学们把仪器装入桶内。这样,万一敌机轰炸炸塌了房屋,不至于砸坏实验仪器。

同学们已经喜欢上他们的这位年轻助教,有事没事都爱围着他转。因为杨助教时不时会在实验室鼓捣出一件新玩意,那都是带有科学发明的新项目。

这天他们又有了新发现。

杨嘉墀与唐统一合作,竟然装了一部无线电台,当然是业余而非正规的，但是居然接收到了电波信号。

这让他们很是感到意外，他们到昆明郊区找到了清华大学无线电研究所，这个研究所是由著名的任之恭教授领衔。

任教授听了他们的汇报也很感兴趣，因为自从日本人入侵中国以来，国内科研机构有意要发展自己的电子工业，尤其是无线电。

经无线电研究所进行联通测试，还真有很多独创之处。

任之恭教授高兴地说，小伙子们，你们的创新精神值得表扬，有你们这样的一批年轻人才，我们国家的未来大有希望！

机电系主任倪俊听说了这件事，也十分关注，他专门把杨嘉墀叫去谈话，知道杨嘉墀在交通大学电机系电讯专业学习时，对无线电基础知识掌握得很扎实，并且还在上海电话公司实习过。

当然，倪主任还知道，来昆明的途中，杨嘉墀还曾在桂林无线电厂进行了短暂的停留，并且协助搞了一些研制。

他们聊到了无线电波和频率的特性，聊到了无线电信号的发射、接收和调制等问题，倪主任对杨嘉墀刮目相看。

倪俊主任很是欣赏这个新来的助教，他后来不止一次地在会上赞扬杨嘉墀的专注与用心。

四

时间来到了 1942 年的夏天。

中央电工器材三厂厂长黄修青来找机电系倪俊主任。

两人是老熟人了。

1937 年之前,中国的上海、天津等大城市,早已建立起了生产电话电报设备的工厂。

这些工程靠着引进国外技术和零部件,生产收报机、电话机和交换机。

抗战爆发后,不少工厂从内地搬迁到了边远省(区)。

规模不小的中央电工器材厂就在昆明设立了三个厂。

由于进口零部件受阻,搬迁时又是零打碎敲,所以搬迁来的厂子,只能临时生产电线、电缆、电子管等普通电器产品。

中央电工器材三厂厂长黄修青是一位有着魄力的企业家。他一直力主发展中国的电器工业。为此,他多次到西南联大电机系找专家,找合作项目。

西南联大电机系的一些实习与实验样品,也会找黄修青帮忙。

黄修青厂长有着长远的打算,他认为应该培养和建立自己的技术队伍,依靠自己的技术力量开发研制通信设备。

比如他们正在开展电话通信中的新产品载波电话的试制。

干起来的时候，觉得人手十分有限。如何救急呢？只能看看西南联大，能不能给他们推荐急需的人才。

这日，黄修青厂长又来了，他一见到电机系主任倪俊就抱拳。

倪主任哈哈大笑起来，说，你个黄厂长，你又来了。你知道吗？你这是明着要挖我的墙脚。

黄修青说，我不来行吗，我心里急呀，所以才来你这三宝殿。反正挖了墙脚也影响不了你什么，到我那里可就派上大用场了。

倪主任依然笑着，哈哈，这回你算是来对了，以前吧，我一直拿不准，我们这里也缺教师，教授级的你挖也挖不走，几位助教里现在我发现了一位，正合你所需。

黄修青一听来了兴趣，是吗？那敢情好，从哪里来的？

倪主任说，嗨，巧了，这个人跟你一样，也是上海交通大学毕业的。关键是小伙子在我们电机系有不少小发明，对无线电通信这一块很有研究，是个难得的人才呀。

黄修青更来劲了，说，你说的可是杨嘉墀？

倪俊主任说，对呀，就是他，你们认识？

黄修青说，我前些时候就听说了，只是不知道人家愿意不愿意到我们这里来。

倪俊主任说，工作我来做做试试，你等消息吧。

也就过了几天，黄修青就接到了倪俊主任的电话，急忙又赶到西南联大来了。

他与杨嘉墀一见面,两人的手就握在了一起。

五

几天前,杨嘉墀被倪俊主任叫过去,与他谈到中央电工器材三厂的工作问题。

倪主任语重心长地说,嘉墀呀,我们接触不多,但是我对你很了解,也很欣赏你的实践技能。你知道,咱们昆明这里有个中央电工器材三厂,是国家十分重要的厂子。他们现在很需要这方面的科技人才,几次来找我要人。我就向他们推荐了你。他们听了很高兴,迫切地想要你过去。

倪主任看杨嘉墀在认真地倾听,就把电工器材厂仔细介绍了一番。

而后说,我找你来,不是命令式的谈话,而是商量。去不去还是在你,你不去,在我这里还是一个好老师,去了呢,我失去了一个好助手。当然,私下里说,从个人发展角度看,器材厂比学校的天地更大,出成果也更快,因为那里是一线,很多想法和技能,都是在一线完成的。所以说,要想实现自己的理想,在科学的大道上干出一番事业,去国家一类企业,

第七章 中央电工器材三厂

比学校实验室的出路更多。

说到这里,倪主任看着杨嘉墀,和蔼地问道:你看呢?

杨嘉墀一直很敬重倪俊主任,他觉得倪主任的话是有道理的,而不是故意要调他走。

事实上,杨嘉墀早就听说过中央电工器材三厂,那里确实是电工一线,就像桂林无线电厂一样,能够发挥作用,出成果。

如果不是要来西南联大,杨嘉墀就真的留在了那里,和王安一起干了。

现在听倪主任这么说,杨嘉墀就显得有些动情,他知道倪主任是为自己好,真心实意地推荐自己,希望自己有更大的天地。

杨嘉墀笑着说,倪主任,我同意去中央电工器材三厂。只是往后遇到什么问题,我还会回来向您求助。

倪俊主任哈哈大笑起来,说,这个自然,没事我还想让你经常来聊聊呢。

他抓起桌子上的电话,让总机拨通了黄修青的号码,而后对着话筒大声地说,老朋友,过来接人吧,成了!

黄修青厂长一见到杨嘉墀,就很高兴地握住了他的手。说,早闻大名,今得一见。

杨嘉墀说,倪主任说你那里是个藏龙卧虎之地,这次一见黄厂长您，我就明白了。

黄厂长哈哈笑着，说，我回去向大家一介绍你，说是倪主任极力引荐，大家都翘首以盼啊。

倪主任看着两人一见如故，对杨嘉墀说，你还不知道吧，我们黄厂长也是交通大学的高材生呢！以后你们可以携起手来，共同做一番事业。

第八章　中国第一台单路载波电话机

一

又是一天，太阳像一个大蛋黄，从海上浑浑升起。

妻子徐斐睡不着，早早站在了甲板上。

杨嘉墀怕妻子着凉，给她送上来一件披风。两个人就这样，看到了这轮红日。

在大海上，其实每天的日出是不一样的，多数时间还看不到。偶尔能看到如此清晰，如此浑圆的红日，还真的是第一次。

徐斐说，我去把西西叫起来，让她也来看看。

杨嘉墀说，算了，等你把她叫醒上来，太阳早就升高了，而且一会儿就不是原来的样子了。

果然，只一会儿工夫，那轮红日就开始变黄，而后又变白，很快地升上去了。

徐斐说，真有你的，还真被你说对了。

杨嘉墀说，其实海上日出和山上日出、地上日出是一样的，我过去在昆明，没事的时候，经常会看到日出。

妻子徐斐说，你昨天讲到哪里了？

好像是黄厂长去接你了。你去了那个厂子，应该是你人生的一个转折吧？

杨嘉墀说，是的，说起来还真得感谢黄厂长和倪主任。他们两位是真正的伯乐呀。我如果留在联大当助教，即使后来能到美国留学，也缺少实际技能，不能很快发挥出来。在美国的这些成绩，也得益于中央电工器材三厂。

杨嘉墀说，在那里，真的是如鱼得水，让我有了施展抱负的机会。

徐斐就让杨嘉墀继续讲。

二

中央电工器材三厂没有小汽车，杨嘉墀跟着黄修青厂长坐进了大卡车的驾驶室。

也算是专车待遇了。

第八章 中国第一台单路载波电话机

车子驶出校园，驶出昆明城区，一直驶上通往城郊通向野外的道路。

黄厂长说，当初选址时，就考虑厂子的隐蔽性和安全性，远离昆明就是从战时出发，绝对要保证军用急需品尤其是电话机的生产安全。

车子驶上了一处山坡。

翻过去，又转向一处山坡，最后到达了一个小村子里。

这里离昆明市区 27 公里。

黄修青厂长把大家叫过来，热情地向大家介绍杨嘉墀。

而后又把厂里的骨干一个个介绍给杨嘉墀。大家很快熟悉了。

有的说，去桂林无线电厂办事，就听说了杨嘉墀。这回成一个战壕的战友了，真让人高兴。

大家都笑着，欢迎杨嘉墀的到来。

有的帮助安排住处，有的帮助擦桌椅，有的为杨嘉墀打来了热水。

杨嘉墀都有些感动，不停地道谢。

黄厂长安排杨嘉墀负责质量管理，说产品质量是厂子的生命，更是前线将士的生命。

当然，还是要杨嘉墀挑重担：抓好质量的同时，协助工程师许德纪从事载波电话的研制。

杨嘉墀虽然装配调试过收音机，试装过无线电，但对载波电话还是相当陌生。

从理论上讲，载波电话是利用频分多路复用原理，通过高频调制，将各个音频信号分别传输到互不重叠的频段。也就是在一对线上同时传递多路电话。

载波电话国外已有生产，但进口较难。为抗战前线着想，尽快研制出来，是目前的重要任务。

谁来担当此任务呢？自然是提出此项建议并且实施这项计划的黄修青和许德纪。

想法有了，技术施行却是关键，没有这方面的人才怎么能行？

研究已经进行了不短的时日，现在杨嘉墀来了，三个臭皮匠赛过诸葛亮，原来的两位有了信心，杨嘉墀也有了信心。

因为他知道，工程师许德纪是从德国留学回来，黄修青厂长从交通大学毕业之后，一直从事这方面的工作。都很不简单，能跟他们搭手，一定会出成果。

在许德纪的领导下，杨嘉墀协助研制组组长朱琪昌，开始了单路载波电话机的试制。

他们不断地讨论研究，力争克服困难，完成这一艰巨任务。

杨嘉墀一直带着1937年美国麻省理工学院吉耶曼教授编写的通信网络教科书，这是他在交通大学时老师特别推荐的一本书。平时作为理论研究指导，现在却用在了实际应用上。

研究的重点，是解决关键技术滤波器的问题。

三

为了加强技术指导，杨嘉墀向黄修青厂长建议，邀请西南联大的教授来厂指导，拓展思路。

黄修青立刻表示支持。

杨嘉墀就带着厂里的大卡车，邀请任之恭等专家到厂里来。

接任之恭教授时，杨嘉墀说，任先生，实在是不好意思，现在是困难时期，厂里还没有配备小汽车，只能委屈先生坐大卡车了。

任教授哈哈笑着，说，大卡车好啊，坐得高，看得远。我正好想感受一下。

杨嘉墀把任教授扶进驾驶室，自己踩着车轮子一翻身，站在了车厢里。

车子一路暴土扬尘，在山间盘旋。

山间植物并茂，野溪伴流，景色十分优美，这让请来的教授兴趣大增。

到了厂子，任之恭教授对着赶来迎接的黄修青厂长笑着说，你们这个地方好啊，可以天天欣赏美景，还不怕敌机骚扰。

黄厂长他们也笑了，看来教授们乐此不疲呀。

黄修青厂长还去拜望了倪俊主任，真诚地邀请倪主任到厂里指导。

倪俊主任接受邀请，同样是坐着大卡车来了。

到了三厂，他仔细看了厂里的生产情况，主要是看了杨嘉墀他们的实验室。

倪俊主任说，怎么样，你们搞的这个电话机，可是具有国际水平的，要想方设法拿下来，好支援前线。

黄修青厂长说，倪主任给我们支援了精兵强将，我们是日夜兼程，不敢懈怠。

然后颇有些神秘地小声说，不瞒你说倪主任，现在已经有了眉目，一些关键部位经过调换和改进，都在向理想的方面转化。

倪主任说，哦，那可太好了。还有什么难点吗？

杨嘉墀说，确实有些问题，需要倪主任来指导。朱琪昌和杨嘉墀亲手为倪主任进行操作，而后就有关细节问题向倪主任进行询问，并大胆地提出自己的想法。

倪主任听了，不住地点头，认为可以试一试。

对于设计图纸，倪主任也是认真察看，在某些细节上提出了改进意见。

还有一些具体问题，倪主任说，他要回去好好琢磨一下。

倪主任说，不怕，我们有很多这方面的专家，我回去发动发动，大家共同协助你们，非攻下这个山头不可！

四

倪主任看着自己的得意助手，对黄修青厂长说，怎么样，我向你推荐的这个小伙子有潜力吧？

黄修青厂长立刻笑着说，当然当然，有目共睹。

倪主任接着说，年轻人肯吃苦，肯下硬功夫，在西南联大的时候，他就有心参加留学考试，和一帮小年轻积极备考。当时我跟他谈到你这里来的时候，看他稍有犹豫，我就知道，他犹豫的可能是这一点。

倪主任看了一眼杨嘉墀，笑着说，怎么样，我说得对吗？

杨嘉墀有些窘迫。

倪主任说，这样，让他在你这里多做些贡献，遇到机会，黄厂长可以让他到更加广阔的天地去闯一闯，说不定就成了我们国家的尖端人才，你说是不是啊，黄厂长？

黄修青厂长笑着说，倪主任说的是，嘉墀是个好苗子，有机会我当然会在意，我们这里毕竟天地小一些。

两人说得杨嘉墀不好意思起来。

不过他的心里热乎乎的，充满了对这些伯乐的感动之情。人说士为知己者死，只要在三厂一天，自己就要全力投入。

1944 年春季，经济部举办了一次留美实习生考试。

作为国家重点企业的中央电工器材三厂自然收到了通知。

这个时候，杨嘉墀他们的研制小组已经有了好的结果。黄修青厂长想到倪俊主任的话，也是从国家大局考虑，便推荐了杨嘉墀、朱琪昌等六个人参加考试。

全国各地的考生，最终被录取的有 400 名。中央电工器材三厂不愧为一流大企业，其所推荐的六个人，全部考中。

消息传到三厂，自然是引起了轰动，黄厂长也为他们感到高兴。

他对杨嘉墀他们说，我先是要祝贺你们，有一个学习的好机会，我会抓紧安排联系美国方面的实习地，以办理出国手续。

黄厂长接着话音一转，说，但我还有一个要求，就是你们要趁着这个时间，抓紧完成试制的后续工作。

五

有了教授专家的一次次传经送宝，杨嘉墀也能够随时询问自己遇到的问题，这样，在黄修青、许德纪的领导下，杨嘉墀他们一心一意、日夜兼程，从原理分析、性能指标出发，一点点突破电路设计上的难关，并且不断地进行试验，不断地改换元器件，终于于1945年做出了中国第一台单路载波电话的样机。

这部样机，整机内外紧密美观，结构布局精致合理。

经过清华大学无线电研究所测试仪器的测定，完全达到了设计要求。

从接手到取得成功，中央电工器材三厂所有研发人员，两年多的心血没有白费。

黄修青厂长宣布试制成功的时候，杨嘉墀终于长出了一口气。

为了这一天，杨嘉墀可谓是投入了巨大的精力，当然他也在实践中历练了自己。

想到西南联大电机系主任倪俊教授对自己说的那番话，杨嘉墀感慨万分，正是有了这生产一线的探索和实践，让自己又提升了一大步。

事实上，在杨嘉墀后来的人生轨迹中，也坚实地证明了这一点。

黄修青厂长一一向研发小组的人员表示祝贺。

他握着杨嘉墀的手，高兴地说，我说怎么样，我没有看错吧，我们从西南联大挖来的人才，终是为我们载波电话的成功起到了关键作用。

为此，中央电工器材三厂专门召开庆功大会。

他们不忘把西南联大电机系的倪俊主任和任之恭等专家请来一起分享这激动人心的时刻。

没有这些学界精英的支持,电子三厂不可能这么快就有了成果。

黄修青厂长在大会上表彰载波电话的研制小组,号召全厂职工向他们学习,掀起一个为国奋战的新高潮。

后来,这部国内首台单路载波电话的样机正式在昆明工业展览会上展出。

很多人极有兴趣地围在这台样机前,看着杨嘉墀和技术人员的操作和讲解,他们都露出了欣慰的笑容。

尤其是来自军界的代表,看得更仔细。

他们谈到,随着战局的扭转,一线战场的需求量极大。这种先进电话机的批量生产,势必对战争带来影响。

六

中央电工器材三厂原来引进了不少德国设备,由于二次世界大战,新设备不可能再进来,老设备渐渐出现了维修保养的问题。

要保养,就要查找设备所配备的资料。

堆在资料柜里的资料还在，上面全是德语原文。

好在杨嘉墀在交通大学学习的第二门外国语就是德语。

他便发挥自己的优势，业余时间开始翻译和整理那些资料，最终变成了一套中文说明使用手册。

这样既可以参照维修，也可以参考改造，尤其是按照中国的实际情况，在实践中做得更优更好。

对于元器件也是如此，原来大部分元器件都是进口，后来只能自力更生。

杨嘉墀便参考国外的先进技术，制定国内标准，批量生产自己的电话机。

有军队代表反映，战场上的分分秒秒都很关键，不定遇到什么情况。

有时话务人员牺牲或受伤，不能及时接听电话，或者情况紧急，想直接通过电话传达命令。但是他们发现，接听和说话都有些影响。

杨嘉墀明白了。

他立刻投入实验。

很快研制出了扬声电话，也就是不用手持话筒就可以接打电话。

这也是中国国内普通电话机的电子升级版。

这批扬声电话投入战场，很快发挥了作用，之前电话表达不分明，收听不清晰的问题立刻扭转，使得指挥人员指挥更加便捷，战斗人员行动更加灵活。

即使是伤员在不能行动的关键时刻，也能通过喊话，调动炮兵进行火力支援。

可见科技是多么重要，重要得如同生命。

七

1945年8月15日，全中国人民迎来了激动人心的消息：日本宣布无条件投降！

日本侵略者从此再也不能在中国的大地上横行霸道了。

他们高举着双手，向胜利的中国人民交出了杀人的屠刀。

这是世界反法西斯战争的伟大胜利。

中央电工器材三厂的员工，最早收听到了这一振奋人心的消息。

那消息从杨嘉墀在厂区安装的扬声器里播放出来。

爱摆弄无线电的杨嘉墀突然从广播里听到这个特大喜讯，便立刻接通了厂区的大喇叭，那是平时下通知或防空用的。

现在，喇叭怎么突然响了？

时刻处于警觉状态的职工们，这次却听到了日本侵略者投降的消息。

这是多么激动人心的消息啊！

全厂一下子沸腾了。

喜庆的消息一遍遍播放着。

一时间昆明到处都响起了鞭炮和锣鼓声。

三厂的职工们把卡车布置成彩车，贴上标语，插上彩旗，放上锣鼓，浩浩荡荡地开出厂区，往市内奔去。

以前他们从来没有这样放开过，多少年的压抑和憋屈，今天终于扬眉吐气。

厂长和杨嘉墀他们都站在车厢里，与大家沉浸在胜利的喜悦中。

这下好了，他们可以顺顺利利地发展生产，搞好自己的生活。

或许，他们还要搬家，还要扩大规模，并且广泛招人，让厂子真正变成国家级的重点企业，生产出更多更好的电工产品。

1945 年 10 月，中央电工器材三厂奉命接受了新的任务，组织技术骨干队伍，去东北接收日伪电话设备制造工厂。

这个接收小组由七人组成，包括许德纪，也包括杨嘉墀。

第九章　再次踏上征程

一

1946年的春节即将来临，杨嘉墀又接到了母亲的来信。

这段时间，母亲与杨嘉墀的通信越来越频繁了，主要是邮路畅通多了，信件走得也快，加之个人心情也好，接到母亲的来信，顺手就回了。

母亲在信中说：

> 嘉墀吾儿，真的是好事啊，日本侵略者投降了，上海又恢复了往日的热闹。大马路都干干净净的了，商场百货货源也很充足，人们总算是过上了正常日子。
> 越是到这时候，做母亲的，就越是想念吾儿，算下来，你离开上海已经四年有余，这四年，风雨

第九章 再次踏上征程

飘零,世事纷乱,人心不稳,大家也只是念叨,并不想着让你冒冒风险回来。

现在好了,一切都过去了,我和你父亲也都添了岁数,鬓发都白了。就希望你能得空回家看看。

看到吾儿,母亲就放心了。

你还说,你已经考取了去美国的留学生资格。

现在一切步入正轨,一旦得到通知,你可能又要远涉重洋,那样,母亲就更是看不到吾儿了……

母亲的这封信写得十分恳切,杨嘉墀看得几乎落下泪来。

是啊,战乱时期,人的变化是很大的,而且亲人的安危最让人挂心。

也不知道母亲一天天是怎么过来的。杨嘉墀觉得十分对不住母亲,曾经还不好好给母亲写信,实在是不应该。

眼看春节将至,杨嘉墀就有了回家的念头。

这个念头越来越强烈,杨嘉墀忍不住,就去找黄修青厂长。

平时杨嘉墀从来没有为自己的事情找过厂长,这次杨嘉墀见了厂长,反而有些不好开口。

黄修青厂长让杨嘉墀坐下,又去给这位得意助手倒水,但看杨嘉墀坐下又站起来,又不张口说话。

心直口快的黄厂长就说,啊,嘉墀啊,你来找我从来不是这个样子,欲言又止的,有什么话,只管说嘛。

杨嘉墀就不再犹豫，谈到了母亲的来信，谈到四年来还没有回去过一次。

杨嘉墀说，我知道现在厂里形势好了，也正在用人之际，心里也矛盾，想着这个时候提出来回家不是时候。

黄厂长是个通情达理之人，他立刻就明白了杨嘉墀的心思。

黄厂长说，哦，是呀是呀，按说，早就该回去看看，儿行千里母担忧啊，抗战也胜利了，都是高兴事，家人也盼望着。回去吧，把这里的事情安排安排，回去就多住几天。

黄厂长这么一说，杨嘉墀别提多高兴了。

他一再向黄厂长表达感激之情，不只是因为厂长同意了他探亲的要求，还因为这几年厂长对他的信任、关心和照顾。自己能够在厂里站住脚，得到很高的荣誉，完全是黄厂长这个知人善任的伯乐。

而且黄厂长还推荐他赴美留学，虽说延期了，但终究是有这么一回事，实施是早晚的。

杨嘉墀从厂长那里出来，回到宿舍就给母亲发了一封信，说了自己回家过年的事。

他让母亲放心，不用再回信，自己订好票就抓紧动身。

二

临走的时候，杨嘉墀去向黄修青厂长告别。

黄厂长握着杨嘉墀的手，恋恋不舍。

黄厂长真诚地说，哎呀，嘉墀啊，从你来，我们还没有分开过呢，你这一走，我怎么感觉就像是久别了似的，让人又舍不得你离开了。

杨嘉墀也是感慨万分，说，放心厂长，我一定争取早些回来，我已经喜欢上这个厂，喜欢上这份工作了。

黄修青厂长却说，哎，说是这么说，抗战胜利了，国家的人才培养计划还是要实施的，而且我感到，很快就会实施的。前一段时间我已经让人过问过留学的事，过了春节，我还会让人联系有关部门，催办此事。

黄修青厂长紧紧握着杨嘉墀的手，笑着说道，你先放心回家探母吧，也许你在家的时候，就有好消息登门了。

杨嘉墀和黄厂长分别了。

走的时候，黄厂长还专门安排厂里的小车把杨嘉墀送到车站。

那是一辆新式的美国吉普。

时间已经是12月下旬，杨嘉墀从昆明先乘卡车到重庆。

这是一辆带有帆布篷子的卡车，就如同他当年从桂林到昆明一样，只不过不会再遭遇敌机的轰炸，也不会遇到弹坑临时抢险，一路虽然颠簸，却还是顺利的。

杨嘉墀走此路线，是想着到了重庆就可以乘轮船顺长江一路直达上海。虽然慢一点，但不用怎么折腾，在船上将就几天也就到了。

却没有想到，到了重庆，去轮船公司购票时，票房那里早已经挤得水泄不通。

杨嘉墀只好先找个离票房近的地方住下来。

第二天，杨嘉墀起了个大早，就往票房那里赶。

还没到地方，就听见了嘈杂的人声。

原来比他早来的大有人在，并且已经排成了长队。有些想加队的，与人发生了争执。

杨嘉墀只好排到了后面。

结果却是，没到跟前，票就卖完了。

再一天，杨嘉墀天不亮就起来，赶到票房时还是那样。

问了才知道，有些人是头一天晚上就开始排了。

实际上，从窗口卖出来的票有限，不大一会儿就会宣布当天计划已经告罄。

你想啊，重庆本来就是个大城市，抗战时期，从内地迁来了各种各样的机构，各种各样的人。

现在这些机构和人员，都忙着迁回去，尤其是那些南京、上海来的人，这个时候更是急急忙忙，政府部门的，肯定通过集体票解决了，其他人员则需要每天都来争抢一番。

杨嘉墀再去时，那里的场面更是显得混乱，有人在吵嚷，有人在骂街。

杨嘉墀正不知所措，一个人冲着他露出了怪异的笑：要票吗？去哪里？

杨嘉墀以为遇到了有大本事的好人，就说，要，有到上海的吗？

那人抬了一下眼皮，看了看杨嘉墀，说，哦，上海，终点啊。有，只是要贵一些。

说着说出了一串数字。杨嘉墀一听，这可是一个离谱的数字，身上的钱都拿出来也不够。

那人看杨嘉墀不吱声，就说，票早就没有了，我这也是辛苦得来的。

杨嘉墀知道遇到了倒票的，就礼貌地摇了摇头，说，我明天再看看吧。

那人就露出了嘲弄的笑，把眯着的眼睛朝门上面挤了挤。

杨嘉墀这才看到，门顶上，挂着一张不大的告示：近期船票已经售罄。

杨嘉墀：大海与星空

三

杨嘉墀从人群中走了出去。

他听到一个人操着上海话自言自语,就上前搭讪,毕竟是遇到了老乡。

原来这位老乡从贵州赶来,也是几天都没有买到船票。

这位老乡跟杨嘉墀说,我看坐船是无望了,只能分段走。

杨嘉墀问怎么分段走,这位老乡就说,只要是往东,不管坐上什么车,先离开重庆再说,走一程算一程。

杨嘉墀明白了,他就同这位老乡赶往了汽车站,到了那里也是人声鼎沸,场面吓人。

杨嘉墀就同这位老乡约定,第二天再来排队,谁排到前面都是好事。

于是来来回回奔忙了一个星期,两人终于买到了一张到长沙的汽车票。

仍旧是那种帆布篷子的卡车。

车子开动的一瞬,杨嘉墀紧张的心放了下来,没走多远,就在摇摇晃晃的车厢里靠着行李睡着了。

终于到了长沙。

长沙也是一样,大船别想,早就没票了。

第九章　再次踏上征程

杨嘉墀他们四处打问,如何才能离开长沙。

经人指点,杨嘉墀和这位老乡上了一只不大的民船。

民船虽然慢,总算还是漂到了武汉。

到了武汉就不怕了,怎么说这里离家越来越近了。

而且武汉和上海,都在长江较为繁忙的航线上,没有了三峡那样的拥挤和风险,发往上海的船自然比重庆的多。

还是像以前一样,杨嘉墀和这位老乡每天都早早赶去票房,今天排不到,明天再去。

那位上海老乡比杨嘉墀会来事,他总是能攀上人,往前靠一点。

数日后,杨嘉墀两人终于拿到了去往上海的船票。

登上客轮的一刻,杨嘉墀心里别提多轻松。

途中聊起来,那人也是在一个厂子工作,只不过他是搞供销的,往来内地多些。

杨嘉墀只是告诉他自己的工作,并没有说太多,比如正在办理出国的事情。

可能是航路不顺,客轮走走停停。

杨嘉墀想,停就停吧,慢就慢吧,反正是往家的方向。

春节前夕,杨嘉墀终于到达了上海。

这一趟折腾,已经把杨嘉墀折腾得疲惫不堪。

母亲也是望眼欲穿,天天在家里等、家里盼。

111

杨嘉墀来信说不要再回信,他很快就上路。

但是什么时候上路,怎么上路,是坐车还是乘船,路上会遇到什么事,究竟需要多少时间才能到上海?当娘的都不知道。

四

杨嘉墀终于看到了家,走进家门的一刻,他忍不住大声喊了一声:妈——

随即眼里就潮湿了。

母亲也是,一下子抱住了儿子,泪花四溅。

母亲仰起头来,看着似乎长高了的儿子,激动得不停抚摸儿子的脸,说,儿子瘦了,黑了。但是也壮实了。

杨嘉墀在信中把自己的情况都报告给了母亲,一是让母亲放心,二也是让母亲高兴。所以母亲眼里的杨嘉墀,已经是小有作为的工程师了。

她为儿子感到骄傲,比儿子考上交通大学时还要骄傲。

这时母亲才想起来,让嘉墀坐下休息,她去给嘉墀倒茶,去给嘉墀拿热毛巾擦脸,去为嘉墀准备饭。

母亲说不知道嘉墀哪天到,她和父亲天天算着嘉墀会到了哪里,现在的交通情况他们一点都不了解,只是希望儿子能平平安安地回来。

晚上父亲下班回来,也是高兴得不得了。

父亲总是啊啊地自言自语,不知道说着什么。

杨嘉墀还是听明白了,父亲也是想着在家里等儿子回来,但是不知道哪天能到,总不能天天在家里等吧?就只好上班去,但上班也是心不在焉。

杨嘉墀发现,父母都有些变了,他们脸上都有了些许的皱纹,头上也有了白发。

实际上,从自己考上交通大学过程中紧张的四年学习,到去昆明工作的四五年,自己也没有好好在父母身边,也就没有好好在意这些。

怎么就一晃差不多十年光景?父母亲也随着岁月慢慢变老了。

可和父母聊起来,杨嘉墀还是会告诉父母大人,自己想要留学美国的计划。

杨嘉墀说,由于长期的闭关锁国,我们国内在工业体系上还是同先进国家差了一大截子,许多技术问题让人感叹。我试制单路载波电话时,曾经遇到一个瓶颈问题,研究解析了很长时间,后来发现是我们生产的滤波器质量不过关。

杨嘉墀说，近些年，国家已经派出大批人员出国深造，如此下去，势必影响中国的未来。我感觉，我已经打下了一定的基础，应该趁着年轻抓紧提高一下。如果不趁机会出去闯一闯，以后就难有更大的突破了。

杨嘉墀说完看了看母亲，母亲没有立即回答，只是把目光望向了父亲，似乎他们此前已经有过交流。

杨嘉墀没有想到，父亲说出的一番话，让他感慨万分。

父亲说，嘉墀啊，你原来在信上提到过这个问题，我和你妈也是反复琢磨过这件事。俗话说，儿行千里母担忧，现在可是要儿行万里母担忧了。毕竟是自己的孩子，说不操心是假的，这些年我和你妈天天都操着你的心，这还是在国内，要是去了美国，天的另一边，就更是看不到摸不着了。

父亲顿了顿，接着说，但是想来想去，我们还是觉得孩子应该去，本来我们国家就很贫穷，很弱小，工业上不去，经济也不行，又打了这么多年的仗，国家要强盛，必得靠科学和文化，必得在你们这一代人身上。眼光放远一些，咱们家你爷爷他们就是个例子，只有放远眼光，才能有大发展。现在，比起你爷爷的时代更有不同，更需要科学知识，需要文化进步，说实在的，孩子，你这几年的成功，就是闯出来的成功，我和你妈都想开了，那就是，放手让你去闯一闯，给你一个新天地！

杨嘉墀的眼睛湿润了。

这时母亲说话了，母亲说，听你爸说得一套一套的，每当我念想你的时候，他总是劝我，跟我说一番大道理。还是那句话，知道孩子已经长大了，留不住了，留在身边，不一定有出息，还不如让他去闯一闯，见见世面。嘉墀啊，你就去吧，不用担心我们，这时也不是那时了，打跑了日本侵略者，一切都会好起来的。

杨嘉墀的眼泪终于忍不住，一下子落了下来。

杨嘉墀想起离开昆明前夕，去看西南联大倪俊主任等几位老师，他们也是同黄厂长、同父母亲说的一样，态度诚恳又实在，自己的路子，都是在这样的亲人关怀下一步步走出来的。

有了这些人，也就更加坚定了求学报国的决心和信心。

父亲问手续办理的情况，杨嘉墀想到临走时黄厂长跟自己说的话，就告诉父母，可能不需要自己再回昆明就能办妥。

杨嘉墀说，我们厂长是个很实在的领导，关心别人胜过关心自己。我曾经在信中跟你们说过。

母亲说，是呀，黄厂长，我们都知道，那是个好人啊，对我们嘉墀帮助很大。

父母就让嘉墀安心在家等待几天，没事找找同学，去交大看看老师。

杨嘉墀说自己也是这么想。

五

果然，过了几天，就有人找上门来。

来人是中央电工器材总厂上海办事处主任。

主任说，黄修青厂长让我告知杨先生，近段时间不必回昆明厂里上班，可以留在上海办理出国手续。同时，也可以先到上海办事处帮忙，协助他们做些力所能及的工作。

杨嘉墀很是感慨，黄修青厂长完全是为他着想。为此，杨嘉墀有空就去总厂驻上海办事处工作，同时等待办事处跑外事的回话。

过些时日，跑外事的人告诉杨嘉墀，经与经济部联系，官方正在同美国方面紧密接洽，不久即会有消息。

他还透露了另一个信息，如果所在工作单位能联系到实习工厂，也可以及时办理出国。

杨嘉墀将这一情况反馈给厂里，黄修青厂长让嘉墀放心，他马上安排有关人员同美国方面联系此事。

杨嘉墀也和办理出国的人员建立了联系。

信息传递得越来越多。他还知道了，有的人刚从美国实习回国，这些人有着美国方面的工作实习经验。

他们介绍说，实际上只要你们能到达美国，就能找到实习工厂。再说了,就是找不到,也可以去学校读书。

大家都觉得双管齐下好。一方面从公的角度出发,听从安排;一方面私自也可以进行联系,哪个走通走哪个。

杨嘉墀便给在美国的同学曹建猷送了一封信,把自己的有关情况一并寄去,让他帮忙,看能不能联系一下有关学校。

杨嘉墀仍然经常到总厂上海办事处去帮忙,还是通讯之类的事情,加强同上海的有关单位协调关系。

这天训练科的人通知杨嘉墀,黄修青厂长来电话,实习工厂已经联系好了,是芝加哥自动电话制造厂,属于同行。

杨嘉墀很高兴,回家就告知了父母。

看到嘉墀真的要走了,父母抓紧为儿子做准备。

这个时候,杨嘉墀又收到了曹建猷的来信。

信中带来的消息更好,曹建猷凭着他寄去的资料,到哈佛大学研究生院去联系,那边对杨嘉墀的学业及工作研究都很满意,同意他入学就读。

杨嘉墀找到实习回来的人了解情况,得知芝加哥电话制造厂不生产载波电话设备,也就是说,如想在载波电话技术上再有所提高,进这个厂怕是没戏。

如果进哈佛大学深造呢?

杨嘉墀怀着忐忑的心情给黄修青厂长打了一个长途电话。把了解到的情况和哈佛大学的情况都如实告诉了黄修青厂长。

他想让一向支持他的黄厂长给拿个主意。

当然，他心里还是有些不安，毕竟实习工厂是黄厂长帮助联系的。

没有想到，关键时刻，又是黄厂长给予了支持。

黄修青厂长说，那好啊，不去实习也罢，能进入美国的名牌大学也是一条路子，我再让人联系一下，看看报经济部后，还能不能继续公费留学。

时间到了 1946 年 8 月，上海办事处通知杨嘉墀，经济部已同意不再安排实习工厂，直接派遣他去美国留学。

这可是个大好消息，杨嘉墀还是第一时间回家告诉了父母。

父母也是欣喜万分，说儿子交了好运，遇到的都是好人，在哪里都是一路绿灯。

接下来就是体检，办理签证护照，办理外汇支票，打防疫针，订船票，兑换随身携带的美元。

真的是好事多磨，这事那事，想不到的事都有。反正一件件办，办一件少一件。最终全部办完。

一切就绪，只等开船了。

1947 年的一月初。

杨嘉墀终于登上了一艘美国轮船。

这艘由军队运输船改装的客轮，由上海出发，直接驶往旧金山。

六

　　轮船拉响了汽笛，缓缓驶离了黄浦江港。

　　船上的和船下的做最后的告别。那真是喊叫声、哭泣声乱成一片，上上下下的手臂舞成了浪花。

　　杨嘉墀和送别的父母挥着手。

　　这些天，父母是既盼着嘉墀的签证快些到手，盼着航船快些起航，又觉得离开的日子一天天近了，割舍不下那份别情。

　　今天父母双双来码头相送。

　　父亲站在那里，没有多说什么。

　　倒是母亲，千叮咛万嘱咐，还拿嘉墀当小孩子看，甚至走路要看脚底下的话语都有。

　　亲娘啊，孩子再大，在娘眼里也是孩子。

　　轮船一点点远了，杨嘉墀看着父母相互搀扶着，还迎着风站在那里，一动不动地望着，时而挥挥手。母亲的长围巾在风中甩动着、甩动着……

　　杨嘉墀的眼睛里不由得滚动起泪花。

　　这几天，他有时候会看到母亲偷偷地抹眼泪，就装作没看到，若无其事地该干啥还干啥。

　　其实，他的心里也是五味杂陈。

第十章　哈佛大学

一

父母一点点远了，上海一点点远了。

祖国啊，我还会回来的……

杨嘉墀抬起头来，徐斐这个时候看到丈夫的脸上挂了一串泪花。事实上，徐斐听到这里也有些动情。

是啊，一个人离开父母离开祖国去远行，那份情，真的是难以描画。

徐斐也是感同身受。自己当年离开时，不也是这样吗？而且自己还是个女娃，家里的亲人们更是牵肠挂肚，不忍割舍。

杨嘉墀的情绪又回转过来，他揽住妻子，笑着说，话又说回来，如果我没有这一次远行，能遇到我的夫人吗？

徐斐也把头依偎过来，说，是呀，一切都是上天的安排呀。两人都笑起来。

二

杨嘉墀乘坐的轮船，已经离大陆越来越远了。

杨嘉墀把头转过来，慢慢下到船舱里。

同船出国留学的有 30 多人，大家来自不同的地方，两个星期的漫长旅途，大家渐渐都会熟悉。

船上没有地方去，大部分时间大家都会走上甲板看海，除了无边无际的海，就是无边无际的天空。

好容易熬到天黑，第二天还是照样。

照样看海看天，看日出日落，看海鸥和飞鱼。再就是找人聊天，聊各自的经历，各自的见闻。

杨嘉墀也会跟船上的外国人搭话，以锻炼自己的口语。

到了美国，语言是一大关，听力和会话跟上了，就能适应课堂教学。

一声长长的汽笛，轮船终于到达了圣弗朗西斯科，也就是美国的旧金山，当地华人称"三藩市"。

杨嘉墀和几位留学生一起下船。

大家在船上已经熟悉，过了海关，他们立刻就感受到了这座美国西海岸城市的繁华。

有同学建议，在这里先领略一下异国风情再说。

杨嘉墀就跟着他们一路说笑着，走大街，过马路，乘巴士。

几位留学生上了巴士都不知道如何购票，多亏上海来的杨嘉墀，才没有出洋相。

大家凭着在船上的了解，先去了渔人码头。

这是旧金山最受欢迎的景点之一，这里不仅拥有众多购物中心和饭店，还有旧金山海洋国家历史公园、哥拉德利广场和机械博物馆。

而后去了伦巴底街。这里有世界上转弯最多的街道，一共有八个弯。为了避免不必要的交通事故,种满了植物和鲜花。从伦巴底街的高处向远处眺望，可以一览旧金山的风景，看到被繁花包围着的层层叠叠的房子。

金门大桥是近代桥梁工程的奇迹，也是旧金山这座城市的重要符号和象征。

蓝色的水映衬着橙红色的桥体。他们伴随海风步行在大桥上。

来的时候正是早晨，竟然看到了雾锁金门的景象。

他们还看了艺术宫，那是这座城市众多精美建筑的代表，建于1915年，起初是为了巴拿马"太平洋万国博览会"而建，虽然会后遭到了废弃,但是它精雕细琢的罗马风格,仍旧吸引了不少的游客。

说起来,这座城市同中国的上海有相同之处,都属于经济中心。但是这里的西洋味道更浓,显得更现代一些。

几个人在旧金山逗留了三天,才赶往火车站,登上了去往美国东部的列车。

三

位于大西洋沿岸的波士顿,是美国马萨诸塞州的首府,也是新英格兰地区的最大城市。

波士顿的经济基础是科研、金融和技术,被认为是一个全球性城市或世界性城市。

到了波士顿,杨嘉墀发现这里与旧金山一样繁华。不大相同的是,旧金山是一个灯红酒绿的世界,而波士顿却更多地显现出文化意味。

举世闻名的哈佛大学和麻省理工学院都位于波士顿都市区。

波士顿的教育资源共享程度也远超其他地区。

在上海读中学和大学,又见识了桂林、昆明、重庆等大城市，杨嘉墀感觉，中国的城市同美国相比，无论是经济建设，还是文化建设，都存在着差异。

中国只有奋起直追，才能在不久的将来与之比肩。

杨嘉墀想，这一天会来的，绝对会来的。

按照其他同学的做法，杨嘉墀也暂时找了当地最普通的招待所，登记了一间地下室住下。这比住旅馆便宜多了，只要先安顿下来就好办。

一切都还不熟悉，杨嘉墀要慢慢适应。

首要是先办理入学手续。

到学校报到，登记人员热情有加，问杨嘉墀报什么专业。

杨嘉墀知道，这第一步一定不能错。他就特别强调自己想攻读通信专业，希望能进入相关院系学习。

登记人员点头微笑着让他稍等，而后很快就为他注册了文理学院工程科学与应用物理系，并将有关手续交到他的手里，温和地问道，先生你看，我没理解错吧？

杨嘉墀高兴地表示感谢。

登记人员说了一句不客气，然后告知他文理学院如何走，如何办理下面的手续。

一切都很顺利，杨嘉墀感到了出国以来从没有过的轻松。

从学校出来，天色已晚，抑制不住内心的激动，杨嘉墀来到了美丽的查尔斯河畔。

此时的河水波光潋滟，那是桥上和周围的建筑在水中映出的灯带。

远处的夜空有一片亮点，不知道是哪里发出的。高高低低的建筑灯光闪烁，给这座文化名城镀上了一层灿辉。

杨嘉墀想，从今天开始，自己就要开始新的学业了，起码在几年的时光中，他会经常到这里走一走。这里辽阔浪漫，就如上海的黄浦江，让人心旷神怡。

他想着明天就给家里写封信，告知这里的一切。母亲或许也会站在黄浦江畔，望着远去的江水。

杨嘉墀来到哈佛大学便有一种大家庭的感觉。

校园里有来自世界各地的学子，说起自己的学校，他们都给予了高度的赞誉。

杨嘉墀发现校长詹姆斯·布莱恩特·科南特是个很特别的领导，他在不同的场合都不隐瞒自己的观点，鼓励创新，强调科研，确保学校在研究机构中的领导地位。

他还致力于人才的培养与发现，着力推出创意奖学金制度，只要你有才华，可以尽情地在这里施展，他会把机会给予每一位积极进取者。

哈佛大学从 1945 开始，改变了招生政策，接受来自不同地域、不同背景的学生。

当然，从目前来看，黑人及亚洲人仍占少数。

刚开始到学校时，一切都是新鲜的，图书馆、阅览室、饭厅、运动场、游泳馆、健身房，杨嘉墀不断地在校园各个地方转，哪里都要去体验一番。

怀着好奇和热情，他很快熟悉了这所世界级的名校。

四

校园里经常会有人向他打招呼，出于礼貌他也会向他人问好。

大家都是来自五湖四海，共同的理想和爱好将他们联系起来。友谊的种子渐渐发芽、开花。

他不断地用英语回应各种问候和提问，也用英语与人交流。

有了在轮船上的经历，他感觉自己的口语越来越熟练，就像在大海中游泳，开始还有些小心谨慎，逐渐地，就敢于下水，并且游刃有余了。

这天，有人在他的肩头轻轻拍了一下。

回过头来，几年前的一幕又重现了。竟然是那个王安，那个在桂林街头拍了他肩膀，给了他诸多帮助的王安！

怎么会在这里遇到老同学呢？简直让人兴奋。

第十章 哈佛大学

　　王安的老家离杨嘉墀的老家并不远，说起来是真正的老乡。老乡见老乡两眼泪汪汪，两人都有些把持不住了。

　　杨嘉墀说，上次要不是遇见你，临时到桂林无线电厂工作，解决了食宿问题，又解决了交通问题，我可真的是山穷水尽了。怎么，你什么时候又到了美国，到了哈佛？

　　王安告诉杨嘉墀，他是 1945 年从重庆飞印度，然后从印度搭船到了美国，9 月进入哈佛大学学习，1946 年初就取得了硕士学位。在加拿大工作一年后，又于 1947 年 2 月重返哈佛大学攻读物理学博士学位。所以才会在这里相遇。

　　杨嘉墀说，你总是比我早一步，真让人佩服啊！

　　王安说，你也是早晚的事，而且我也听说了你在载波电话方面的很多创新发明，不简单！

　　两人见面再高兴不过。

　　王安问杨嘉墀住在什么地方，杨嘉墀告诉王安说暂时住在了街头的小旅馆。

　　王安说，不用再住在那里了，我们住在一起好了。学校里有学生宿舍。

　　杨嘉墀说，你可真是我的福音，遇到你就有好事。

　　王安说，谁让我们既是老乡又是同学呢？

　　说着就拉着杨嘉墀去找后勤，要求两人住在同一个公寓。

五

这天,杨嘉墀正从图书馆出来,走到一片绿荫处,猛然看到一个熟悉的身影,再仔细一看,他简直要惊呆了,原来是厂长黄修青!

杨嘉墀跑了过去。

黄修青张开双臂迎接这位老朋友。

黄修青还是那样爽朗热情,他看着杨嘉墀,说,好家伙,到了美国,比以前白了,也胖了,看来心情不错,生活更不错。

杨嘉墀笑着说,还说得过去吧,在昆明,还属于战时,一切都不达标,加上研制和生产,经常处于紧张状态。现在不一样了,一天到晚,就是一样,学习。

黄修青说,这就对了,别的不想,一门心思往脑袋里装知识。装得越多越好啊,将来一准都用得上。

杨嘉墀说,黄厂长,您还没有告诉我,您怎么到这里来了?

黄修青厂长说,哦,你还不知道吧,咱们的中央电工器材三厂,已经变成了中国电话制造公司,专门生产电话机。这样,就需要种类更多、技术更先进的产品。我这次来,就是想与美国进行技术合作。

杨嘉墀说,怎么样,谈成合作项目了吗?

黄修青厂长说,很不好谈,美方以技术自重,要价太高。

第十章 哈佛大学

黄厂长停了一下，说，我们只有自己掌握了先进技术，才不会被别人牵着鼻子走。

杨嘉墀说，我这次报的就是通信专业的工程科学与应用物理系，争取迅速掌握载波电话技术。

黄厂长说，好啊，哈佛大学可是誉满全球的高等学府，据说有几十位诺贝尔奖获得者在哈佛受过教育。这是个大舞台，你就好好学吧。

杨嘉墀点了点头。他看了一下表，说，黄厂长快到吃饭时间了，可否到学校的饭堂去品尝一下？

黄厂长说，好啊，那就体验一下你们大学的生活。

路上，杨嘉墀想起什么似的，说，忘了问了，黄厂长，刚才我们怎么就正好遇到呢？

黄修青厂长哈哈笑着说，我这是神机妙算嘛。这次来美国公干，就想着要来哈佛看看你，到这校园我就想，你是刚来不久的新生，除了上课，最爱去的一准是图书馆，于是我就打问着图书馆来了。谁知刚走到这里，就远远地看到你从台阶上下来。你说巧也不巧？哈哈，这就叫有缘千里来相会。

杨嘉墀太喜欢这个黄修青厂长，事实上他可称自己的伯乐，跟上了黄厂长，事事顺心，包括来哈佛大学深造，也是黄厂长全力支持的结果。

到了饭堂，杨嘉墀还找来了王安，一同陪着黄修青厂长吃饭。

王安说，黄修青先生的大名早就听说过，不仅是上海交大的师兄，更是咱们电话业界的英才。

黄修青厂长高兴地说，多次听嘉墀说到你，而且桂林无线电厂跟我们也是兄弟单位，两家早有业务往来。

三个人一边吃一边谈，其乐融融。

六

杨嘉墀的适应能力很强，语言障碍已经克服，一切应付自如，加之自己早就有了实践知识，基础打得很牢，工科物理等课程都学得很轻松。

此外，他还重点选修了高等通信网络课程。

之所以选修这门课程，是因为喜欢耐科贝勒教授。

耐科贝勒教授是二战期间由法国来哈佛的。他的课应用了很多经典力学理论和矩阵理论。

杨嘉墀听说后很感兴趣，很快就报了这门课，并时常向耐科贝勒教授讨教。

耐科贝勒教授立时对这位中国来的学生有了印象，觉得杨嘉墀不仅注重了理论学习，在具体设计方法和实践上还有自己的思考。

杨嘉墀还找到了吉耶曼教授。

吉耶曼教授编写的《通信网络教科书》，是杨嘉墀在交通大学上学时，老师特别推荐的一本书。杨嘉墀喜爱有加，平时一直作为理论研究指导，在昆明搞研究就常常翻看，很受启发。

他本来就知道吉耶曼教授是麻省理工学院的，却想不到麻省理工学院近在眼前。

于是他向同学和老师打听吉耶曼教授。

同学说，既然你那么喜欢吉耶曼教授，为什么不去选修他的课呢？

杨嘉墀惊讶地问，怎么，还能跨校选课？

同学说，当然了。你可以直接去找吉耶曼教授问问吗。

杨嘉墀激动地来到邻近的麻省理工学院。他一路上都显得很激动，想着见到的吉耶曼教授会是怎样的一个人。

不断打听着，终于找到了吉耶曼教授的办公室。他轻轻叩响了房门。

吉耶曼教授迎接了杨嘉墀，杨嘉墀像是做梦一般，望着这位世界著名的电信专家。

杨嘉墀这次到美国来，仍然带着吉耶曼教授1937年编写的《通信网络教科书》，没想到现在见到了真人。

杨嘉墀手捧着那本《通信网络教科书》，恭恭敬敬地把它的故事讲给吉耶曼教授听。

吉耶曼教授看到那本已经被杨嘉墀翻烂了的书，又看了看这位朴实的中国小伙子，高兴地笑起来。

他让杨嘉墀坐下。

杨嘉墀提出在实践应用中遇到的问题和想法。

两人竟然聊得十分投机。

而后杨嘉墀就提出来，希望选修吉耶曼教授的课程。

吉耶曼教授热情而爽朗地笑了，他接受了这个哈佛的学生。

七

杨嘉墀目标明确，精力充沛，除了完成哈佛大学的主修与选修课，还不断地到麻省理工学院去听吉耶曼的通信网络课程，他觉得教授讲得充实而丰富，由于是面对面地听讲和交流，学的也更有兴趣，更扎实。

在哈佛和麻省理工，他越来越多地了解到了当时美国最先进的电话公司的研究和生产情况，了解到了网络研究方面的进展和成果。

通过听课、阅读和了解，无不开阔了杨嘉墀的视野，使他快速而有效地探寻着通信网络科学的新途径。

而且，杨嘉墀越来越熟悉学习环境，知道了不少选修加塞儿的窍门，他很快又增加了选听李郁荣教授的课程。李郁荣教授是麻省理工学院讲授统计滤波器的权威。

就这样，杨嘉墀在哈佛大学、麻省理工学院相继学习了应用数学、计算数学、理论物理、声学、微波电子学等课程，还接触到了雷达、声呐等军事技术，逐渐将兴趣转向电子仪器。

在这个广阔的知识海洋里，杨嘉墀自由而快乐地遨游着。

他不断地把这里的一切，包括遇到老同学王安，遇到黄修青厂长，找到吉耶曼教授，学到多种学科的知识，在信中一一告诉父母。

父母在回信中流露出难以言说的高兴心情，他们让杨嘉墀安心地在美国学习，说家里的一切都好，希望嘉墀不断地给家里写信，以听到他更多的消息。

谁能相信呢？在杨嘉墀的努力学习和刻苦攻读下，不到一年时间他就取得了哈佛大学的硕士学位。

两个学期，他上了八门课，考试评定全部是 A 等，这还不算他在麻省理工学院选修的课程。

这个来自中国的留学生，让同学和老师刮目相看，认为他不是一般的求学者，他有一股子拼劲、闯劲。

当大家都在尽情地玩耍、享乐、恋爱的时候，杨嘉墀却总是在图书馆，在教授办公室，在哈佛大学与麻省理工学院之间奔走。

杨嘉墀乐此不疲地把每门课程都学得扎扎实实，完全对得起近一年来的精心奋斗。

他已经不再满足于学载波电话的愿望，他要再接再厉，继续攻读博士学位。

八

这天，杨嘉墀从教学楼上下来，看到有同学站在系里的布告板前浏览。

他也走上前去，看看有没有值得关注的信息。

同学们都把布告板当作信息板，里面随时会有各种不同的信息发布，有的是学术报告，有的是教授课时调整，还有的是物品交换、失物招领。

这时映入他眼帘的，竟然是"回旋加速器试验室"招聘启事：

本实验室因工作需要，特临时聘用若干工作人员。报名后择优录用，并按照有关规定给予报酬。

回旋加速器，是利用磁场使带电粒子做回旋运动，在运动中经高频电场反复加速的装置。

哈佛大学工程科学与应用物理系新研制的回旋加速器的设计指标,已处于当时的世界领先水平,现在还在不断进行研究,必然是力求突破更新的技术。

这真的是一个提高自己实践能力的机会。

时间进入了1948年,中国的留学生已有传说,中国经济部可能会停止发放公费留学生的生活费用,如果能够入选,也不失为一项勤工俭学。

杨嘉墀去应聘了。

后面是一系列的专家考察、考评和面试。

最终,杨嘉墀等来了实验室的正式通知:

> 杨嘉墀先生:
> 经过考评与研究,决定聘用您进入回旋加速器试验室工作。

杨嘉墀拿到通知的时候,高兴得双手击掌而笑。因为这实在是他喜欢的工作项目。

他立刻就跑去报到,并以积极而充沛的状态,加入到新的工作环境中去。

杨嘉墀被分配到控制保护回路组工作,负责进行控制系统的设计与安装调试。

这个小组也就几个人,看来都是精英。

在研制加速器过程中,杨嘉墀再次认真地接触了真空技术、高电压技术、离子源技术以及核物理实验方法。

除了学习,杨嘉墀每周工作 20 小时,工作之余,就及时进行总结,记下心得体会以及关键问题。

可以说,杨嘉墀扎实地掌握了大型工程系统设计概念和组织研制程序。

这中间,杨嘉墀获得了助教奖学金。

第十一章　傅里叶变换器

一

时间过得很快，一晃半年多的时间过去了。

什么事情都是在不断变化的，在杨嘉墀的人生中，他越来越多地认识到了这一点。

这天，实验室主任把他叫进办公室，很客气地同他聊天，问到他的学习和生活。

杨嘉墀觉得有些奇怪，平时这位主任是没有这些婆婆妈妈的，都是工作上的事情，说话直来直去，简洁而干脆。

直觉告诉杨嘉墀，可能主任后面还有什么话说。

果然，热情的实验室主任开口了。他说，是这样，杨先生，我很真诚地告诉您，您在实验室的工作我们很满意，我们很想长期把您留下来。

这位主任耸了耸肩，又无奈地摇了摇头，继续说道，但遗憾的是，我们接到有关部门的通知，鉴于其中无可言说的缘由,我们只能终止我们的合作。

杨嘉墀感到很惊讶,说,难道我的工作出现了什么问题?

实验室主任说,鉴于保密的原因,还请杨先生理解。

杨嘉墀明白了主任的意思,一定是他接到了政府方面的某种指令,使得愉快的工作成为遗憾。

也是巧合,或者说天不误人。杨嘉墀那边刚走出回旋加速器实验室,他就又看到了化学实验室的招聘启事。

启事上说,他们需要一位电子学方面的研究助理。

杨嘉墀向来不惧挫折,况且这次被辞未必是一种挫折。

他又按照启事的提示前去应聘。

化学实验室仍然很慎重,他们同样详细地对杨嘉墀进行了考察,查看他的有关经历和学习成绩,到他所在院系进行了解,访问他的老师和同学。

杨嘉墀的口碑还是不错,他得到了教授和同学的一致好评。

化学实验室认为他们将有一位很好的助理。

在杨嘉墀还未接到通知的时候,化学实验室的各位,已经在谈论这位即将到来的杨先生是多么的优秀了。

终于,杨嘉墀顺利地到化学实验室报到。

到实验室才知道,是协助化学系研究员柯华特博士进行工作。

杨嘉墀非常高兴,因为他早就知道柯华特博士的大名,跟着柯华特博士一同搞研究,可以近距离地接触和学习知识。

第十一章 傅里叶变换器

虽说规定每周工作 20 个小时，但杨嘉墀会不自觉地超出规定时间，完全地投入其中。

柯华特博士发现，他们选定的这位助理，十分得心应手。

给他交代什么，都会认真去办，并且不久就会有结果。

譬如需要什么资料数据，杨嘉墀很快就会把在图书馆、资料室及通过其他方式查到的结果，放在柯华特博士的办公桌上。

柯华特博士一上班就看到了这份认真而翔实的材料。

这样的情况往往使得柯华特博士的工作推进很快，继而推动整个化学实验室的工作都顺利开展。

柯华特博士总是点头微笑着，露出满意的表情。

于是他便放手给杨嘉墀压担子，指导他发挥电子技术特长，搞一些对化学研究有实用价值的仪器设备。

杨嘉墀也知道，有些助理的工作，就是不断地搜集资料，抄写论文，没有时间或者说不给时间让你进入科研一线。

这是杨嘉墀努力的结果，是柯华特博士的信任使然。

所以杨嘉墀很快接触一线实验，进入实际操作和研究，并且很快就研制出一些成果。

譬如利用光电吸收法研究高分子光化学反应的电子设备，利用随动系统制成的两路光电比例线路以及各种光源的脉冲能发线路。

这些发明创造，使杨嘉墀的理性与知性完美结合，拓展了他的发展空间。

加之他之前的实践，让他深刻体会到，所有知识都是相通的，相互关联的，你对一个方面有研究，或许也可能发现其他领域的神妙。

通过博士生资格考试后，杨嘉墀要选一位教授作为自己的博士论文指导教师。

杨嘉墀有些激动，因为他一下子就想到了耐科贝勒教授。只是不知道，耐科贝勒教授会不会接受他这位学生。

他先找到了系主任，说出了自己的想法。

这位系主任十分看好杨嘉墀，杨嘉墀无论是到回旋加速器实验室，还是去化学实验室工作，他都给予支持和鼓励，并不断地关心杨嘉墀的工作情况。

对于杨嘉墀在实验室做出的成绩，他也会露出欣慰的表情，并且让系里的工作人员记录在案。

系主任说，耐科贝勒教授一向严谨，尤其是对博士生，你有这个愿望很好，如果能够接受他的指导，并且完成他的课题，那么你一定会顺利并且早日获得学位。

系主任肯定了杨嘉墀的选择，而后又笑着说，这样，耐科贝勒是否接受，还需你亲自跟他交流一下，这边我会尽我所能。

杨嘉墀感谢了系主任。便找了个时间，亲自去登门拜访耐科贝勒教授。

耐科贝勒教授一见这位来自中国的年轻人，就高兴地笑了。

他说，杨嘉墀，我们认识，我讲通信网络课程时，你是问题最多的学生，我很喜欢你的认真与直率。

杨嘉墀紧张的神经顿时放松了。

杨嘉墀说，先生的讲授给我留下了极为深刻的印象，并在我后来的实际应用中深深受用。

两人谈得很是投机，简直出乎杨嘉墀的预料，杨嘉墀刚提到希望耐科贝勒教授做自己攻读信息网络技术的导师，教授就笑起来，说系主任已经给他打过电话，郑重地推荐了杨嘉墀。

杨嘉墀喜出望外，他由衷地感激那位表面不苟言笑、内心却一团火热的系主任。

耐科贝勒教授说，对于一位才华横溢又虚心上进的学子，有谁不会乐意让其作为弟子呢？

耐科贝勒教授说，杨嘉墀，你知道吗？在你还没有来的时候，我就已经有了自己的决定。

那一刻，杨嘉墀的心简直要飞起来了。

他一再对着导师鞠躬，表达中国式的诚挚敬意。

杨嘉墀:大海与星空

二

耐科贝勒教授做事十分认真,他精心为杨嘉墀量身定做了一篇论文题目:研究一台计算"傅里叶变换"的模拟计算装置,他相信自己的学生能够胜任这项研究。

耐科贝勒教授明确地告诉杨嘉墀,"傅里叶变换"不但在信号处理上作用显现,而且在网络综合实践中应用广泛。

杨嘉墀很是感激导师为他选择的主攻方向。他知道这项研究对他意味着什么,一旦攻坚成功,不仅能够取得博士学位,而且对自己的科研发展是一个重要推力,那是跃上了无数个台阶,直接达到某个顶点。

他想到了祖父为自己起的名字,嘉墀,对嘉墀!

耐科贝勒教授说,杨嘉墀,你要知道,世界上第一台电子模拟计算机 1946 年刚研制成功,这一领域刚开始起步,线性运算部件、非线性运算部件、控制电路等许多技术尚待开发。所以,我们研究"傅里叶变换器",很有必要,而且前景广大。

杨嘉墀为此充满信心,他决心一定不辜负教授的期望,尽快拿出方案,着手研究实验。

杨嘉墀还是老一套,一边研究,一边做笔记。

这也是论文的关键。

第十一章 傅里叶变换器

多年养成的习惯，使杨嘉墀积累了大量的一手资料，包括在麻省理工学院学习期间的笔记。他清楚地记得吉耶曼教授的那些细致而实用的通信网络理论。

实验期间可谓是废寝忘食，完全显示出中国留学生那种不畏艰难、刻苦应对、敢作敢为的拼劲和闯劲。

有著名的导师做后盾，杨嘉墀没有什么可担心的，只要有不明白的地方，或者攻不下的山头，他都会第一时间去找耐科贝勒教授询问、求教。

对于某个关节点，也会先行征询导师的意见。

他认真听从耐科贝勒教授的建议，把一些弯路取直，把一些理论上尚含糊的问题，在实践中解析出来。

而后杨嘉墀还到有关生产厂家，同技术工程师共同商讨，力争将这台机器做成精品。

不到半年，杨嘉墀不负众望，一台崭新的"傅里叶变换器"摆在了大家面前。

可以说花了极少的时间，也花了极少的费用。

耐科贝勒教授对这台"傅里叶变换器"进行了细致而科学的检验。

大家围在一起，都要看看检验结果。

杨嘉墀既有信心，又有些忐忑。因为耐科贝勒教授一向是严谨的。他会给出各种不同的数据在其中，看这台变换器是不是都会有一个满意的反应。

检验还在进行中,杨嘉墀的额头渐渐渗出了汗水。

教授还在严肃认真地输入一个个数据。

杨嘉墀看到,耐科贝勒教授渐渐露出了喜悦的笑容。

最终,耐科贝勒教授给出了结论,这台"傅里叶变换器",完全称得上是一件颇有创造性的先进可靠的科研成果。

当然,最主要的还有那篇博士论文。

杨嘉墀是有心的,他一边研究,一边记录,一边整理。

不断地总结,不断地更新,把自己的观点带入实践,又从实践中得出新的理论。

这样,杨嘉墀终于通过一系列的实践活动,写出了《傅里叶变换器及其应用》这篇构思缜密、科学严谨的论文。

耐科贝勒教授结合杨嘉墀的实验创新以及扎实的文字理论,给出了最好的评语。

他把杨嘉墀叫到自己的办公室,高兴地对杨嘉墀说,在与时间竞跑的赛道上,你超出了我的预期,好了,年轻人,你可以进行论文答辩了。

三

1949年4月,通过认真答辩,杨嘉墀被哈佛大学授予了"哲学博士"学位。

哲学博士,并不是说杨嘉墀修读了"哲学"。外国大学的哲学博士,是指这个人对其知识范畴的理论、内容及发展等都具有相当的认识,能独立进行研究,并在该领域内对学术界有所建树。所以,任何学科的博士毕业生都可以授予哲学博士。

耐科贝勒教授是一位求贤若渴的人,对于自己的得意门生,他总是从内心感到高兴。

他笑着对杨嘉墀说,小伙子,由于你的努力,使你在这个领域突破了我们的预期,这是一个很好的开端,继续下去前途不可预料,我会支持你在雷达领域深潜,直到成为一位优秀的专家。

杨嘉墀再次感动地向耐科贝勒教授深深鞠躬。

耐科贝勒教授笑了,说,你们中国人的礼节真多。

耐科贝勒教授主动热情地帮助杨嘉墀联系一家雷声公司。

他在推荐信上,详细地写出了推荐杨嘉墀去从事雷达研究和设计工作的理由。

雷声公司经过认真的考察、研究,最终表示同意。

他们将意见反馈给学校和杨嘉墀。并且告知，外籍人员办理入厂手续，须经过移民局的审批。所以还需耐心等待。

移民局的审核结果出来了。

美国移民局认为，雷达研究属于军事秘密，杨嘉墀不具备进入雷声公司的资格。

耐科贝勒教授认为理由有些苛刻，他又给雷声公司打电话，雷声公司有感耐科贝勒教授的一片诚心，也是很想要这位发明出傅里叶变换器的杨嘉墀，他们就再争取了一次。

结果呢？还是一样。

这个时候，听说波士顿附近一家光开关公司到哈佛大学招人，杨嘉墀就去征求耐科贝勒教授的意见。

耐科贝勒教授说，雷声公司不去也罢，这家公司是专门制造工业应用光学设备的，他们正在进行新型的红外光电设备研究，正缺少人手，你可以考虑一下，如果有此意愿，我可以推荐。

杨嘉墀自然没有意见。

于是耐科贝勒教授作为导师，再次郑重地推荐自己的学生。

有了耐科贝勒教授的力荐，杨嘉墀顺利地进入了新的公司。

本来杨嘉墀雄心勃勃，准备在新公司大干一场，不辜负导师的帮助。

没有想到这家公司也是一家保密企业，他们按照军方合同，进行导弹红外光学电子设备的研制。

虽然他们也认为杨嘉墀是一位难得的人才，进来之后，会对于他们的研究有所帮助，但是他们又不得不按照规定办事。

商量后，只能将杨嘉墀隔离于核心设计之外，让他进行外围的研究。

他们也是实话实说，如此决定，完全是不得已而为之。希望杨嘉墀给予谅解和理解。

这让杨嘉墀感到不舒服，有一种人为的不平等待遇，如此下去，自己很难有更深的研究和突破。

另外，杨嘉墀也想到，这家公司是保密企业，又生产军工产品。而这个时候，中国已经解放，进入了一个新时代。自己还在想着什么时候会回到祖国，中美两国就已经有了隔阂，别因为在保密企业工作，到时候被美国当局有所限制。

工作了一段时间之后，他将自己的顾虑跟耐科贝勒教授讲了，导师仔细考虑了他的想法，同意他自己作出决定。

杨嘉墀委婉地辞职了。

四

杨嘉墀仍旧同父母进行着通信联系。

父母告诉他，上海已经解放，人们对一切都感到很新鲜，街上天天都有各种活动,大家对新中国充满了热情和期望。

父母知道杨嘉墀获得了博士学位,这是让他们非常高兴的一件事,因为杨嘉墀的海外留学,有了最终的结果。他们希望杨嘉墀能够把握方向,一旦时机成熟,就回国发展。

母亲还专门夹带了一封私信,信上说:

> 嘉墀吾儿,一晃眼你已经是博士了,可谓学有所成。妈为你高兴!
>
> 但是最让妈操心的事,妈也是要告诉你的,你年龄不小了,该成家立业了。美国那边如果有合适的,就找一个志同道合的伴侣吧。
>
> 当然,我们希望你能找一个中国人,最好找一个家乡人,上海的就更好了。那样,你们就不用分心了,我们也不用分心了。回来探家也方便。
>
> 当然,这都只是愿望,只要吾儿看着满意,就行。儿满意是第一原则。条件只是附加的,次要的。
>
> 今天妈啰嗦了,希望没有打搅了吾儿的心情。总之,一切随缘吧。

第十二章　收获甜蜜之果

一

波士顿的留美同学有一个好传统，他们会经常联谊，组织活动，而且不断有新来的同学加入。

杨嘉墀多数时间都是因为学习和研究任务繁重，顾不上参与。

但是不能总不参与，那样人家就会说你离群，说你清高，说你孤芳自赏。

凡是能来美国留学的，都是各方面的佼佼者，不光是个人能力，也有家庭背景。大家建立联系，都不是什么坏事。

这一次是去缅因州旅游，组织者多次邀请杨嘉墀。

杨嘉墀不好拒绝了。

留学生们乘船沿着肯尼贝克河一路前行。

沿线风光优美，到处都是古老的林木和建筑。

杨嘉堺久不出门，这次感觉还不错，欣赏着两岸美景，呼吸着新鲜空气，跟熟悉的、不熟悉的同学说上一会儿话，谈谈各自的情况，并且了解到从通信及其他渠道得知的国内消息。

大家的共同语言还是不少的。

很多人谈到了回国发展的愿望，谈到会去哪个城市，哪个行业。有人是家族企业，还想着回国子承父业，靠着在国外形成的关系，有一个新的建树。

游船到达了 1621 年始建的奥古斯塔，这里是缅因州的首府所在。

缅因州是新英格兰地区面积最大的州，境内环境幽雅，森林密布。

美丽的冰川湖，是夏季的疗养胜地。

美国东部是欧洲移民最早到达的地方，不同地方的移民带来了不同的建筑风格，尤其以德国、荷兰、英国的移民较多，所以大部分建筑是典型的新英格兰风格，多用石头或原木建造。

二

杨嘉墀喜欢这种建筑,一下船,他就徜徉于这些建筑群中。

他发现不少房屋,是用木板拼装墙面,很是具有一种典雅的风情。

而且这些房屋都极尽以鲜花来装饰。房前屋后以及窗台上,到处摆满了各式鲜花。

看不到那些鲜花的主人,但是这些鲜花已经让人感觉到主人的气质和素质。

杨嘉墀不停地驻足。

一处房屋前,两位女士正在照相。

她们似乎很专注,一会儿换一个姿势,一会儿调一个角度。

其中一位看到神情悠然的杨嘉墀,便叫,哎,杨嘉墀,来帮我俩照张相。

杨嘉墀一看是上海来的静文女士,便走过去接过了相机。

他将镜头对准相依而笑的两位短发女子。

镜头中,除了他认识的静文,另一位竟然风姿绰约,站在那里稍稍地昂首挺胸,几缕乱发随着一条纱巾飘展,越发显出一种优雅。

介绍一下,这位是徐斐,上海来的,波士顿音乐学院的高材生。静文女士说。

徐斐看着杨嘉墀,露出了含蓄地一笑。

这位是杨嘉墀,也是上海来的,母校上海交通大学,现在是哈佛大学的博士。我告诉你,人家在短短的两年多时间,就攻读了硕士和博士学位,可是个大才子呢。静文女士对徐斐说。

杨嘉墀赶忙冲着徐斐点头致礼,说,不敢。

下面三个人接着找不同的地点照相。

杨嘉墀总是热情地充当摄影师。

由于钻研的是物理,对于摄影杨嘉墀也是十分在行。

他懂得光线与视角,所以更多地利用了侧光,有些则故意使用了逆光,以拍成剪影的效果。

后来洗出来的照片显示,杨嘉墀的技术确实是高人一筹,令人满意。

三

杨嘉墀与徐斐就这样认识了。

当时他们说话并不多,只是互相介绍了一下自己。

杨嘉墀介绍得很简单,并没有怎么表露自己的业绩,只是陈述了自己的有关经历。

第十二章 收获甜蜜之果

徐斐说得更简单,她说,我的履历很单一,1922年5月在上海出生,1941年上海国立音乐专科学校毕业。1947年赴美,现在波士顿音乐学院就读,学的是钢琴专业。

这天,杨嘉墀外出办事,转过一条大道,竟然看到了波士顿音乐学院。

哦,这就是那位徐斐女士的学校。

他已经知道这是一所私立艺术院校,规模不大,却是成立于1867年,颇有影响。

学院大门设计得典雅庄重,很有艺术氛围。里面曲径通幽,望不到尽头。

好奇心驱使着杨嘉墀走了进去。

一条长长的林荫道,带着他一直往前。

杨嘉墀听到从各个房间传出来的歌声以及器乐的声响。

一排敞亮的窗户里,飘出了长笛、双簧管、圆号的奏鸣。

他转过一片花坛,又绕过一处有着美人雕塑的水池,猛然听到了一阵钢琴的脆亮音声。

他下意识地走过去,常春藤遮掩着一排平房。

鲜花围就的一个小窗里,可以看到有人在练琴。琴声圆润连贯,如滚珠般清脆,像阵雨滚过辽阔的山原。

莫非真的能看到她,看到那个熟悉的短发女子,叫徐斐的上海姑娘?

153

四

　　杨嘉墀放慢了脚步，实际上是放轻了脚步，他悄悄接近了那个窗户。

　　窗户是打开的，窗台上放着一盆小花，窗纱被微风吹得时不时撩动一下。让人感觉，不是微风所动，而是琴声感染。

　　杨嘉墀已经听清楚，曲子是德彪西的《月光》。

　　这是他十分喜欢的一首曲子，而且是他第一次在自己装配的音箱里听到的。后来听了介绍，他才知道是世界著名音乐大师德彪西的作品。

　　后来，只要听到这首曲子，都让他沉迷。

　　现在，这首《月光》又一次映照在他的心上，他完全沉浸其中了。

　　真的，就好像是收音机里播放的一样，那么空灵，那么鲜明，那么沉静，那么辽远。

　　他不知不觉间已经接近了那扇窗子，闻到了窗子里飘出的香气。

　　钢琴声是如此的亲近，如此的清亮，平时他从来没有将收音机调到如此大的音量，所以他感到了莫名的震憾。

　　当最后的连续跳荡的节奏戛然而止的时候，他看到那个坐在钢琴前面的身影转过头来,啊,正是那张熟悉的面容,徐斐!

五

徐斐也看到了杨嘉墀,实际上徐斐沉浸在《月光》中的时候,她的第六感觉得身后有人,就站在窗前一动不动。

她弄不准是谁,又不想分心,今天的这首曲子她弹得特别顺手,或者说随心。

她完全理解了曲子本身,或者说她完全超脱了曲子本身。

她就那么让心绪飞扬,让十指跳跃。

她看到了一片绿荫,一片古老的高低错落的小木屋,那是奥古斯塔的木屋。就是那次跟那个大才子杨嘉墀相识了。

她不知怎么想到了那位温文尔雅的青年,他戴着一副眼镜,说话礼貌而含蓄,跟有些夸夸其谈的人不一样,他是那种深藏不露的学者型人物。

那么年轻就有了诸多留学生渴盼的位置,说明具有真才实学,处处被人看中。

什么时候还会跟他再见面?

徐斐把心绪写在了黑白琴键上，带着真实的感情，写得层层叠叠、密密麻麻。而后用手指划去，再接着写，直到勾画出最后的一笔。

那一笔仍旧像是藕断丝连，发出的声音向上飘去，久久不散。

直到这个时候，她才回过头来，望向窗外。

她没有想到，竟然就是那个人，杨嘉墀，真的就是杨嘉墀！

真的就是人们说的，想啥来啥，想那个人，那个人就出现了。

徐斐开了门跑出来，望着仍旧站在那里的杨嘉墀，说，真的是你！

她没有说，你怎么来了，或者说，你怎么站在这里。

她吐露的是真心。

杨嘉墀似乎听出来了。他也说出了同样的话：真的是你！

那话语中，似是说，弹得如此美妙动听，想着应该是你弹的，果真就是你弹的。

徐斐把杨嘉墀引到了房间里。

杨嘉墀仿佛第一次走进了音乐殿堂一般，实际上，是第一次走进女生的房间。

他心内升起了一种神圣感，那是一种膜拜心理，一种崇敬心理，他已经忘记了自己的身份，成了一个对音乐一窍不通的孩童。

原本看着这女子就娴雅庄重，没有想到还有这么一手，想都想不到学音乐的会学得如此精致，如此经典，简直可称为奇女子。

杨嘉墀不知所措地站在那里，听到徐斐让座，才坐在钢琴旁的凳子上。

徐斐说，你喜欢音乐？会弹吗？来一曲？

杨嘉墀腼腆地笑了，说，不敢，白痴一个。家里没有搞这行的，喜欢，却无从学起，后来也顾不上了。

六

而后杨嘉墀就解释，自己为什么会站在窗子前，实际上是表白了自己的身不由己，身不由己地走进音乐学院，身不由己地寻着钢琴的声音走到了这里，且被这美妙的乐曲征服。

徐斐说，你真的喜欢钢琴，喜欢这曲子？

杨嘉墀说，我喜欢音乐所具有的独特魅力，尤其是钢琴曲，当我第一次听到德彪西的《月光》的时候，心一下子就沉静下来了，完全沉浸在一种苍远辽阔、缤纷绚烂的美感之中。

徐斐听了显得很高兴，她第一次听到有人会这么喜欢她所喜欢的音乐，而且是钢琴，是德彪西的《月光》。

徐斐说,音乐不分国界,音乐是可以传达、可以流通、可以影响的,经典音乐确实是常听常新,百年不衰。

徐斐说,你知道吧,德彪西的这首《月光》,原本是他1890年开始写作的钢琴组曲《贝加摩组曲》中的第三乐章,那是一组绵长而沉厚的组曲。但《月光》这首曲子深受钢琴家们的喜爱,他们常常将它单独作为一支曲子演奏,时间一长,人们便忘记了它的真正出处。

杨嘉墀点着头说,确实是太美了,我一直以为这是一首单曲。听着的时候,就有一种极强的画面感呈现在眼前,你会随着音乐让那画面不断变换,就如我们平常所见一般,实际上它又是超越了我们的视觉经验,成为一种世外桃源。

徐斐说,你对音乐的理解力真强,我觉得你如果当一名音乐评论家也很棒,因为你确实很投入,评判得也很准确。事实上,作为印象派音乐的鼻祖,音乐界都把德彪西的作品称为"音画"。就如你说的,他是在描绘,是在呈现,是在写实又是在想象,他完全汲取了印象主义和象征主义绘画派的技巧,使之融汇于自己的作品中。如果从诗人的角度来说,他就是一位以音乐写诗的诗人,他就是中国的李白。

杨嘉墀说,你说得真好,也像是一首诗。

徐斐说,哪里,这是我们教授说的。

杨嘉墀说,你们教授也不简单,他还知道李白。

徐斐笑起来,说,我们教授是位女士,她来自中国的香港。

杨嘉墀说,还能再弹一曲吗?

徐斐感觉出他的热切和真诚，便点了点头，重新坐在了钢琴旁，弹起了一首《梦幻曲》。

杨嘉墀一听就听出来了，这是德国作曲家舒曼的曲子。

舒曼是 19 世纪浪漫主义音乐家中的全能型代表人物。从小饱读诗书，尤其喜爱钢琴。这首《梦幻曲》是写给一位叫克拉拉的女孩的，热恋中的舒曼在克拉拉面前就像个孩子。他为她一口气写了 30 首小曲，《梦幻曲》就是其中之一。

杨嘉墀与徐斐近在咫尺，他甚至能感觉出她的气息，她的情绪。

徐斐的脸上泛着红润，开始的时候带有些许的紧张和羞涩，弹着弹着就沉浸在《梦幻曲》之中了。

曲中有无限的倾诉，无限的爱恋，那是一个人最幸福的时光，他的所有能量都展现出来，包括他的聪敏和才华。

现在，徐斐主动弹起这首曲子，其中的真意，或也尽情显现。

杨嘉墀能感觉到作者与演奏者喷涌而出的激情，那激情如秋水，若春风。

杨嘉墀看着徐斐，觉得她天生就是一位搞音乐的，她不断变换的手指纤长柔美，在键盘上那般轻盈灵动。还有她的眼睛，闪烁着流水云霞、烟雨柔情。

第十三章　爱情的结晶

一

徐斐事先买好了两张票,邀请杨嘉墀去看交响乐演出。

两个人的座位是在演出大厅的左侧三楼,这样能清楚地看到每位演奏者的情况,尤其是那位在舞台中央位置的钢琴演奏家的表现。

徐斐跟杨嘉墀说,波士顿交响乐团在国际享有盛誉,每年在美丽的交响乐大厅举办超过250场音乐会。她的老师曾经多次带着学生来观看。可以说常看常新。

杨嘉墀很感慨徐斐有此用心,买了票带他来看演出。事实上,这已经超越了普通朋友的概念,那种感觉,越来越像是在进行着一场互相倾慕互相欣赏的恋爱。

杨嘉墀想起母亲的信,母亲如果知道徐斐的情况,一定会满意的,因为符合她提到的所有条件。而且徐斐也是一个

第十三章 爱情的结晶

大家闺秀。

现在舞台上演奏的是肖邦的《F小调第2钢琴协奏曲》。

《F小调第2钢琴协奏曲》，是献给肖邦心中初恋情人的一首曲子，虽然他赠奏给了苔菲娜·波托卡伯爵夫人，却是体现出一位二十岁青年对初恋之情的深刻体验，所以曲调悠扬婉转，饱含情感和诗意。

这是最后一首曲子，将整场晚会推向了高潮。

结束后钢琴演奏家带领大家全体起立，向观众致意。

全场响起热烈的掌声。

杨嘉墀和徐斐也是激动不已，在现场更能感觉出世界一流乐团对肖邦的理解与展现。走出大剧院外，他们还在谈论着肖邦。

徐斐说，我最佩服肖邦，他是少数以钢琴曲成名的音乐家，除了仅有的几首艺术歌曲与一首大提琴曲外，他的作品几乎全部都是为钢琴而作。

杨嘉墀附和，肖邦的作品总是那么鲜活，激情无限。难怪被人称为"浪漫主义钢琴诗人"，这是名副其实的桂冠。

他们一边说着一边走着，慢慢来到了波士顿市中心的灯塔山，这是一处由古朴的乔治亚风格民居组成的所在。

两人拉着手行走在鹅卵石铺就的人行道上。

狭窄的街道、古老的红砖房、铁制的栅栏和柔和的煤气灯，给这个夜晚增添了神秘而优雅的气氛。

二

1950 年 5 月的一天，杨嘉墀在纽伯里街上边走边看。

纽伯里街是波士顿最独特的一条街，它历史悠久，多是 19 世纪以及之前的建筑，古老而高雅。

杨嘉墀一直待在校园里，在图书馆和实验室之间往来，突然轻松下来，就想到了这条街，便独自到纽伯里街上散散心，轻松一下。

好久没有这么轻松了，何况他还遇到了徐斐，遇到了爱情，整日里都是好心情。

白天徐斐会上课、练琴。所以他一个人走到这里。

他看着一幢幢红色、黄色或咖色的建筑，感受其间的艺术氛围。

没想在一个拐角处，竟然遇到了哈佛大学化学实验室的柯华特博士。

柯华特博士说，哦，你怎么在这里？我还正要找你呢？

杨嘉墀忙说，哦，柯华特博士啊，我们找个地方坐下好吗？

柯华特博士说，好啊，我也有此意。

杨嘉墀决意要找一家餐馆，他要请柯华特博士饱餐一顿。

他始终对这位给予自己真诚帮助的柯华特博士充满敬仰

第十三章　爱情的结晶

与感激，正好在纽伯里街遇上，再好不过的机会。

柯华特博士却说，哦，谢谢你的美意，我们找个咖啡馆就可以了。

杨嘉墀坚持着，但柯华特博士也坚持着，最后只得在街角一间幽雅的咖啡屋坐下。

杨嘉墀要了两杯咖啡，还要再点别的，被柯华特博士阻止了。

柯华特博士说，我给你带来了一个好消息，宾夕法尼亚大学的生物物理系需要一名科研人员，我推荐了你，他们对你很感兴趣，你去那里可以做副研究员，待遇比在我们的实验室要高，而且系主任钱斯教授是英国剑桥大学生化系的博士，是一位跨学科的科学家，在学术界很有名望。

杨嘉墀显得很激动，他听说过钱斯教授，知道他年轻时也从事过无线电工作。他在二战期间被征调到麻省理工学院雷达实验室工作，不久就主编了一部有关雷达电子线路的书，叫《波形》，是实验室出版的系列丛书中的一部。但是至今他还没有读到。

杨嘉墀说，谢谢您柯华特博士，谢谢您的信任和引荐，我很乐意去那里工作，我来到美国后，遇到的都是科研界的顶尖人物，这是我的幸运，跟您就学了不少东西，以后遇到什么问题，还要向您多请教。

柯华特博士说，你是一位不断向上的人，就像你跟我讲

163

的你的名字，美好的永远向上的阶梯。

两个人都笑了。

三

杨嘉墀回到学校，立刻去了图书馆，借出钱斯教授主编的《波形》，抓紧阅读起来。

钱斯教授从事各种生物酶的化学动力学研究。他能利用在电子学方面的知识，进行酶化学动力学研究。

在这个领域内，无论在测试方面还是在结果数据处理和数学模型建立方面，都取得了很优秀的研究成果。

等见到钱斯教授的时候，杨嘉墀已经就《波形》所提到的电子线路问题同钱斯教授进行讨论了。

两人愉快地交谈着，对理论与实践中的许多观点都看法一致。

钱斯教授说，我们欢迎你加入我们的团队，这样我们的研究会更加有活力。

杨嘉墀说，我很愿意参加钱斯教授的团队，一定抓住这个学习机会，当好助手。

杨嘉墀把这个好消息告诉了徐斐。

第十三章 爱情的结晶

徐斐也为他高兴,并且要为他庆祝一番。

他们去了纽伯里街。

杨嘉墀点了两份西餐,最后结账的时候,徐斐坚持要付款,说是自己提出来要为杨嘉墀庆祝的。

杨嘉墀争执不过,只好让徐斐结了账,说下次自己再请。

徐斐看着杨嘉墀,说,这样两个人你来我往,什么时候是个头呀?

杨嘉墀笑了,说那就永远没有头儿呗。

徐斐听了这句话,脸一下子就红了,她把头低下去,看着脚面。

哪里传出了钢琴声,两个人走过去,原来是一家琴行。

有人在试琴。

一对夫妇带着一个孩子,在挑选钢琴。

琴行里热情的职员正在一边介绍,一边弹奏,他推荐的是一款施坦威钢琴。

这无疑是琴行里最昂贵的一个品牌。看着每一架三角钢琴和立式施坦威钢琴,都能感觉出卓越不凡、独具一格的魅力。手指的触感,让人体察出艺术的纯粹与灵动。

杨嘉墀小声地问徐斐,这种品牌的品质如何。

徐斐小声地说,当然,相当棒!还是 19 世纪,德国的施坦威移民到了美国,在纽约曼哈顿的瓦里克街和他的儿子开始以代代相传的手工技艺制造钢琴。

他们精心制作的琴，可以说每一架都是经典之作，成为艺术家的首选，也是钢琴爱好者的梦想之琴。

夫妇中的丈夫似乎听到了徐斐的介绍，他扭过头来，十分真诚地点头致意，说想给孩子买一架钢琴，但不知道如何选，看样子尊贵的女士是一位内行，所以请求给出一点建议。

琴行的店员也热情示意，希望徐斐能帮忙参考，看来他是想做成这单生意，无论是哪一款，都是自己的成功。

徐斐看了一眼杨嘉墀，杨嘉墀也用眼神鼓励徐斐，意思是说，看大家都很真诚，你就做一回好人。

四

徐斐说，不好意思，我确实认为，施坦威钢琴除了是一款卓越的乐器外，还可以作为珍贵的收藏品，只是价格有些昂贵。

徐斐看对方在认真地听着，就接着说，如果只是初学，家中又不想一次投入较大的资金，可以考虑英国的贝尔希斯曼钢琴，它也是19世纪就已经成名的纯手工制作的钢琴。我觉得同其他的钢琴相比，它的低音雄浑沉稳，中音丰涵温暖，高音纯正优美。

第十三章 爱情的结晶

徐斐继续强调,真的,对于贝尔希斯曼钢琴的音质,已经有人给出了评价。比如英国威廉四世国王就称赞它的声音是"黄金音色",莫扎特在试奏后也曾惊呼,说是世界上"最伟大最美丽的音色"。

夫妇俩不住地点头,孩子也在认真地听着,店员更是表现出赞赏之色。

还是丈夫说话了:不好意思,尊贵的女士,看来你不仅是一位钢琴欣赏家,可能还是一位钢琴演奏家,为现场感受一下二者有什么不同,能否为我们用这两架钢琴弹一弹同一首曲子?

徐斐一下子不好意思起来,她羞赧地表示自己只是一位爱好者,没有什么演奏经验。

但是架不住大家的一再恳求,她又看了看杨嘉墀,看到的也是鼓励与赞许的目光。

徐斐先坐到施坦威钢琴旁,稍一犹疑,就弹出了一首贝多芬的《苏格兰舞曲》。

节奏欢快而浪漫,琴声动听而优美,每一个琴键都伴随着灵动的手指在舞蹈。

这使得琴行里的其他人也轻轻围了过来,他们大气不出,呆呆地看着、听着。

接着徐斐又坐到了贝尔希斯曼钢琴旁,这次她毫不犹疑,一双手即刻就跳跃在了琴键上,切分节奏和重音的处理都恰到好处地表现出乐曲的美妙。

更为美妙的是钢琴的音质,确实不输施坦威钢琴,或者说某些地方还超出了前者。

简短的弹奏戛然而止,掌声却突然爆发。

包括杨嘉墀,都为之感动和感染。

这琴行似乎专门做了装饰效果,琴声更加纯粹和纯净,徐斐的弹奏,不亚于钢琴大师的一场表演。

那位妻子这个时候才神情激动地说,我还想问一下,尊贵的女士,如果让你来选,即使不考虑价格因素,你会选择哪一款呢?

徐斐毫不犹豫地说,我会选择贝尔希斯曼。贝尔希斯曼钢琴键盘还采用加铅的方式来增加琴键的重量,使得手感稳健而又不失灵动。

很快,夫妇俩就听从徐斐的建议,决定购买贝尔希斯曼钢琴。

这时琴行老板说话了,谢谢这位女士的推荐和演奏,选择贝尔希斯曼钢琴是不错的,这两种钢琴,都是世界的顶级钢琴,但贝尔希斯曼的性价比更高一些。

服务生这时给各位送来了咖啡。

琴行老板递上了自己的名片,诚恳地说,希望各位再次光临。

有了这么一次无意的表现,杨嘉墀同徐斐的感情更深了一层。

第十三章 爱情的结晶

五

7月4日是美国的国庆日,也是波士顿的传统节日,波士顿到处都有音乐或表演活动。

杨嘉墀邀请徐斐一同去了贝壳露天音乐厅。

贝壳露天音乐厅位于查尔斯河畔,那里是一座露天舞台,它规模宏大,前面的场地更是宏阔无比。

两人同市民们一样,坐在大片绿茵茵的草地上。

人们显得很随意,或坐或卧,周围是广大的河滨带状公园,如此宽阔的地方,可以容纳三四万人。

大家就这样,自由而放松地欣赏着音乐会。

徐斐还带来了各种小吃,两人边看边聊,享受着异国风情。

时间已经进入了1951年。

杨嘉墀与比自己小三岁的徐斐的关系确定下来,两人都写信告知了父母,并且都在信中夹带了一张对方的照片。

双方父母都属于知情达理的人,他们十分高兴地同意两人的选择,并且同意两人在合适的时间抓紧举办婚礼。

杨嘉墀已经在校园附近租了一套房子。徐斐很喜欢这套临水的蜗居,清雅又宁静。

两人按照自己的喜好进行了简单的装修和布置。

而后两人又去照了结婚照，订了请柬和花束。

忙了几天，都有些累了。

杨嘉墀说，这个时候要是有一杯咖啡，再来一支钢琴曲，该是多么惬意啊。

徐斐说，那我们去看场音乐会吧？

杨嘉墀说，我倒是很想倚靠在沙发上，喝着咖啡，听一场演奏。

徐斐笑了，说，看你美的，莫不是做梦？

杨嘉墀不语，只是叫了一辆的士让司机径直开去，车子停下来，徐斐发现竟然是他们的新居。

徐斐想，可能嘉墀想着先休息一下。

当杨嘉墀掏出钥匙打开房门，两人走进去的时候，徐斐却发出了惊喜的叫喊：啊呀——

一架崭新的贝尔希斯曼钢琴摆在那里，一束夕辉透过窗子，温柔地打在上面，更增加了钢琴那典雅高贵的质感。

徐斐一下子扑在杨嘉墀怀里，说，你怎么不告诉我？

杨嘉墀说，怕告诉你你会阻止。

徐斐说，我当然会阻止，这么昂贵！我还想着慢慢攒钱，等过些年再买呢，而且买也不会买这么好的。

杨嘉墀说，这是我早就有的心愿，一直想着结婚的时候送你，正好我刚得到一笔奖金，也不用找人借了。要买就买最好的，那天看到你弹这架钢琴的神态，加上你给人家的建议，我就知道你是喜欢贝尔希斯曼的。

徐斐说，谢谢啦，我当然喜欢贝尔希斯曼，它会让手指与琴键有一种相知相近的愉悦感，尤其是女孩子，会更加敏感。谢谢，我不是在做梦吧？

说着就坐在钢琴旁，打开琴盖，双手像蝴蝶展开翅膀，一串音符就滚落出来。

杨嘉墀端来了两杯咖啡，坐在沙发上，陶醉在优雅欢快的气氛中。

六

11月的波士顿，几十位中外同学和老师参加了杨嘉墀和徐斐的婚礼。

大家向他们表示祝福。

都说，他们是文化互补，是生活最好的搭配。

婚礼结束，几位要好的朋友还要到杨嘉墀和徐斐的新居去看看。

大家各自都带着精心准备的礼物。

静文女士也带来了一件礼物送给他们，二人打开盒子，里面出现了一个镜框,镜框里的照片,竟然是杨嘉墀和徐斐两人亲密的影像。

而这合影,是他们所不知情的情况下抓拍的。

原来是参加贝壳露天音乐会那天,两人在绿荫场地上的亲密画面。

杨嘉墀坐在那里,徐斐则让身子歪斜在草地上,一只手支着头,看着杨嘉墀。

两人的表情亲切而自然,甜蜜而幸福。

温煦的光线从侧面打过来,使得画面温馨又自然。拍摄者的角度恰到好处,将两个人瞬间的表情充分展现出来。

杨嘉墀和徐斐简直惊呆了,这是多么优美的一幅构图啊!简直就是班尼斯特那种美国古典主义风格的油画。

在场的人都异口同声地赞赏。

静文说那天她与朋友也是去参加节日,正好看到杨嘉墀与徐斐的亲密画面,就偷偷抓拍了。后来冲印出来,竟然比当时看到的还动人,于是就让照相馆专门放大并加上了相框。

杨嘉墀和徐斐很是喜欢这件礼物,大家七手八脚赶忙把照片挂在了墙上。

说句后话,50年后的2001年11月,杨嘉墀与夫人徐斐这对恩爱的夫妻,为他们的金婚举行了一场纪念活动。

新老朋友都来祝贺,有的还会提起他们两位新婚时的情景。

七

　　杨嘉墀的家中不断有同学和朋友来访，大家所谈论的，大都是关于祖国的话题。

　　有的带来了新消息，那是从书信中获得的，从收音机里听来的，从大陆来人口中得到的。

　　人们的心里越来越显得躁动和不安，有着一种渴望。

　　他们不知道国内发生了怎样的变化，经济企望复苏，孩子渴望教育，城市需要发展。国内一定十分需要各方面的人才。

　　而他们这些留学生，已经掌握了一定的知识和技能，完全能够在祖国最需要的时候发一分光，增一分热。

　　自从在宾夕法尼亚大学生物物理系上班后，杨嘉墀一心一意埋头工作，致力于实现自我价值。

　　他按照计划稳扎稳打，步步为营，每一项研究都做得扎扎实实，让领导和同行为之赞赏。

　　回到那个温馨的小家，徐斐都会做好饭菜等着他，让他有一种从未享受到的美好感觉，或者说，使他又回到了母亲关爱时的学生时光。

　　因而他觉得幸福，感到满足，他无比珍惜现在的这种生活。

这天下班,妻子徐斐已经在桌子上摆满饭菜等他。

看到杨嘉墀进门,立刻就起身迎接丈夫。

杨嘉墀看着徐斐今天面色红润,眼睛放亮,就想一定是她有了什么好事。就笑着问,今天怎么了,好像比以往更加漂亮了。

徐斐说,是吗?告诉你一个秘密。

杨嘉墀看着妻子的眼睛,那双会说话的眼睛里闪着一团火。

徐斐说,我,可能怀孕了。

杨嘉墀突然就将徐斐抱了起来,说,真的吗?我要当爸爸了!

徐斐说,看把你高兴的,小心挤着孩子。

杨嘉墀哈哈大笑起来,说,这一点你蒙不住我,我知道胚胎原理。不过我也是太高兴,那就让我们为我们的小宝宝庆祝一下,我们出去吃如何?

徐斐说,你没看?饭我都做好了。

杨嘉墀说,啊,这么大一桌子!好,那就明天,明天我们郑重地庆祝一下。

第十四章 "杨氏仪器"

一

宾夕法尼亚大学生物物理系在世界范围内都有着重要影响，它的生化实验室、电子显微镜室、脑电波室，闻名宇内。

一些重大课题都是在这里完成，有些疑难问题，也是在这里解决。

常常有国外的专家到这里考察学习，有的大学建立实验室也到这里取经。

事实上，宾夕法尼亚大学生物物理系已经成为一个风向标。

很多国家常会派出有关人士到这里来做访问学者，学习或参与其中的研究。

杨嘉墀一边协助钱斯教授，一边做着研究工作。

教授还让他协助培养研究生，这些都不同程度地使他在该领域扩大了影响度和知名度,也使他掌握的知识更为全面。

进入生物物理系不久,杨嘉墀就研制出了高阻自稳零直流放大器,这台仪器对研究脑电波有很好的辅助作用。

钱斯教授对此很满意,他对杨嘉墀说,你是我带的学生中,在反应能力和实践运用方面最灵敏、最有创造力的一个。不错,还要继续发挥,把你的能量尽可能地释放出来。

过了些时日,钱斯教授对杨嘉墀说,怎么样,又有了什么目标吗?

杨嘉墀说,我自己还没有谱,这些天一直在看书、查资料。

钱斯教授笑了,说,我知道你一直在做准备工作。你从我这里借去的书籍,都是有目的性的。

杨嘉墀说,我还是把握不准方向。希望钱斯教授指教。

钱斯教授冲杨嘉墀点了点头,笑着说,是这样,我有一个计划,却一直没有实施。你知道,我们用电子模拟机解决线性微分方程,已经不成问题,但是在运用过程中发现,对于像化学动力学那样的非线性问题,还存在困难。为了解决这个问题,就有了一个迫切需要,那就是,一台高速电子模拟机。

杨嘉墀似乎听出了钱斯教授的意思。

果然,钱斯教授说,我准备把这项任务交给你来完成,你看如何?

看杨嘉墀没有立即答应,钱斯教授又补充了一句,研究上遇到什么问题，我们共同讨论解决。小伙子，你知道，一旦拿下这个模拟机，对你本人及我们的研究室，都将是一个大的突破，无可估量的突破！

杨嘉墀内心充满了感激，这是钱斯教授为自己提供的又一次展示自我价值的机会。

他说，谢谢钱斯教授的信任，我会以百倍的努力，来完成它！

钱斯教授笑了，他说，我知道你会接受的，只有你能让我放心。好好干吧！

二

杨嘉墀开始攻关了。

课题中遇到问题，就去钻图书馆，找出相应的书籍进行参考，并不断地向钱斯教授讨教。

中午不回家，和大家一同吃点西餐，喝杯咖啡，同事们坐在一起，谈论的还是学术话题，有人说出的话语，也十分有参考价值。

经过杨嘉墀的努力，一台高速电子模拟机研制出来了。

实践检验，钱斯教授认为可以跟踪试运行。

五年后，钱斯教授完全肯定了这台仪器，认为达到了目前的先进水平。

1955年，在纽约科学院召开的仪器学术讨论会上，杨嘉墀自信地发表了关于高速电子模拟机的研制及可行性报告。

钱斯教授同样十分自信自己的眼力，他已经全面认识了杨嘉墀的潜能，对这样一个得力的助手，他还要给他压担子，只有不停地压担子，才会有更大更好的表现。

这天，杨嘉墀正在工作台前看着有关资料，系主任钱斯教授把他叫进了办公室。

钱斯教授笑着看着杨嘉墀：怎么样，年轻人，已经适应了吧，我想你会回答，应该是完全适应了。

杨嘉墀说，是的教授，正如您所言。

钱斯教授又问了杨嘉墀正在做的工作，然后恳切地说，今天找你，是想谈一个重要的话题，希望你能感兴趣。

杨嘉墀本来就想着系主任有什么事情，果然不假，杨嘉墀又有了新的期待。

钱斯教授对杨嘉墀说，你知道这些年我一直在搞生物化学中的酶学研究。

酶的作用具有催化效率高、专一性强的特点，因而生物体内几乎所有的化学反应都是酶催化的。在催化过程中，要找出酶的结构与功能的关系、酶活性的调节及其控制等，这样，就需要一台测量酶化学反应动力学过程的仪器。这台仪器我想应该叫作快速记录吸收光谱仪。遗憾的是，目前世界上还没有这样的仪器。

钱斯教授顿了顿，说，当然，这只是一个愿望，要实现它还需要进行缜密的研究和设计。我想，你已经有了良好的研究成果和实践经验，就应该把这项研究交给你，你觉得如何呢？认真考虑一下，因为这将使你的心理负担沉重起来。我等待你的答复。

杨嘉墀说，钱斯教授，我接受，还是那句话，我一定不辜负主任的信任，争取研究成功！

三

杨嘉墀感到了前所未有的压力，但他还是愉快地接受了这项艰巨的任务，因为他明白，这是钱斯教授对自己的肯定和信任，只有啃下这块硬骨头，才能证明钱斯教授的感觉没错，同时也展现了自己的能力。

世界上所有的发明，都是从未知开始的，何况钱斯教授已经有了预知，何况这台机器对目前的研究有着如此重要的意义。

在一系列学习实践中，杨嘉墀已经有了广泛而深厚的积累,而且还有这么多导师,这么多同事,他们随时都会伸出无私的援手,帮助解决遇到的问题。

从目前来看,美国仍然是在一个科技高峰上,利用一切可行性资源,只要用心投入,没有攻不破的难关,无非是时间问题。

这段时间,还有好消息伴随,他和徐斐的孩子出生了,是个女孩。

他们给这个可爱的小公主取名"西西"。

杨嘉墀当时的英文名字是 Chia-Chih Yang,简称 C.C.Yang。徐斐就找了两个第一个字母也是 C 的字。小名就叫 C.C。回国上小学时才改叫杨西。

每次回家,杨嘉墀都要抱抱这个襁褓中的孩子,亲吻着她的小脸和小手。

这是杨嘉墀紧张的科研间隙的最好调节,给他带来了无限的乐趣。

徐斐站在一旁看着,总是怕他动作过大过猛。

"你看你,你别让胡子扎着孩子。"

"你小心点儿,托住她的腰!"

杨嘉墀跟妻子说,等女儿大了跟着你学钢琴,将来成为一名音乐家。

妻子徐斐却说,应该让她学好理科,像她爸爸,成为一名出色的科学家。

第十四章 "杨氏仪器"

两个人谁也说服不了谁,就说还是看孩子的意愿,谁也不能强迫。

说着两人都笑了。

杨嘉墀一心钻在实验室里,进行了全方位全身心的投入。

徐斐总是关心他的身体,每天都会给他做一些好吃的,让他补补身体,并且嘱咐他要注意补充水分。

之后我们能够看到这样的镜头:

杨嘉墀在图书馆里查找有关生物化学的书籍。

他在认真地做着笔记。

杨嘉墀在与物理、数学、力学等方面的专家交谈。

他在阐述自己的理论,然后耐心地听着专家的解说。

杨嘉墀将一幅幅图纸交与电力学、光学的教授指导。

他在图纸上标出有关的符号。

杨嘉墀与生物学的博士在切磋。

两个人争论着什么,另一位博士也加入进来。

杨嘉墀走入精加工车间。

他拿着一个零件模型与工程师交换意见,工程师不住地点头。

杨嘉墀请钱斯教授到一个半成品仪器前。

他给钱斯教授讲解了一个部位,钱斯教授仔细看过后,拿起笔在纸上勾画……

四

杨嘉墀回到家的时候,又是晚了两个小时。

妻子徐斐赶忙去热锅里的饭菜。

杨嘉墀说,抱歉啊,又让你等了这么久。

徐斐说,想着你就不会准时下班,这个也习惯了。今天怎么回来得这么晚?

杨嘉墀说,遇到一个关键点,不解决了回来也睡不好觉。

徐斐理解丈夫,自己有时对一首曲子理解不透,还反复练习呢,别说丈夫是在研究实验。

徐斐给杨嘉墀端来热好的饭菜,就又去照看孩子了。

这天,杨嘉墀终于早早回到了家。

徐斐惊喜地接下他的手提包,说,完成了?

杨嘉墀笑着说,知我者莫如妻啊,最后的设计完成了,已经交与专门的厂家去装配。装配好了还需要经过测试。

徐斐要多做几样好菜犒劳一下丈夫。

她在厨房里忙了半天,高兴地端到桌子上,来唤丈夫吃饭时,却看到杨嘉墀斜靠在沙发上睡着了。

丈夫太累了,徐斐的眼泪涌了出来,她去拿了一条毯子,轻轻地给杨嘉墀盖在身上。

第十四章 "杨氏仪器"

先睡一会吧,睡一会儿再吃……

当一台荧光锃亮的仪器从实验厂送过来,摆在众人面前的时候,杨嘉墀按捺不住内心的激动,他在等待着钱斯教授的审验。

钱斯教授周围已经聚集着一群人,大家有着同样的期待。这可是宾夕法尼亚大学生物物理系的成果。

通电,打开开关,仪器启动,仪表开始显示……

一脸严肃的钱斯教授,在这个时候,更是显得一丝不苟。

他沉稳地操控着这台新仪器,看着一个个数据显示出来。

事实上,杨嘉墀对于这台仪器已经进行了多次试验,输入的各种数据都显示正常。

但是,钱斯教授输入的有些信息,杨嘉墀是不大熟悉的。

也就是说,钱斯教授运用了更高层次的结构原理,他要从多方面进行测试,从高难度加以考验,甚至从自己正在进行的研究项目中加以论证。

最后,钱斯教授转过身来,高兴地对众人说,从现在的情况看,我认为,这台快速记录吸收光谱仪是可以肯定的!

现场立刻响起热烈的掌声。

钱斯教授又说,当然,我们还要经过一定时间的试用。好枪也要在战场上看看效果。

但是，我们可以向杨嘉墀博士表示祝贺了，因为即使还有什么问题，也只是稍微地调整。

钱斯紧紧握着杨嘉墀的手，露出了欣慰的笑容。

现场再次响起了掌声，并且有了欢笑和祝贺的声音。

这台快速记录吸收光谱仪，可以说是杨嘉墀运用和结合多种学科理论，综合各种意见和经验，精心设计完成的具有世界领先地位的仪器，它由此结束了光谱仪手动的历史！

杨嘉墀感到眼前镁光灯一闪，有人已经将这一美好瞬间记入了镜头。

30年后，当时实验室的两个同事来中国访问，他们专门看望了已是中国顶尖级科学家的杨嘉墀。

友好的寒暄过后，他们送给杨嘉墀一帧照片。

杨嘉墀接过来一看，竟然就是自己站在这台快速记录吸收光谱仪前的那个激动的瞬间。

这让杨嘉墀喜出望外，因为他当时只顾着高兴了，并且大家围着他，向他表示祝贺。他不知道是谁按下了快门。

美国朋友说，当时没有及时洗印出来，后来洗出来时，你已经回国了。

第十四章 "杨氏仪器"

五

1953年，杨嘉墀将这台仪器的研究试制过程写成论文，发表在《科学仪器评论》杂志上。

美国的一家工厂很快申请了专利，并批量生产。

快速记录吸收光谱仪，可应用于生物、化学、医学、农业和国防等方面，因而立时受到了世界各方面的关注，订单源源不断地传来。他们称此仪器为"杨氏仪器"。

杨嘉墀在宾夕法尼亚大学干得得心应手，声名鹊起。

这个时候，洛克菲勒医学研究所想建立医学电子学学科，他们盯上了杨嘉墀，希望杨嘉墀能到研究所工作。

想法当然很好，却实施不通，因为钱斯主任不放人。

杨嘉墀与钱斯主任合作很愉快，自然也不愿离开。

谈了几次，最终达成协议，杨嘉墀被聘为兼职高级工程师，每周在该所工作三天。

杨嘉墀两头跑，跑得兴致盎然，毕竟年轻，心劲儿旺盛。

跑也没有白跑，他很快就研制出来生物化学的二色光谱仪、网膜仿真仪。

他也渐渐"跑"成了真正的"生物医学电子学"的创始人。

洛克菲勒医学研究所，后来变成了洛克菲勒大学。

第十五章　祖国的召唤

一

1950年后，国际形势发生了诸多变化。

1950年9月23日，美国国会通过了《国内安全法》，这是当年美国盛行的麦卡锡主义的产物。根据这个法案，凡属美国共产主义性质的组织及其外围组织都要向美国司法部登记，并提供有关自己组织的财务等全部情况，还要逐个登记成员的名单，并禁止其成员在政府机关和国防企业中任职，也不准他们领取出国护照。

如果违反上述规定，要判处五年以下徒刑或处以一万美元以下罚款。

由此掀起了政治迫害的狂潮，制造了大批的冤案，成为美国历史上肮脏的一页。

在美国国内，成千上万的华裔被怀疑为"间谍"。他们不

第十五章 祖国的召唤

仅被非法传讯，不准寄钱给大洋彼岸的亲人，甚至被禁止公开谈论自己的家乡。

在美国工作的著名物理学家钱学森也受到了牵连。

他在第二次世界大战中，对美国的军事方面做出了不小的贡献。1950年7月，他收到了联邦调查局的传讯。

此后，钱学森多次发现他的私人信件被拆，住宅电话被窃听，他的"国家安全许可证"也被吊销。这表明，他已经不能继续从事喷气推进研究，甚至不能留在实验室里工作。

8月他向美国当局提出了回国申请，不仅遭到美国当局拒绝，还将其逮捕，在特米那岛上的拘留所被控制了14天。

虽然在美国同事及其导师冯·卡门教授的积极营救下出狱，继续在加州理工学院执教，但是一直受到美国移民局的限制和联邦调查局的监视，还必须每月向移民局作一次汇报。对钱学森来说这是一种屈辱。他从未放弃回中国的愿望，他觉得，只有在那里他才会得到应有的礼遇。

事实上，这很快就影响到了在美国的中国留学生。

首先是留学生回国受到了阻拦。凡是有回国倾向的都被审慎对待。

1951年下半年，杨嘉墀接到美国移民局通知，被告知不能离开美国，每年年终要填一次外侨登记证。

杨嘉墀原有的回国愿望，就这样被搁浅了。

1954年4月26日至7月21日举行日内瓦会议期间，有留学生设法同中国代表团取得联系，以书信的形式向参加会议的周恩来总理反映他们的诉求。其中包括钱学森的事情。

周恩来总理对此十分重视，指示有关部门采取相应的行动。

中国政府代表团立即在日内瓦，同美国政府的代表进行谈判。

中国代表明确表明，海外人员回归祖国是天经地义的事情，历来都没有也不应该受到阻拦。

不少留学生，为了表达回国的合理要求，在美国各地集会、演讲，甚至游行，公开呼吁公众的支持。他们投书报刊，表达自己的意愿。

一些重要地段，还出现了标语。

有人还给美国总统和联合国秘书长发出了公开信。直接表达他们的诉求，表达中国人对于祖国的认知和热爱。

一时间，在美国和世界范围内，造成了不小的声势，简直成了国际问题。

第十五章 祖国的召唤

二

这天，杨嘉墀回家很早，妻子徐斐一看他的表情，就知道有什么好消息。

杨嘉墀确实显得很高兴。

他兴奋地对妻子说，我刚才路过邮局，看到许多人围在那里看海报，而且多是中国人。我就想着肯定有什么重要事情，过去一看，你猜怎么着，原来是美国政府张贴的海报，说自1954年6月开始，准许想要回国的中国留学生离境。

杨嘉墀接着说，看来，美方迫于各界的压力，不得不准许华裔学者离境了。

徐斐说，真的？

杨嘉墀冲着徐斐高声地说，当然，这下好了，我们可以回家了！

徐斐正给女儿西西冲奶粉，这消息让她高兴不已。

徐斐说，太好了，这么多年，我以为回家无望了呢，那我们抓紧申请办手续吧。

杨嘉墀上前抱起坐在床上玩耍的女儿。

亲切地亲了一下，说，小西西，我们要回家啰，回家看爷爷奶奶、姥姥姥爷去了，去看爸爸跟你讲的水乡震泽和大上海!

徐斐这才想起来,自己光顾着高兴了,手里拿着奶粉盒子,却忘了给女儿冲奶粉。

钱学森一直被滞留美国长达五年,以致中国公开发表声明,谴责美国政府在违背本人意愿的情况监禁了一个中国公民。

1955年,钱学森终于和他的妻子蒋英以及他们的两个孩子回到了中国。

由于受到美国政府的限制,钱学森回国时不仅没有带回任何研究资料,甚至连一些私人生活用品都未能带回。

杨嘉墀赶赴纽约参加无线电工程师学会会议。

回来时,杨嘉墀对徐斐说,你说好笑不好笑,我在那里遇到了一位中学同学。这位中学同学现在在台湾的一家电子公司工作。聊起来,他竟然问我,愿不愿意到他们的电子公司工作,他说他们的待遇好、薪水高。

徐斐说,你怎么说?

杨嘉墀说,简直好笑,我凭什么要去那里?我当即就回绝了。

徐斐说,你那同学也是好意,没听说国家一直都在准备解放台湾吗?台湾早晚都要回归祖国的。

第十五章　祖国的召唤

三

正当杨嘉墀和徐斐积极准备回国的时候，两人又接到了杨嘉墀父亲杨扶岑和徐斐父亲徐韦曼的来信。

这已经不知是第几次给他们来信了。

两位老人都在信中表达了对孩子的关心和盼望，希望大家能够早日相见。

两位老人都提到了国家近几年发生的变化，他们以上海的工业情况和城市建设为例，表明了上海的大好前景，实则是中国的大好前景。

老人在信中的话语很是恳切，说人年纪一大，就总是想念孩子，希望孩子能够在身边团圆，逢年过节有个热闹气氛。

杨嘉墀父亲在信中写道，嘉墀啊，外面再好，也不如家好，常言道，"子不嫌母丑，狗不厌家贫"，千里万里，不如守着家。听说你们正在办理回国手续，我和你母亲天天盼着好消息，就等着你来信说，已经买好了回家的船票。还有我的小孙女西西，我很是想看看这个可爱的孩子。

最后父亲还补充了一句：听说茅以升先生在国内做着留美学生家长联谊会的工作，他们很热情，还给我寄来了留学生回国的情况说明和政策的有关资料。

这些资料我看了,都很好啊,说明国家需要你们,回来也会有很好的安排。我想着,你们回国以后,国家也是要把你们放到重要的岗位上去,让你们发挥作用,为新中国建设作贡献。这也是我给你写信的迫切原因。

徐斐拿着父亲的来信,看着看着就哭了。

父亲在信中表达了对女儿和外孙女的强烈的思念之情。

说妈妈每天都唠叨不休,为什么有人回来了,你们还不回来,是发生了什么事情吗?

孩子,从说要回来的那天起,我和你妈妈就屈指盘算,这都又过去几年了,还是不见你们回来。

父亲在信的最后说,你们要再不回来,我和你妈妈都要想出病来了,你妈妈的头发都有些白了……

杨嘉墀还收到了同学林秉南的来信。

林秉南已经先期回国,他在来信中说明了国家对海外高知人才的重视和安排,同时还寄来了详细办理回国手续的资料。

因为他办过一次,那样按照他的办理流程,可以少走很多弯路。

这让杨嘉墀更加有了信心。

他一一查看和比对有关信息,看看都还有哪些没有准备到位,需要如何办理。

现在回国比出国都难,而且美国和中国没有建立外交关系，也不通航，需要先到香港，然后再办理入境手续。

香港目前归英国管辖，有些手续还要与英国交涉。

反正决心已下，要一步步来。

四

每天杨嘉墀和徐斐讨论的都是这些事。

他们在本子上记录着手续流程，每办好一项，就划掉一项，而后欣喜一阵。

也是在这一年，周恩来总理发布了《关于知识分子问题的报告》，这份"报告"迅速在美国传播开来。

杨嘉墀也是最先从收音机里听到。

中国在召唤，中国在表明，一个新时代，必将是充分提高生产技术，发挥科学和利用科学知识的时代。这个时代一旦有了广大的知识分子，有了科学知识的支撑，就必然会有一个飞跃的发展。

接下来是告别老师和同学老友，准备行装。

杨嘉墀想到回国后的工作，便思考祖国现在最需要什么，带回什么可以立刻派上用场。

杨嘉墀：大海与星空

  他也像办理手续一样，在本子上一一列出单子，然后一件件去落实，落实一件，划掉一件。
  妻子徐斐看到这些天丈夫不停地忙着，奔走于各个地方。
  好笑的是，她看到杨嘉墀不断地把大箱子小箱子带回家来。她不知道那是什么，但她知道都是杨嘉墀的心肝宝贝。
  什么时候丈夫成了这个样子？以前都是文绉绉的，一副学究气。
  杨嘉墀说，也只能这样了，不一件件自己做，让谁来做？
  也确实，那都是与杨嘉墀的科研息息相关的示波器、振荡器、真空管、电压表……
  而后，杨嘉墀将这些当时国内急需的科研设备精心地装箱托运。
  只要美国不限制购买，只要能够乘船带走，能尽量带就尽量带走。
  这些仪器，着实是国内最需要的科研仪器，也着实对中国的科研起到了重要作用。

  年轻的杨嘉墀在美国已小有名气，可谓待遇优厚，生活所需也悉数拥有。
  但是，所有这一切，都不能阻挡他回归祖国的决心。
  家中的一应物品该送人送人，该变卖变卖，该舍弃舍弃。
  可惜了那架贝尔希斯曼钢琴，妻子徐斐十分舍不得杨嘉墀送的这件结婚礼物，但是太大太沉了。

无奈，只得又卖给了那家琴行。

那家琴行还记着他们，看到他们如此迫切地忍痛割爱，只能感叹一番，稍微折旧，以最高的价格，回收了这架钢琴。

走前，还有很多手续要办，要办理辞职手续，要交付租赁的房屋，要办理交纳所得税手续。

五

1956年4月，杨嘉墀先向洛克菲勒医学研究所所长布朗克博士辞行。

布朗克听说杨嘉墀要走，感到很惋惜。他力劝杨嘉墀留下来。

布朗克博士说，杨先生，我们从搞研究的角度考虑，美国的舞台更大一些，各方面也更成熟一些，你在研究所已经有了一个不错的工作，也有自己的主攻方向，所以我有理由劝你，应该慎重考虑，及时收回你所做出的草率的决定。

杨嘉墀说，布朗克先生，我已经慎重考虑过了，虽然布朗克先生说得很有诚意，我也很愿意在先生的手下工作，但是我是一个中国人，中国人有一种固有的恋家情怀。我已经出来10年了，我感到我很是想念故土，一点都没有留在美国的心思了。请布朗克先生理解。

布朗克站立起来，拍了拍杨嘉墀，有些恋恋不舍地说，好吧，你的意思我听明白了，我尊重你的选择。

临走的时候，布朗克所长又嘱咐了一句：我还有一句话，你是有影响的人物了，希望你还是要注意影响，谨慎而为，不要把走的事情到处宣扬，免得节外生枝。

杨嘉墀感动地点了点头，和布朗克握手告别。

杨嘉墀又去费城宾夕法尼亚大学向生物物理系主任钱斯教授辞行。

说实在的，杨嘉墀很喜欢钱斯教授，也从他身上学到了不少东西。在研究领域，这是一个很值得信赖和交往的导师。

钱斯教授说，你的事情我已经知道了，你是个难得的人才，我们都很欣赏和喜欢你，当然希望你留下，这对你和美国都有好处。但是看到你去意已决，我就不好再多说什么。毕竟路是自己走的。

钱斯教授从桌子后面转出来，走到杨嘉墀的面前，说，记住，既然决心已下，就抓紧办手续吧，不要忘了你们中国有句古话，叫夜长梦多。希望你能如愿。

钱斯教授也是经风历雨的人，他可能更懂得事情在不断变化的道理，所以才对杨嘉墀说出如此中肯的话语。

杨嘉墀感到，钱斯和布朗克两位都是真诚的人，他们的提醒都很实在。所以要抓紧办理一切手续，尽可能地早些离境回国。

杨嘉墀与钱斯教授的手紧紧地握在一起。

那一刻,杨嘉墀的心里有股热热的东西在涌动。

钱斯教授说,我们是好朋友,希望你回去后能做出更好的研究,希望我们以后还能够再见。

杨嘉墀也同耐科贝勒教授、吉耶曼教授、柯华特博士、工程科学与应用物理系主任、老朋友王安及其同学、同事一一辞行告别。

杨嘉墀不是请吃饭,请喝咖啡,就是送小礼物及家中不能带走的东西。

大家平时在一起相处不错,现在听说杨嘉墀要走了,都有些恋恋不舍。

免不了又是一番挽留,一番感叹,一番感动。

杨嘉墀办理了女儿杨西跟随父母回国的签证,到轮船公司预订了船票。

最后,夫妇两人到移民局领取离境证件。

移民局工作人员仔细看了他们的有关手续,而后询问杨嘉墀和徐斐:

你们离开美国回国,是否自愿?

两人郑重地点头,异口同声地回答:

完全是自愿!

工作人员将一枚章子重重地盖在了通行证上面，然后微笑着交到他们的手上：祝福你们。

他们也友好地回应那位金发女士：谢谢你！

直到此时，两人心中的一块石头轻轻落地。

六

1956年8月，这是个金色的日子。

杨嘉墀和徐斐带着4岁的女儿西西，仍然从美国东北部的波士顿，乘火车赶往旧金山。然后登上从旧金山出发的远洋客轮，向着太平洋彼岸，向着祖国驶去。

这两年，杨嘉墀为了回国，经历了无数挫折。

人说落叶归根，回家的路却十分艰难。

杨嘉墀已经不是一个普通的学子，他是在美国挂上号的出色的科学家，是掌握了一定科研秘密和能力的在册人员。

美国方面知道，这样的人员一旦回国，将立刻会在航天、军事、通讯等方面产生巨大影响，作用不可估量。

站在甲板上，杨嘉墀仍旧抑制不住心中的激动，他同妻子徐斐共同回忆了曾经的美好幸福时光，也回忆了为了回归祖国而日夜不安的心情，以及办理手续所遇到的种种情况。

两人时而开怀，时而感慨。

提起中国亲人的担心和一次次的书信催问，徐斐不由得流下了泪水。

现在，他们望着一波波的海浪，望着广阔无边的前方，就像望到了祖国，望到了希望。终还是庆幸，幸亏有关方面交涉，这次能够被批准离境，否则以后不知多久才会有机会回国。

杨嘉墀对着站在船舷边的徐斐说，我已经出来10年了，真的很想家啊，我要好好珍惜这次机会，找一个适合自己的岗位，好好发挥我的所长。

徐斐也显得很激动，她说，要不是那个时候我怀孕，然后生孩子养孩子，也许我们会早几年回来。

杨嘉墀笑着看着依偎在妈妈身边的女儿西西，说，也正是有了这么个好女儿，我们确实晚回来几年，不过，她回来正赶上接受国内的教育，从头开始。

海风吹起徐斐的围巾，一群海鸥随着轮船飞来飞去。海水显得十分的蓝。

杨嘉墀又想到了10年前乘船穿越太平洋的情景。心里不免一阵感慨。

9月初，远洋客轮终于驶入了中国的南海。

杨嘉墀长期地站立在甲板上，他要看着轮船一点点接近渴望的祖国，阔别了 10 年的祖国。

越来越近了，已经驶进了海湾，看到了远处的建筑。

徐斐带着西西不断地指点着，讲说着。

最后两人都依偎在了杨嘉墀的身边，感到了无比的渴望与幸福。

杨嘉墀对着西西说，到了，到中国了，这就是爸爸跟你说的祖国啊！

第十六章　故乡情

一

在船上，杨嘉墀有时会想到震泽，那是他的出生地，也是他童年和少年生活的所在。

那些童年的人和事，有些本已经忘记，这个时候却清晰地想起来。

对着大海，杨嘉墀有时是和妻子徐斐交流，有时是讲给女儿西西听。他把她们当成了诉说对象，想让她们同自己一起分享。

谁不觉得故乡好呢？在每个人的心中，故乡都是最美的。

事实上，徐斐以前也听杨嘉墀讲过，在她的印象里，已经对那里再熟悉不过，甚至那些桥，那条河，那座校园都在脑海中泛浮。

有了船上的空闲，杨嘉墀讲得更加仔细。不只是徐斐，连西西都知道爸爸口中的水乡震泽了。

杨嘉墀说，从上中学离开了故乡，而后考大学在老家住了一段时间，等待考试结果，到再离开去读上海交大，就一直没有回去过。

二

祖父家的凝瑞堂，位于震泽镇藕河街上。

老宅坐北朝南，分东西两路，都是三进院落、硬山顶两层楼房，有花厅、茶亭、天井、敞廊、厢房和主室。

在震泽来说，杨家的宅院不能算最大最好，或者说也不是太显眼。

一方面源于祖父竭力反对置田置地，告诫子辈不得购田收租，要以实业养教育，以教育促实业。

另一方面，富庶人家在震泽还是不少。

祖父是1935年去世的，那个时候杨嘉墀正在上海紧张的读书中。

祖父经常以"勤俭、诚朴、尊爱"六字教育子女。

他把孩子送到苏州、上海等地读书,让他们开眼界长见识。

为给祖父送行,杨嘉墀立刻请假,跟着父亲母亲回来。

祖父一直对杨嘉墀很好。杨嘉墀对祖父的印象极深。他哭成了泪人。

后来杨嘉墀才想到,那个时候,祖父为什么要分家,是他老人家预感到了自己的身体情况。祖父心里什么都清楚。

祖宅周围都是巷弄,儿时的杨嘉墀总爱顺着花山头巷、混堂弄、北弄、彭康弄走,和小朋友们一块玩耍,有时还会玩捉迷藏,在这些巷弄里转来转去。那个时候,觉得天地很大,快乐很多,无论是庭院、巷弄,还是水边、桥头,都有无尽的快乐。

杨嘉墀跟徐斐和西西说起过禹迹桥和思范桥。

禹迹桥和思范桥坐落于震泽镇一东一西,小时候,这是杨嘉墀最爱来的地方。

他会在桥上看着来来往往的人,看着桥下水中的鱼儿翔游跳跃。

在禹迹桥旁,观赏塔影横斜的景象。

多少年过去,那景象应该依然如前。

杨嘉墀说思范桥的"范",可不是一般人,你知道这个"范"是谁吗?

徐斐还以为是震泽的一位先人,却没想是春秋时的越国大夫范蠡。

杨嘉墀说,我从小就听说,范蠡在越国灭吴后,功成身退,偕西施同乘一船经震泽镇区向南到斩龙潭,而后就在澄明如镜的潭边筑宅而居。这个潭后来被改为了"蠡泽湖"。

后来范蠡去齐国经商,蠡泽湖边的百姓为纪念他,在他出蠡泽湖的水道上建造了一座"思范桥"。

徐斐说,范蠡的故事很多,想不到震泽附近还有他的遗迹和传说。

三

杨嘉墀提到了底定街。

杨嘉墀说,底定街过去叫中塘大街,可能因为毗邻底定桥,人们叫着顺口,就叫成了底定街。这条街上的老宅都是紧靠河水,水上走船,人们外出往来,多是要坐船的。从宅院上下船都很方便。所以临河的宅院都是大户人家,经营了很多年。

底定桥是单孔拱形桥,连接南北市河。

杨嘉墀说,小的时候,自己总是和孩子们把底定桥称为大桥,每天上学放学,都要经过宽阔的大桥。

清代,震泽因丝而形成中、东、南、西、北五市,尤以

第十六章　故乡情

中大街丝业繁荣，街上有永兴、悦来、大有三大典当行，盛福昌、大成、全茂等五家银楼；1919年创立的江丰农工银行，也在中大街上。

除此之外，中大街上还有酱园、糖坊、茶馆、酒肆、旅馆、书场各类营生。

杨嘉墀说，那个时候多么热闹多么繁华，可惜呀，1937年11月17日，日军进犯震泽，中大街上的建筑和物品都被日军烧毁了。

徐斐感慨，哎，过去的中国，任人宰割，弄得家乡民不聊生，百姓背井离乡。

杨嘉墀说，是啊，现在，那些往事都不会再发生了，因为时代变了，祖国变得强大起来，再也不会被人称作"东亚病夫"，再也不会受奴役、受欺辱了。

四

杨嘉墀还在跟徐斐和西西回忆自己小时的故事。

他说到震泽镇东面的宝塔街。

这里古塔、古寺、古桥、古宅连成一片。

一座师俭堂,说是清同治年间建起,坐北朝南,三面临河,可前门上轿,后门下船,很是气派。

师俭堂离祖父家并不远,杨嘉墀小时候曾经被祖父牵着手进去过。

里面是一进一进的院落,祖父跟着师俭堂的主人说话的时候,杨嘉墀就跟着小主人玩。

小主人会带着他在里面跑,一直跑到后面,跑到旁边的花园去。

杨嘉墀本来觉得祖父家就够大了,没想到这里才是真的够深够大。

杨嘉墀随着祖父出来,跟着祖父说起自己的惊奇。

祖父说,不要羡慕别人家的富贵,学好文化,掌握知识才是本领。

祖父说,你记住了吗?

杨嘉墀说,记住了,爷爷。

祖父说,这才是好孩子。

杨嘉墀说,那时贪玩,放学后总是会在大桥两边逗留。

他会跑过那些小吃店、杂货店、文玩店、丝绸店,而去铁匠铺看年老的师傅和年轻的小伙计打铁。

他看到一块烧红的铁从炉子里夹出来,放在铁砧上。

随即就见师傅的小锤子叮当作响。实际上并没有敲打在铁块上,而是指挥着小伙计抡着大锤下劲。

第十六章 故乡情

在大锤的敲击下,红彤彤的铁块一点点变化。

师傅的钳子左右翻动。锤声叮当。

铁块渐渐失去颜色,师傅的小锤这才赶忙狠劲地敲打几下,随即放进水中淬火。

铁块伸进水中的一刹那,会发出"嗞"的一声响,并带出一缕蓝色的烟气。

随后就拿出来继续敲打。敲打的过程中,杨嘉墀惊奇地发现,那铁块,竟然变成了一把利斧。

杨嘉墀简直看呆了,他想着,如果是再大的物件,可能两个人就做不成了,那要用怎样的锤子才能管用?

铁匠铺不远,是一家白铁作坊。

这里只有一个师傅,他将一块铁皮用锋利的大剪子剪成无数小块。

那些小块都要在铁砧上敲打,而后合在一起,再次敲打,直到敲打成一个水壶或者铁锅。

杨嘉墀十分羡慕这些工匠师傅的手艺,他们竟然能够在快速地敲打中让奇迹发生。

西西说,那咱们家烧水用的水壶也是这么敲打成的吗?

杨嘉墀笑了,说,也可能是吧。这种手艺传得很广。当然后来工业发达了,就有了机器制作的水壶。

五

这天,杨嘉墀的思绪到达了一片桑树林。

那桑树林不只是一片,而是大片大片的,铺排在水网之间。叶子嫩绿,而且肥大,每一叶都透着阳光。

一双双手在采摘。林子里传来快乐的笑声。很快,一个个篓子里都满了。

桑叶撒在蚕宝宝的席床上,立刻就传来窸窸窣窣的声响。

不大一会儿,一条条蚕宝宝就从叶子下面露出了白白的身子。

在杨嘉墀的述说和描绘下,徐斐和西西似乎看到了那些蚕宝宝,看到了蚕茧、蚕蛹和光滑柔软的丝绸。

杨嘉墀说,中国是世界上最早发明植桑养蚕的国家,诗经中描写与桑有关的诗歌就有一二十篇。在古代,采桑缫丝是重要的农业活动,桑树提供了丰富的物质生产资料,也丰富了人们的精神生活。

而江南这里,种植桑树和养蚕同样历史久远,相邻的多个村镇,都是著名的丝绸之乡。

像乌镇,作家茅盾从小就生活在那里,所以他能写出《春蚕》,反映的就是家乡蚕农的生活和水乡景象。

第十六章　故乡情

徐斐说，那篇小说我看过的，我记得老通宝家那条河岸上到处都是密密的桑树，一眼望去，没有尽头。

徐斐说，当时看到，老通宝坐在河边，他的身后也是大片的桑树林。我就想，怎么那么多的桑树呀，怪不得江南盛产丝绸。

杨嘉墀对西西说，蚕的一生很短暂，但是蚕宝宝还是很勤劳的，它用一个多月的时间经历了卵、幼虫、蛹和成虫四个发育阶段，最后吐丝结茧，完成它一生的最佳作品。

我小时就曾经看到蚕的蜕皮，听老人们说，蚕一生要经历多次蜕皮，才能长大，直到辛勤地吐丝，做成蚕茧，将自己包裹起来。

西西问，那后来呢？它就一直包裹在里面了吗？

杨嘉墀说，当然不是，后来就变成了蚕蛹。蛹再蜕皮变成蚕蛾，蚕蛾咬破蚕茧出来，再产下蚕卵，等把蚕卵全部产下来，就死去了。

西西说，那多可怜呀。

杨嘉墀说，这就是生命的轮回，没有死就没有生，没有生也就没有死亡。

徐斐笑着说，你跟孩子说得太深奥了。

西西却说，妈妈我好像听懂了爸爸的话。

大家都笑了。

西西幼小的心灵里，对老家的桑蚕和丝业有了深刻的印象。

六

杨嘉墀的眼前，现在是一片稻浪。

那是水乡的另一种风景。每到春夏之际，人们就会忙于插秧种稻，而到了秋天的时候，又是水稻收割的季节。

祖父会带着杨嘉墀到田边地头去看乡人劳作。

祖父说，种桑养蚕是一种经济行为，种稻收粮才是农家的本分，是生活的必需。所以你看大家多么积极。

杨嘉墀看到，在这样的日子里，乡人们出来的最多，平时很少看到的人都下田了。

而且，他们往往很早就起来，杨嘉墀和祖父来到田边，好像人们已经干了很久。

杨嘉墀也就感觉到，生活和劳作是一件愉快的事，也是一件辛劳的事。

杨嘉墀的眼前又出现了一片金黄。

大片的金黄铺天盖地，简直将震泽以及周围的村镇都铺满了。而且散发着浓郁的芬芳。

那是油菜花。

4月初的时候,就看到了好看的油菜花布置的景象。

油菜花很会装扮,只要是有土地的地方,它都会挺出自己的形象,飘飘摇摇,好看地舞。

蜜蜂和蝴蝶喜欢得不知道如何是好,这里那里的,把花的芳香四处传播。

杨嘉墀倒是觉得油菜花很好养。他在田边是看不到人的,人们好像很放心它们,知道它们会怎样的挺拔,怎样的开花,怎样的结籽。

油菜花,是最养人的农家植物。

杨嘉墀动情地描绘的时候,徐斐和西西的眼前也出现了一片片的绿,一片片的黄。

乡间真的是美呀,那就是一个大画廊,展现出世界最大的风景。

风景里有水、有船、有桥、有塔,还有桑树、水稻、油菜花。当然,还有忙来忙去的人们。

在杨嘉墀的述说中,她们觉得自己已经融入其中。

西西说,我们什么时候到啊,快点到吧!

七

海风咸涩。

杨嘉墀却感到一种带着稻香和泥土的气息,吹过心田。

故乡,总是能勾起心中最温柔的部分。它不仅是一个地理位置,还是一种情感的寄托,是游子心中永远的港湾,是他无论走到哪里,都会深深怀想的地方。

而让杨嘉墀的心绪不断纷扰的故乡,又不仅仅限于震泽。它是一个大概念,一个具有深厚情感和文化意义的词汇,具有说不清道不明的独特意义。那就是一个人的根!

下部 璀璨的星空

第十七章　感受祖国的热情

一

因为轮船的目的地是香港，杨嘉墀一家和其他要往中国内地的人员，下到了来接应的小船里。

小船很快离开了轮船，直接往罗湖口岸驶去。

下船后，杨嘉墀一家便感受到了来自祖国的热情。

有人帮他们和同船来的其他中国留学生办理了深圳口岸的通关手续。

罗湖桥头，荷枪的英国士兵在铁桥的这边走来走去地巡逻。

验完证件，桥头的铁门徐徐拉开。

杨嘉墀挽着徐斐、拉着西西，快步地走过不长却又感觉十分漫长的铁桥。

有人在桥头等候，那人一眼就认出了大步走来的杨嘉墀。

杨嘉墀看到一位干练的年轻人,老远向他热情地招手。

等到了跟前,他早早就伸出了手。

"你好,杨先生,我是中国教育部的,专门在这里迎候你们,我看到过杨先生的照片,所以老远就认出来了。欢迎你们归来。"小伙子说。

而后就接杨嘉墀手中的行李箱。

杨嘉墀客气地谦让,却还是被他抢在了手里。

"没事,杨先生,我年轻,应该的。"

二

杨嘉墀一家和其他归国人员被分别引进了离桥头不远的接待室。

接待室门口也有人笑脸相迎。

接待室不大,里面却挤满了人。各种各样的人。

接待人员高声地对所有来宾表示欢迎。欢迎他们回到祖国的怀抱。

而后向大家介绍有关事项。有关人员拿着登记本一一核对来宾,并分别听取各自的行程安排。

第十七章 感受祖国的热情

还是那个小伙子,他亲切地询问杨嘉墀一家,回国后有什么打算。

"杨先生,您要是回家看看,或是到哪里走走,都是可以的,只要我们保持联系就行。"小伙子说。

杨嘉墀对这种人性化的安排感到满意。

他告诉小伙子,准备先回故乡看看,探望父母及亲友,然后再到北京。

小伙子记下了杨嘉墀家中的地址,包括父亲单位的联系方式。

并且留下了教育部等有关方面的联系方式。

进行了交接登记,接待人员热情地安排车辆,帮助他们离开深圳口岸,然后乘火车到广州,再到广州海港。

三

天色渐渐暗了下来。

站在海港的广场上,杨嘉墀舒心地呼出了一口长气。

他环顾了一下四周,满眼都是新鲜的场面,包括新起的建筑,包括刚刚整修的花坛,包括匆匆走过的人群。

他抬头望向天空,天幕上已经撒上了点点星光,显得辽远而深邃。

半轮明月从云间露出脸来,冲着这个世界笑着。

徐斐在一旁拉着女儿,对西西说,你看天上的月亮,像什么?

西西抬头看着,随口说,像眼睛,还像嘴巴。

徐斐说,是不是笑着的眼睛和嘴巴?

西西跳着说,是的,是的。

徐斐说,这是在欢迎我们啊!

西西说,是呀,是呀!妈妈说得真对。

这时,有人走过来,亲切地对这一家人说,快到时间了。

杨嘉墀答应着,拉起杨西,带着妻子转身向大厅走去。

四

经过了一天一夜的航行,轮船终于到达了上海。

双方父母都来码头迎接了。有人还捧着鲜花。

此前杨嘉墀发去了电报,告知了到达上海的时间。

一家人久别重逢,自然欢喜异常。

笑声不断响起,泪水也不断流淌。

第十七章　感受祖国的热情

那是欢快的笑，是激动的泪。

几天里，亲戚们不断地来访，相聚，其乐融融。

尤其是见到了小西西，老人们总是笑得合不拢嘴。

他们不住地说着，还是回来好啊，看，也不用写信了，不用整日地惦记着，唠叨着，国外毕竟不是自己的家啊。这回，不管是在上海工作还是去北京，还不是说见就见了？

在和睦的大家庭里，西西感到很新鲜，很热闹。

天天都是换着花样吃饭，还有各种各样的小吃。

还有不少小朋友，大家在一起玩得很高兴。

还有，不是在爷爷奶奶家，就是去姥姥姥爷家，无论到了哪里，都是一群群的人，热情地笑着，问她这样那样的问题。

西西回答的时候，总是满口英语，一句汉语都不会说，逗得大家哈哈地笑。

她也不明白人家笑什么，也就跟着笑，反正每天都是快快乐乐的。

大人们还带着她去了南京路，去了大世界，去了外滩，这些花花绿绿的地方，让她开眼，跟她所在的美国比起来，是另一个天地。

她见到的，多是中国人，说着中国话，每个人都是高高兴兴、快快乐乐的，就像遇到什么喜事一般。

在外滩，那么多的轮船过来过去，尤其是到了晚上，那么多的霓虹灯闪闪烁烁，照亮了一个新世界。

看到这一切，西西幼小的心灵里，早就想对爸爸妈妈说，咱们早点回来多好呀！

五

这天，杨嘉墀家里来了一位客人，是张香桐博士。

张香桐，1933年毕业于北京大学生理系，1943年到美国耶鲁大学医学院生理系读研究生，获哲学博士学位后，在美国洛克菲勒医学研究所工作，与杨嘉墀曾经是同事，而且是很好的朋友。

张香桐是1956年7月回国的，比杨嘉墀早一个月。

杨嘉墀则是因为办理在美国出生的女儿西西的护照问题，耽误了时间。

张香桐知道杨嘉墀预订的船票时间，两人互相留了家中的地址。

一见面张香桐就说，我算计着你就该回来了，我现在已经在中国科学院上海生理生化研究所工作。感觉还不错，他们对于海外留学生既尊重又照顾。

杨嘉墀认真地听着老朋友的谈话，并不时地颔首。

第十七章 感受祖国的热情

张香桐说，我已经跟所长谈到了你在洛克菲勒医学研究所从事医学电子学的成就，所长对你很感兴趣，让我来邀请你，到我们所看看，顺便给大家做个报告。

六

杨嘉墀受到了研究所所有人员的热情欢迎。

情绪高昂的所长领着他参观了各个实验室。

边领着参观，边介绍研究所的情况。

而后到了会议室，这里已经坐满了人，不仅有生理生化研究所的人，还有得到消息来自各大学实验室的人。

杨嘉墀凭借自己的工作经验和研究成果，为大家作了《生物医学仪器发展》的报告。

杨嘉墀侃侃而谈。

他谈到了生物医学仪器的现状、国外市场的情况、研究人员的目标与方向，以及未来的发展。

在座的都是这方面的研究学者，自然看过不少相关的文献报告，但是对于杨嘉墀这位连美国人都敬佩的顶尖级专家的讲座，还是感到大开眼界，并对生物研究前景充满希望。

所长十分欣赏杨嘉墀的才华,希望他能留在上海生理生化所工作。

所长说,杨先生,我们所是中国科学院直属单位,担负着相关的研究工作。实话说,我们还是感到缺少一位生物电子学方面的学术领导,你若能来,主持一个研究室的工作,再好不过。

张香桐也说,是啊,你留下了,必然会加强我们所的研究力量,而且是在上海,离家也近。

杨嘉墀说,感谢所长及各位的信任,这次到上海生理生化所参观,给我留下了极为深刻的印象。只是,我跟教育部的人员告别时,他们讲这批回国人员要到北京报到后再做安排。我刚到,对情况还不是太了解。只好先谢谢各位的美意,容我报到后再作考虑。

七

杨嘉墀走时,研究所的人都出来送行,杨嘉墀同他们一一握手告别。

特别是张香桐,杨嘉墀很感激这位老朋友,老朋友也是一片热心地为他好。

回到家里，妻子徐斐问起杨嘉墀此去的见闻，杨嘉墀就说了研究所的情况，并谈到想让他去工作的好意。

徐斐听了很高兴，说，很好啊，你一回来就有地方要了，而且还是国家的研究所，在上海，多好，那样，我就也在上海找份工作，就都守着家了。你这个朋友真够意思。

杨嘉墀说，这件事情确实不是件坏事，生理生化，也符合我的研究方向。

杨嘉墀接着说，只是咱们刚回来，对什么都不摸底，不知道哪个岗位更合适，现在国家到处都缺人，到处都急着用人。另外，也不知道国家是怎么考虑的。我想我们还是等等再说。

徐斐看着丈夫，点了点头。

第十八章　纷纷热情相邀

一

在上海和老家都呆过后,杨嘉墀心里有事,便带着徐斐和杨西赶往北京。

在北京,他们受到了教育部有关人员的热情接待。

他们被暂时安排在前门外西河沿留学生招待所。

教育部的人很热情,他对杨嘉墀说,杨先生,周恩来总理对你们这些回来的人很关心,说你们在国外时间久了,还不曾看到新中国成立后的北京,让你们先别急着工作,先转一转,看一看,总理知道你们一工作起来就没有时间了。

杨嘉墀听了心里很温暖,要带着妻儿去看看。

安顿下来后,便带着徐斐和杨西,去了天安门、故宫和长城,还兴致勃勃游了颐和园和北海。

第十八章　纷纷热情相邀

杨嘉墀看到到处都在搞建设，汽车马车甚至牛车都用上了，从城外通往市里的道路上，都是拉着各种建筑用品的大小车辆。有石头、木料和砖瓦，还有一车车的黄土和麦草。

人们都是兴致勃勃，挥汗如雨。有人还高声唱起了小调。

城里大大小小的工地上，搭的都是脚手架。

有的用的是吊车，有的用的是绞盘，有的干脆用人力，把一块块砖瓦扔上去，上边的人接得也顺，一块块的，轻轻地接了放在身边。

有洒水车叮叮当当地过来，把扬着尘土的道路洒上一层水珠。

杨西显得很兴奋，她这边看看那边看看，地上看看，天上看看。

杨嘉墀说，用不了多久，北京就会像美国那样，变成繁华的大都市。

二

这个时候已经建立了中国科学院，属于国家政务院的行政机构，专门负责科学研究和科学家方面的事务。

郭沫若为中国科学院院长。办公地点在北京东城区。

钱学森也在中国科学院工作，他听说杨嘉墀到了北京，就专程到教育部的招待所看望杨嘉墀。

杨嘉墀对钱学森很熟悉，钱学森在美国的留学生中影响很大。

钱学森说，欢迎杨博士回来参加国家建设。我早就关注到你的学术及科研情况，是个难得的人才啊！

杨嘉墀有些不好意思，同时也很感动。

钱学森说，对于你的工作问题，我建议你先不要轻易做决定，先多考察，多走走看看，最后再说。当然，从国家的角度，我希望你能到最需要的地方去。新中国兴建之初，到处都需要人呐。

钱学森还真诚地向杨嘉墀谈到了国家某些重点学科的建设。

三

此后，中国科学院的电子研究所、自动化研究所、物理研究所都有人来看望杨嘉墀。

他们真诚地向杨嘉墀介绍情况，并邀请他去工作。

杨嘉墀感受到了久违的热情。

第十八章　纷纷热情相邀

中国科学院还有个光学精密机械研究所，是国家在光学方面的重要研究所。

杨嘉墀早就仰慕所长王大珩，那是光学的顶级专家。

这个研究所在国家的工业重镇长春。

杨嘉墀专门去了一趟。

长春是东北重地，城市建设以及其他设施都十分完备。

一条主街上，有着不少豪华气派的建筑。无轨电车来来往往。

王大珩所长热情接待了杨嘉墀，后来两人成了在一起奋斗的战友和朋友。

王所长领着他参观光学实验室。

实验室里有日本投降时留下的仪器，也有苏联从东北撤兵时留下和后来援助的，加上来自德国、意大利的，可谓琳琅满目。

这个实验室对东北三省包括上海广州的诸多企业，都有重要的贡献。

杨嘉墀想到在上海参观的同样属于中国科学院的生理生化研究所，切实感受到国家对科学研究工作的重视和投入，看到了各方面的发展前景。

王大珩所长看杨嘉墀很是认真地观看和了解，就说，东北是我们国家的工业基地，中国最大的几个工厂都在这里，对于光学研究所来说也是得天独厚。

王所长接着说，我们当然希望你能到我们所来工作，但是我知道，邀请你的单位一定不少。你多看看，回去权衡后可以做个决定。

四

这天，清华大学钟士模教授找上门来。

钟士模教授和杨嘉墀在西南联大时曾在一起工作，两人见了分外高兴，各自都谈了分别后的经历。

钟士模教授说，怎么样老弟，还回西南联大的老本校清华大学吧，现在的清华大学是国家重点建设高校，承担着国家一流高级人才的培养教育。你知道，考进来的学生，都是当地的学习尖子，很有培养前途。

杨嘉墀说，那是啊，清华一直都是教育界的翘楚。

钟士模教授感慨道，从学生方面说是这样，从老师方面来说呢，就是缺老师，实际上，是缺少你这样的，既有雄厚的理论，又有实践基础的专家。

钟士模教授补充了一句，我相信，你只要到清华，用不了多久，就会桃李满天下。

杨嘉墀当然乐意到中国的最高学府去工作，况且对于教学也是得心应手。而且他对清华大学也很熟悉，里面的几个研究所在20世纪三四十年代就已经名声在外。

杨嘉墀在西南联大时，就想着，能到里面去工作就好了。但是想起钱学森的话，觉得还是先看看再说。

杨嘉墀感谢钟士模教授的美意，他答应钟教授，一定会考虑教授的邀请。待他权衡之后，再回话。

五

徐斐没有想到，在大连化学物理研究所工作的妹妹徐晓，竟然也来到北京，找到了专家招待所。

姐妹俩见面自然亲切，尽管姐姐徐斐回来的时候，妹妹就赶回上海欢迎姐姐并且畅叙了离情别绪。

但她们还是谈着各自的生活和经历。

徐晓跟姐姐说，不瞒姐姐说，我这次来看姐姐、姐夫，也是带着我们领导的重托来的，因为什么？因为姐夫太有名了，姐夫在美国的成就我们所里都知道。

徐斐听了，既高兴，又惊讶。真的吗？你们所长让你来的？

徐晓说，是呀，所领导知道我和姐姐、姐夫的这层关系，就让我专程跑一趟,希望姐夫能到大连化学物理研究所工作。

徐晓还说,我们领导说了,姐姐呢,在旅大也有不少好的单位可以安排。

徐晓甚至兴奋地畅想着未来,我就想了,这样也好啊,这样我们姐妹们就可以在一起了,相互也有个照应。而且说实在的,旅大也是个不错的海滨城市,那里一直都是日本和苏联占领和经营的地方,现在各方面的条件还是可以的。

徐斐倒也觉得好,说,我乐意去,就是不知道你姐夫怎么想的。

姐妹俩正谈着,杨嘉墀从外面回来了,徐晓一见到杨嘉墀就亲切地叫了声姐夫。

杨嘉墀高兴地说,没想到妹妹来了,太好了,出差吗?这次在北京多住几天,你们姐俩好好聊聊。

徐晓说,也算是出差吧,我这次可是出的专差,目的地就是姐姐、姐夫这里。

杨嘉墀笑了,说还有这么好的事?那就真得多住些日子了,你们姐俩一块出去玩玩。

徐晓说,姐夫现在是名满天下,我可是受我们领导的委托,专程来邀请姐夫到我们那里工作的,姐夫必定也知道,我们大连化学物理研究所,也是中国科学院的直属单位。我们所里都考察过了,跟姐夫的专业也是一致的,姐夫到了那里,保准能发挥出巨大作用。再说了,姐姐也可以在旅大工作呀。

第十八章　纷纷热情相邀

杨嘉墀和徐斐同妹妹聊了起来，他们谈到了这些天各单位的邀请情况，也表明了对大连的好印象，真诚地感谢妹妹徐晓的美意，只是还不知道国家有关部门有何想法，如果让自己选择，当然会认真考虑了。

徐晓说，是呀，现在我们国家正在加快步伐搞建设，各个方面都需要人，尤其是像姐夫这样的专家。

走时，杨嘉墀再次向徐晓致谢，并让她回去向领导表达自己的心意。说他有时间还会去大连化学物理研究所看看。

六

妹妹走了以后，杨嘉墀笑着对徐斐说，我这些天接触的，除了大学，大都是中国科学院所属机构。中国科学院是国家最高的科学技术研究机关，其下属各个研究所，当然也是国家最高级别的专业重点研究单位。

我考察了其中的几个研究所，都是很成熟的，里面无论是人员组成还是设备构成都不差。包括妹妹徐晓他们的化学物理研究所。

但是我也听说，中国科学院还有亟须发展的学科，譬如原子核物理、电子计算机、自动化、精密机械、仪器仪表、自动控制等，这些学科基础薄弱，人员缺乏，而发展意义重要，前程广大。

杨嘉墀还告诉徐斐，前些时来的电子学研究所、自动化研究所、计算技术研究所和半导体研究所的人说，他们的单位，都是经周恩来总理专门批准建立的，中国科学院一直作为一项紧急任务具体实施。

如果能到这几个研究所里工作，我倒觉得不失为一个正确选择。一张白纸，好画最新最美的图画。白手起家，可以发挥出更多更大的作用。

徐斐对丈夫说，这是你人生的一次新的抉择，你要考虑好。我也看出来，从你接触到的和大家邀请你去的单位来看，都是不错的。但你自己最清楚你的所长以及国家的所需，最终你选择去哪里工作，我都支持你。

杨嘉墀说，那你喜欢在哪个地方生活呢？

徐斐说，上海、北京、旅大、长春，都不错，作为生活来说，我还是喜欢上海。

杨嘉墀就笑了。说，我们还是让组织决定吧。我从钱学森先生的话语中感觉，组织上好像已经有所考虑了。

徐斐说，那就听组织安排吧，反正我想不会安排错了。到那时，也就好决定我的工作了。

杨嘉墀说，你是愿意去专业院团呢？还是到学校去教学呢？

第十八章　纷纷热情相邀

徐斐笑着说,我倾向于教学。因为你的工作可能会忙一些,我还是多照顾一下家里吧。专业院团经常会有演出,而且多是晚上,还会不断外出,甚至出国。

杨嘉墀就笑了,说,你和我考虑的一样。

第十九章　自动化及远距离操纵研究所

一

中国科学院副院长张劲夫主持会议。

参加会议的是几个新建研究所的筹委会人员。

张劲夫说，我们今天会议的主要内容，大家已经知晓，就是讨论推荐新建研究所的人员构成。

张劲夫说，大家可以先议论一下人选。当然，这之前，我们已经有了一个粗略的名单，备选人员既有下面研究所的，有大学的，还有海外留学回国人员。

张劲夫特别强调了这次回国人员，是重点关注的对象。

按照程序，大家先讨论备选人员。

进入筹委会的，大都是中国科学院各方面的专家，他们的心里都像有一幅联络图，掌握着分布在各个地方的人才。

所以在推荐人员的时候，只要是有能力并且在某方面有着影响的人员，都会被提出来。

最后是讨论，表决。

一般来说，重要的人员，基本上都会获得几位以上的专家的肯定。

讨论是充分的，发言者要分别提出所选人员的理由。

经过反复讨论，最终表决上报，再由上级组织做出最终决定。

二

这天，杨嘉墀接到中国科学院的通知，他被正式聘请，到自动化及远距离操纵研究所工作。

张劲夫副院长接见了杨嘉墀。

杨嘉墀感到了那种亲切与信赖。

张劲夫首先询问了杨嘉墀回国后的生活以及到各地走动的感受，询问了杨嘉墀个人和家人还有什么要求和想法。而后谈到了杨嘉墀的工作。

张劲夫说，你可能也知道，我们国家正在大力发展生产，工业和农业齐头并举，干劲是有的，精神也是有的，但是我们不能光靠干劲和精神，还要靠实力。那就是，要想大力提高生产力，首先就要提高生产工具自动化，提高科技水平。而我们国家这方面的基础十分薄弱。

张劲夫端起茶杯喝了一口，也示意杨嘉墀喝水。

杨嘉墀端起了手边的水杯。

张劲夫接着说，相比于长期以农业为主的中国而言，西方国家先期进入了工业革命，科研与技术跟进较为紧密，自动化机械设备不断改进更新，超出了我们好大一截。怎么办呢？那就是要抓紧把这方面抓上去，只有抓上去了，才会在生产建设上有所突破，当然，也会在军事技术上有所突破。这都是我们当前需要解决和完成的大事呀。

最后，张劲夫看着杨嘉墀笑了，说，所以，我们要建立自动化所，并且需要你这样的专家去自动化研究所工作。我们相信，你一定会发挥自己的作用，干出一番成绩来。

三

杨嘉墀一到自动化所，大家便感觉关键时刻来了一员大将，都十分高兴。

第十九章　自动化及远距离操纵研究所

在这里，杨嘉墀见到了先期回国的陆元九和屠善澄，他们都是留美自动化专家，所以对杨嘉墀十分熟悉，并且极力推荐了杨嘉墀到该所工作，杨嘉墀与他们共同合作，成了推动国家自动化发展的主力。

研究所根据当前的形势，规划了以后的发展方向。包括解决生产过程自动化和系统的提高理论研究工作。

杨嘉墀参与了研究所筹委会机构的规划设置，并担任自动化技术工具组组长。

别小看这个自动化技术工具组，它可是涉及自动化元件、自动化仪表以及自动化设备等一系列关于自动化的任务和方向。

杨嘉墀在第一天给这个小组成员开会时说，自动化技术工具，是实现自动化的关键，我们从一个国家自动化工具的研究能力和使用率，便可看出这个国家的科技水平的高低。

自动化仪表具有广阔的前景，而计算机技术的发展必将带动自动化技术的发展，并于工业和军事中得到广泛应用。

杨嘉墀是个真抓实干的人，只要把他放在一个岗位上，他就会努力做好。

现在，他带领着一班人，开始了对自动化的研究工作。

他们首先想到的就是仪表的自动化。

因为自动化仪表可以在生产过程中时刻掌握机械内部情况，及生产活动的情态变化。

没有这个自动化仪表，就不能使得生产处于自动调控的状态中，也就不能确保设备的稳定和安全，自然也谈不上生产的优质和高效。

四

人类在同自然进行长期的艰苦斗争中，积累了丰富的经验。在手工作坊时代，人类用手工操作方法制造机器，后来进入以铜铁为材料、用机器进行生产加工的机械化时代，也就是第一次技术革命。随后是第二次技术革命的电气时代。

由于工艺流程的改进和生产规模的扩大，仪器仪表与自动化技术的发展对流程工业的操作演变起了决定性作用。

自动化仪表，本身是一个系统，又是整个自动化系统中的一个子系统。

是具有较完善功能的自动化技术工具。也可以说，自动化仪表是一种"信息机器"，它可以将输入信号转换成输出信号。

工业仪表在我国出现较早，刚开始出现时主要运载在冶金、热能动力、石油炼制以及化工等热力生产行业中，所以在当时工业仪表被称作是热工表。

最早生产出的工业仪表主要有液动式以及机械式两种，体积较大，主要作用是进行检测记录与简单的控制，运用起来极不灵活而且功能较少，不能够在工业生产中发挥较大作用。

后来人们对这种工业仪表进行了发展与优化，针对其不能进行远程控制的问题研制出了气动仪表。

这种仪表具备了压力信号与远程发送器，可以进行远距离的检测记录与控制，后来在这个基础上又出现了可调节的电子仪表。

在20世纪50年代，首次出现了电动式仪表，主要是利用各种电子仪器对工业仪表进行控制。

五

现在来看，我们所有见到的设备都装配有自动化仪表，但在当时却完全达不到。

小作坊小厂几乎没有配备，即使有些大厂配备的比例也很有限。因为除了进口，别无他途。而进口一个是要花外汇的，价钱高，再者，进口渠道也少。

中国的工业要想大发展，自动化仪表不解决，便是一句空谈。

杨嘉墀他们对这一切认识明确，便利用自己所掌握的知识和技术，展开了攻关。

同时，他们不断地到工厂去，将自己的研究与实际相结合。

他们去了北京、上海、沈阳等多个工厂企业，进行考察调研，并把研制的仪表进行试用，一边试用，一边改进。

这些大工厂都是国家重点企业，听到这个消息都非常振奋。

国家一流的研究所如果能把自动化仪表研制成功，那得省去他们多少人力、物力和财力，并且还能让生产再上一层楼。

所以杨嘉墀他们所到之处，都表示出了极大的热情，抽出专业人员和设备，全力支持和配合。

当然，开始是会遇到这样那样的问题，但是大家心往一处想，劲往一处使，使得实验一次次向好的方向迈进。

一旦试制成功，就先在一个厂子推广，多个设备一起使用。确定没有问题了，再推广到其他厂子。

这样，渐渐地，国家不少重点厂矿都装上了电子仪表。使得生产自动化迈上了一个新台阶。

六

杨嘉墀回到家里，妻子徐斐照常为他准备好了饭菜。

虽然只是简单的饭菜，杨嘉墀还是感到十分温馨。

第十九章 自动化及远距离操纵研究所

虽然与在美国的条件不能相比，但杨嘉墀心里还是满足的。因为这毕竟是在祖国，在自己的家里，完全没有寄人篱下的感觉。

他们一直住在科学院分配的 13 号楼乙门三楼的一套单元房里。

当时，大家把为中国科学院这些科学家建造的 13 号、14 号、15 号楼称为"特楼"。

位于中间的 14 号楼最早建成，左右两侧的 13、15 号楼像 14 号楼的两翼，以横着的两个"L"字左右排开。

后来，有人说起"特楼"，就说，那就像是中国科学的神庙。

杨嘉墀和妻子知道，这在当时是最好的待遇。

许多熟悉的科学家都住在一栋楼、一个单元里。

三栋楼每家都配有三间卧室，还有客厅、书房和厨房。只是房屋之间用蒲苇隔断，再抹灰刷白，有些不大隔音。

厨房有烧煤的大灶台，灶前后两个火，都可以做饭，中间烧开水。

楼内每户人家统一的红色木窗。

盛夏，会从这些打开的窗户里，传出广播喇叭和做饭的锅碗瓢盆声。

楼内无论是科学院的专家学者，还是家属，都彼此熟悉，亲切而随和。

杨嘉墀每天都骑车上班。

自然不能同美国的条件相比,杨嘉墀也不去比。

他现在感到每一天都是充实的、愉快的。

国家虽还处于一穷二白时期,但一切都会慢慢好起来。

第二十章　参加国际自动控制联合会（IFAC）

一

1957年9月，杨嘉墀和清华大学教授钟士模受中国自动化学会筹委会主任钱学森的委派，代表中国参加在法国举办的国际自动控制联合会（IFAC）。

国际自动控制联合会的设立，旨在通过国际合作促进自动控制理论和技术发展，推动自动控制技术在各国的应用。

此前，为制定1957年计划，杨嘉墀应邀参加国务院科学规划委员会下设的自动化专业小组的工作。

杨嘉墀积极建言献策，对科学研究的方针、政策、计划和组织措施等提出许多有价值的建议。

比如杨嘉墀根据国际自动化技术研究的动向，提出发展自动化技术首先要抓仪器仪表研制和人才培养。

并且他提出建议，要加强国内外学术交流，促进自动化学科的发展建设。

1957年5月，为了举办学术活动，交流学术经验，推广研究成果，并加强国际学术交流，中国开始筹建自动化学会。

可以说，中国的自动化还处于薄弱环节，筹建自动化学会，将对国内自动化发展有所推动。

杨嘉墀积极参与了钱学森等人发起的创建工作，并加入了29人组成的中国自动化学会筹备委员会。

在筹委会第一届全体会议上，钱学森、屠善澄、钟士模、杨嘉墀等九人成为常委会成员。而在世界范围内，也同时在筹建国际自动控制联合会（IFAC）。

这是一个积极信号，中国自然是积极响应并给予配合，成为18个IFAC创办国之一。

二

杨嘉墀和钟士模教授可是老朋友了。他们都是各自单位的精英。

钟士模教授和杨嘉墀的手再次握在了一起。

钟士模说，嘉墀兄，可曾记否，当初我还热情地到府上

第二十章　参加国际自动控制联合会（IFAC）

拜望，希望您能加入清华的团队，您却跑到自动化所去了。

杨嘉墀哈哈大笑，说，是啊是啊，士模兄，我当时真想跟着您走，因为清华一直是我仰慕的学府。谁想，虽然我们没有到一起共事，实际上还是为了一个目标走到了一起。等于在一个战壕里战斗。这样好啊，我们可以互相学习、互相促进、互通有无，共同把我们的事业做大做强。

钟士模也点头笑了。

两位老友一起上飞机，一起参加活动，一起商量如何同外国同行进行交流，获取哪些信息，得到什么结果。

可谓在旅途中就已经成竹在胸，目标明确了。

当时中法尚未建立外交关系，杨嘉墀他们首先到达瑞士，由我国驻瑞士大使馆协助办理了进入法国的签证。

也就是在这个时候，杨嘉墀的儿子出生了。

杨嘉墀临走的时候，妻子还没有住进医院。

按说妻子临产，杨嘉墀不该出远门。但这是重要的国际会议，杨嘉墀又是主角，不能不参加啊。

妻子徐斐看出了杨嘉墀的为难，她对丈夫说，你就放心去吧，我没事的。

1957年9月10日，国际自动控制联合会筹备会在法国巴黎举行。

大会气氛热烈、和谐，各国同行相互交流，相互切磋，皆有一见如故之感。

参与发起国代表召开小组会，取得一致共识，并拿出可行性方案。

最后，大会确认了 IFAC 是各国自动控制学术团体联合组成的非政府性学术组织。

该组织建立了理事会。钱学森成为首届理事会理事。

IFAC 下设若干技术委员会。

此次大会，钟士模受聘为理论委员会委员，杨嘉墀受聘为元件和仪表委员会委员。

会议开得圆满而成功，可谓达到了预期。

各国代表在会议中商定，1960 年，在莫斯科召开第一次世界大会。

三

杨嘉墀第一次代表中国出席国际学术会议，他由衷地感受到一个国家的强大与科技的进步，在国际上所受到的重视和尊重。

与会者大都是本国从事自动化的研究人员，大家探讨起来都相对轻松，不少国际友人都对钱学森、钟士模和杨嘉墀在该领域的影响比较熟悉。

杨嘉墀和钟士模十分珍视这次机会，他们抓时间学习和了解当下的科技成果，利用一切机会，同各国的自动化专家广泛接触、交流，设法搜集相应的材料。

还真是，不少专家都带有自己的论文，多是直接的项目成果总结，他们有的是拿到大会上去交流，有些是为了展示。

杨嘉墀如鱼得水，能够索取的索取，能够抄录的抄录。

他自然感到了中国自动化研究和应用与先进国家的差距，认识到这些差距，才会迎头赶上。

会议结束之后，原路回返。

从法国乘火车回到瑞士后，利用等候班机的三天时间，杨嘉墀和钟士模抓紧参观了瑞士较为现代的工厂。

并且由大使馆协助，在市场上购置了有关自动化研究以及其他方面的仪器。

这是此行的额外收获。

这些仪器对于以后的研究，都起到了很好的作用。

真的是有心人办有心事，而这个事，是中国科技的大事。

两位老友一路上高高兴兴，所得丰厚。

杨嘉墀回来才知道徐斐已经生产了。是个儿子。杨嘉墀高兴地向徐斐表示祝贺又表示歉意。

徐斐笑着说，你看，一切不是都挺顺利吗？就等着你回来，给孩子起名字了。

杨嘉墀说，你说呢？起个什么名字好？

徐斐说，我想着叫"杨瑞"，你看可好？

杨嘉墀说，好呀，瑞就代表好，代表吉祥。

四

1960年6月，IFAC第一次世界大会在莫斯科如期召开。

这是按照1957年在巴黎IFAC创办国工作会议上的决议，由苏联举办的。

杨嘉墀作为中国自动化学会代表团成员出席会议。

会上，杨嘉墀向大会介绍了三年来中国在自动化方面的成果。

根据中苏两国科学院在1955年制订的中苏科学院合作协议，中国科学家提出来，想要看看苏联有关的研究所，了解一下国外的先进技术。

会后，根据苏联方面的安排，杨嘉墀和陆元九、屠善澄等专家，专程到列宁格勒电工研究所、莫斯科自动学运动学研究所和机械研究所参观。

参观中,既学到了别人先进的经验,又感到了自己的不足。

杨嘉墀他们一一记下,希望不久的将来迎头赶上。

五

六年后的 1966 年 5 月,中国科学院委派杨嘉墀组团去英国参加 IFAC 第三次世界大会。

之前仍然是按照 1955 年制订的中苏科学院合作协议,他们想着先去苏联,了解一下苏联在控制论研究方面的应用情况。

到达莫斯科后,参观了自动学运动学研究所、信息传递研究所、中央经济数学研究所、情报研究所及计算中心等机构。

他们全面了解了苏联对这些一流科学单位的建设、配置以及专业技术人员的使用情况。

当然,这些都不是重要的,属于浮皮潦草的事情。

重要的,他们是想看看具体的实质的东西,也就是研究设施及其里面的内容。

由于这些年中苏关系紧张,虽然专家之间友好相待,但在交流的过程中，还是让中国专家感觉到了苏方的谨慎，或者说推拒。

对于中国急于了解的内容，他们并不是十分积极地给予配合，也不想让你看到更多更深的东西。

如此，中国专家此次并没有多少收获。

唯一的收获，就是明白了一个道理：什么事情都不要指望别人，一切都要自己干，只有干出来，才能不遭人冷眼，才会把腰挺得更直。

对这一点，杨嘉墀是抱有信心的，因为自动化就那么多内容，只要全力研究，全力投入，没有攻不破的难关，中国的科学技术，早晚会让人刮目相看。

回来不久，全国范围展开的一场运动，让不少人感到茫然。

但这并没有影响到杨嘉墀，他仍埋头于科研和教学任务之中。

长期在国外学习和工作，杨嘉墀对国内某些理论领域没有过多的研究，对一些政治问题也不甚了解。

就像之前的 20 世纪 50 年代后期，他对于不间断地开会、整顿和学习，也不大适应。

杨嘉墀总是抱着虚心的态度参加这些活动。他始终认为，作为一名科学工作者，要围绕国家制订的《十二年科学规划》，想方设法把所学的知识投入到实践中就可以了，其他的事情有组织去考虑。

他也和大家参加这样那样的活动，但他更多的只是观望，并没有多少言论。

当然，有些事情杨嘉墀仍旧是不大明白，他也不想明白。

他只想沉下心来，关注国内工业生产过程自动化、机械化的现状。前几年闹着回国，不就是想为国家多做点具体的贡献吗？

实际上他还是个书呆子，对政治上的事情不敏感，极为不敏感。

第二十一章　自动化情况摸底调查

一

经济建设还是要抓的，尤其是工业。

工业正是起步阶段，很多设备需要更新改造，需要技术支持。

新中国成立以来，中国的工业究竟在什么水平上，自动化生产能力表现如何，都需要摸底调查，以便有一个切实的参考，对症下药。

1957年年底，国家科学技术委员会机械组提出了一个建议，由中国科学院自动化所与一机部组成调查组，对我国自动化情况进行一次摸底调查。

自动化所的主力，自然非杨嘉墀莫属。

杨嘉墀接到通知很高兴，感到这才是自己的工作。他回家立刻就告诉了妻子徐斐，做好了出发的思想准备。

第二十一章　自动化情况摸底调查

妻子徐斐为他打点好了行装,几套换洗的衣服也都进行了熨烫,杨嘉墀平时吃的几瓶药品,也都精心地放在了箱子里。

这天早上,杨嘉墀坐上所里的车子,直奔了北京车站。

按照组织的安排,杨嘉墀参加东北地区和上海市的调查组。

这两个区域虽然相隔甚远,但意义相近。都属于国家十分重要的重工业基地,不少重要厂矿和尖端项目都在其中。

所以了解和掌握这些地方的自动化投入和运用情况,具有典型性和代表性。

二

杨嘉墀他们一路北上。

先后到了国家的工业基地沈阳、抚顺、鞍山、大连、哈尔滨和佳木斯,对一些重点的矿山、钢厂、煤矿等工业生产中的自动化设备使用情况进行摸底考察。

这是杨嘉墀第一次如此细致地观看国家重点工业基地。

杨嘉墀高兴地看到,不少生产车间,已经在设备上安装了工业温度计、弹簧管压力表和玻璃管液位计。

这是自动化仪表在过程控制发展中的第一个阶段。

这个阶段采用的过程检测控制仪表是基地式仪表和部分单元组合式仪表，而且多数是气动仪表。

基地式气动调节仪表，采用统一的标准气源，用标准的输入输出信号，把测量、记录、调节功能组合在一起，调节输出到气动调节阀，很容易构成单回路调节系统，适合直接安装在工艺装置附近，用于现场型单回路调节系统。

这种较为简约型的仪表，可降低制造成本，缩短传输距离，提高响应速度，增强稳定性和可靠性。

杨嘉墀看到，过程控制系统的结构绝大多数是单输入单输出系统。

被控参数主要是温度、压力、流量和液位四种工艺。

控制的目的是保持这些工艺参数的稳定和生产安全。

从仪表的测量、控制、显示和执行四大功能的演变来看，最初在自力式调节器中四种功能高度集中，现在已经使用基地式调节仪表，把执行功能分离出去。

而气动、电动单元组合仪表，则把另外三种功能也彻底分散为各个单元。

这是可喜的。

经过这么多年的建设和发展，杨嘉墀着实感到东北工业基地还是力量雄厚，支撑起了中国经济的重要命脉。

杨嘉墀他们行程紧迫，步履匆匆，地点分散，厂矿繁多，也就只能是走马观花。

就此，杨嘉墀还是很认真地做着笔记，小本子上留下了一页页的记录。

中间杨嘉墀受了风寒，头脑感到有些不适。

为了不影响考察，杨嘉墀没有声张。

多亏妻子在箱子里放了感冒药。

杨嘉墀找出来，连着吃了几次，竟然有了好转。

加上不停地补水，倒也没有影响工作。

一个早晨醒来，头晕和流鼻涕的症状竟然消失了。

三

转而他们又到了上海。

按照计划，参观一些重型工厂，细致地查看这些企业自动化仪表的使用情况。

在考察中，杨嘉墀发现，国家重点建设的大型现代化工厂中，自动化仪表和设备的使用率还是蛮高的，尤其是生产过程自动控制中的气动调节仪表和电动调节仪表，以及集散型仪表控制系统。

这些都保证了平稳和安全性，扩大了机械设备的使用寿命，扩大了生产规模，也提高了经济效益。

在自动化仪表的制造生产方面，也有了令人满意的成果。

杨嘉墀感到，国家对于仪器仪表的生产建设还是很重视的，随着第一个五年计划中国基础工业大规模建设序幕的拉开，上海、西安等仪器仪表基地投入建设，中国仪器仪表工业正在形成一个产业。

由此，一些工厂企业实现了仪表化和局部自动化。

不少国产仪表代替了进口产品，不仅节省了外汇，更重要的是掌握了自力更生、独立自主的命运。

考察时，杨嘉墀他们还会和工厂的技术人员进行研究和探讨。

杨嘉墀会把自己的理论告知他们。

杨嘉墀强调，实现工艺参数的自动调节和工艺过程的连锁、顺序控制，是实现生产过程自动化的基础，且要在这方面多投入。

四

工人们见到北京来的大专家，也都很热情。

只要专家们问到的问题，他们都给予热情地回答，同时他们还会进行认真的操作和演示，让杨嘉墀他们了解得更仔细。

当然，他们也会问一些前瞻性问题，比如这些仪器还能不能更先进，国外到了什么程度？

杨嘉墀他们同样认真作答。

听到关涉未来的展望，他们简直激动得如痴如醉，梦想着自己早一天用上更为先进的仪器。

杨嘉墀说，毛主席讲，实践出真知，很多的发现和发明是来自一线的，只要大家用心，就能在生产中发现可以更新和改变的东西，这样就有可能创造出从来没有的仪器和设备。

我们也是要不断地深入一线，才能有所触动。所以咱们要有信心，敢于革命，敢于革新，敢于发明创造。

职工们简直听呆了。

是呀，他们也举出了一些例证，说什么什么就是谁谁发明的，现在还在起着作用。

大家说着的时候，都不由得发出会心的笑容。

说到畅快处，还会引发哄堂大笑。

杨嘉墀觉得在一线的工人群体中是开心的，大家没有芥蒂，不费心思，想到哪说到哪。

有时候他们还会和工人们一起吃食堂，他们要品尝一下工人的伙食。

大家围坐在一起，其乐融融。

杨嘉墀完全放松了。这些天虽然辛苦，但是他感到自己都吃胖了。

杨嘉墀完全沉浸在考察研究记录思考的工作中，他几乎排斥了诸多干扰，忘记了专业以外的事情。

当然，在考察中，杨嘉墀他们也发现了一些问题。

譬如，有不少工厂，缺少专业的技术人员。有些岗位人员，技术水平比较低，缺乏自动化设备的基本知识。只会操作，不懂原理，一旦出现故障，不知道如何处理。

杨嘉墀他们感到了加强教育引导的重要性，他们觉得应该尽快帮助一线专业人员提高有关技能。

必要时应在系统内开办学习班，在大中专学校也应该增设自动化专业，尽快培养自动化人才，及时而全面地推广自动化。

还有，为避免品种复杂混乱，在生产中造成浪费及使用维护的不便，要注重仪表设备的标准化、系列化问题。

从自动化研究和生产单位来讲，应该大力进行自动化仪表设备的研究和试制工作。

五

两个月的时间,杨嘉墀感觉是愉快的。

因为这都属于与他的工作有关的考察,而且是深入到了生产的第一线,离开了不大适应的有关会议和活动。

根据自己的文字记录和考察见闻,杨嘉墀经过认真思考,决定向上级写一份报告。于是,回来之后,他夜以继日地伏案。

妻子徐斐收拾丈夫的行李箱时,发现了治疗感冒的药瓶被打开过,就关心地问杨嘉墀,是否在东北受了风寒。

杨嘉墀如实回答并说多亏徐斐备了药,及时服用很快就抑制住了。

徐斐摸了摸丈夫的额头。

杨嘉墀说,早就好了。

徐斐为杨嘉墀端来一杯水,告诫丈夫早点休息。

她知道阻止不了丈夫,就在客厅里拿起一团毛线织起来。

几个夜晚熬过去,杨嘉墀终于写出了一份具体而详细的考察报告。

在考察报告中,杨嘉墀针对自己发现的问题,提出了一系列建设性意见。

他提出，应当特别注意将新技术的放射同位素、超声波、红外线等运用到自动检测和控制中去。

为保证自动化仪器设备的稳定可靠，应该特别注意发展磁性、半导体等无触点元件在自动化设备中的应用。

他还提出，国家应该考虑建立一个专门的组织，领导自动化的研究、生产和使用。这个组织或就叫自动化局。

杨嘉墀的建议受到了国家有关领导的重视，并逐步进行实施。

总的来说，杨嘉墀参与的这次考察收效还是蛮大的，这是首次对自动化系统使用情况的调查，有助于国家层面对重点企业有一个深层的了解，也有助于对仪器仪表进行改进。

事实上，经过统一整合改进之后生产的电子系列仪表，在后来的工业生产中被广泛采用。

第二十二章　走上大学专业讲堂

一

　　杨嘉墀踌躇满志地走上大学的讲堂。

　　他望着一个个充满朝气的面容和神采飞扬的目光,似看到了当年的自己。

　　他微笑着拿起粉笔,在黑板上有力地写下了"自动化仪表"五个大字。

　　虽然没有到清华大学去当教授,但杨嘉墀却登上了清华学堂的讲台。

　　这是1957年。

　　为了尽快培养一批具有自动化知识和技能的专业人员,以便这些人结业后迅速到自动化教学、科研和重要的生产岗位中去,国务院根据科学规划委员会的建议,责成中国科学院和高教部在清华大学开办生产过程自动化进修班。

这也是杨嘉墀他们前期考察后开办的，得益于杨嘉墀等专家团队的建议和要求。

第一期进修班学员并不多，只有五六十人。

别看这五六十人，可是从全国挑选出来的。

他们中有高校的教师、即将毕业的有关专业的高材生、科研单位的青年研究人员，还有大型企业一线的工程专业人员。

这些人在各自的岗位和学业上，本来就很牛，来到这里一经培训，再放到重要岗位上，就会迅速发挥作用。

这是当时的救急策略，也是长远目标。

有了这批人做先导，后续就会有更多的实用人才的跟进。

所以这第一期就显得格外重要。

二

学员们已经从各种渠道先行知道了来给他们上课的老师中有杨嘉墀。

他们早先就熟悉这位杨博士，有的是通过别人了解，有的专门查找了杨嘉墀的学术论文和有关资料，由此，都十分钦佩和崇敬这位中国科学院来的老师。

杨嘉墀走上讲台的一刻，学员们不仅起立，而且不由得鼓掌致意。

杨嘉墀深深地鞠了一个躬，向学员们表示感谢。

简单的开场白之后，杨嘉墀上课了。

课堂上鸦雀无声。

只听到杨嘉墀浑厚的男中音，和阵阵沙沙的笔响。

一下课，学生们就围过来。

围着杨嘉墀问这问那，总有问不完的问题。

杨嘉墀就不停地回答着。

他喜欢这群学子，因为他们对知识怀有无尽的渴望。

问的问题也有水平，说明学生们曾经有过深刻的思考，并且有着充足的准备。

三

杨嘉墀在上课。

杨嘉墀讲道，我们用感觉器官去视、听、尝、摸外部事物，而显微镜、望远镜、声级计、酸度计、高温计等仪器仪表，可以改善和扩展人的这些官能。

另外，有些仪器仪表，如磁强计、射线计、数计等可感受和测量到人的感觉器官所不能感受到的物理量。

还有些仪器仪表，可以超过人的能力去记录、计算和计数，如高速照相机、计算机等。

杨嘉墀说，那么，再具体一点，通常的控制仪表，只能完成较为单一的控制功能，例如某个温度、压力、流量参数的自动控制，而仪表控制系统则可以构成较为复杂、测量控制点数较多的控制，例如某个设备、某个装置、某个工序、某个车间的控制。

控制仪表的发展，大概经由自力式、基地式、单元组合式、分散式以及总线式几个发展阶段。

所谓自力式，其操纵执行机构的全部能量源于受控对象，它只能执行一些简单的控制。

而基地式，是把变送、显示和控制等必要的功能部件，全部集中在一个表壳内，只要连接测量元件并配上执行机构，就可构成一个控制系统。

杨嘉墀进一步阐述，和自力式相比，基地式将执行机构和测量元件分离出去，即从功能的高度集中开始转向功能的分散，加之控制系统所需的全部能量，已不再源自受控对象，而是靠外加的气、液、电的能量来驱动，也就是气动、液动和电动，这无疑为增加许多其他功能创造了条件，让使用和安装更为方便。

然而，基地式仪表毕竟外壳尺寸大，精度稍低，不便构成复杂的控制系统。于是又发展为后来的单元组合式控制系统。

单元组合式，是将变送、显示、运算、控制等功能彻底地分散，单元间的联系，是依赖统一规定的标准信号，和基地式仪表相比，在使用上有了更多的方便。

四

杨嘉墀在上课。

他说，在仪器系统中，信号的表达形式可以在时间域或在频率域。

信号的传输可以通过各种调制形式，可以是连续的模拟量或断续的数字量。

信息理论帮助我们对这种信息传递过程，基于信息量的定义加以比较。

一个设计完善的测量系统，不断地对被测对象进行检测，对于输出或显示装置中每出现一个符号，被测对象的状态或参数的不确定性应当减小一些，也就是误差越来越小。

杨嘉墀讲道，因此，广义的机器是为了一种特定的目的，是将一种物理量转成另一种物理量的装置。

其中信息机器是将输入信号转换成输出信号的机器。

信息机器中包括测量仪器、计算机、通信机和控制机。

当然，信息机器在转换信号时，也不可避免地涉及能量问题，并由此引起对被测对象相应的影响，这也是必须注意的。

杨嘉墀讲道，一般来说，仪器仪表为了完成一个特定的测量功能，也是由较简单的元件所组成，因此它本身也应看成一个系统。

一些系统理论中常用的概念如模型化、反馈理论、信号流等，完全可以搬来应用到仪器仪表上。

例如仪器的模型可以是：功能示意图，信号流图或方块图。

随着计算机的广泛应用，数学模型，也就是联系输入输出的内部结构表达形式，越来越显得重要。

对于杨嘉墀讲的这些理论，学员们有的能听懂，有的听不大懂。

但是他们会问，会学，在反复问反复学的过程中，最终明白老师讲的是怎么一回事。

五

杨嘉墀在上课。

杨嘉墀系统地谈到了世界先进的自动化状况。

包括放射性同位素、无线电电子学、半导体、超声波以及计算技术。

他还讲到了现代科学技术的发展方向。

杨嘉墀强调：由于老旧的农耕观念的影响，不少人认为人多干劲大，什么都不怕。

实际上，这是对自动化的优越性以及由此产生的经济效益缺乏足够的了解。

即使是在工业生产过程中，自动化的推广也会遇到种种困难，这是极为不应该的。

杨嘉墀强调：我们是这方面的高端人才，对于自动化，尤其是自动化仪表的研究和推广，担负着重要使命。

学员们在讨论。他们一个个显得兴奋，情绪激昂。

他们详细听取了杨嘉墀关于自动化的理论以及仪器仪表在机械、化工、冶金、石油以及电力、运输及国防上的应用，感到收获很大。

小李说,杨嘉墀博士讲得具体而丰富,尤其是关于自动化的认知、理念,以及国家自动化的发展前景,让我们开了眼界,增长了信心。

小李后来到了一家科研院所,成为一名自动化专业的优秀科研人员。

小裴来自上海的一家重型企业,他说,来之前虽有接触仪器仪表,但对于它的整体把握还显得模糊,尤其是对世界上这方面的发展现状和前景。听了杨博士的课,心里显得透亮多了。

学员们热情地诉说着自己的心情。

他们表示,一定要珍惜这次短时间的进修,把有关的知识掌握扎实。

六

一年之后,也就是1958年9月,第一期自动化知识和技能专业进修班,圆满完成了预定任务。

学员们满怀激情地走出清华大学,进入到国家各个重要的工作岗位,成为攻坚和掌握我国尖端技术的生力军。

但是这只是一个短期研修班,不可能系统性地进行科学化教育，解决长期的人才匮乏问题，既然中国科学院拥有众多的高科技人才，各个研究所又都需要补充新生力量，那么，能否利用中国科学院的有利条件，自己创办一所大学呢？

中国科学院的上上下下都对这个思路感兴趣，大家希望自己的大学尽快开办，名字也想好了，既然是中国科学院所办，就叫中国科学技术大学。

报告打上去了，经过层层报批、研究。1958年6月，国家正式批准创办中国科技大学。

9月20日，中国科学技术大学正式开学。

当时的中国科学技术大学校址设在北京，郭沫若兼任校长。

导师的团队主要来自中国科学院各个研究所，实力可谓雄厚。其中有吴有训、严济慈、华罗庚、钱学森、陆元九、杨嘉墀、屠善澄。

这可真是"全院办校，所系结合"，各个有名望的专家学者，除了自己的科研工作，都热心地参与到中国科学技术大学的教学当中去。

七

杨嘉墀登上中国科学技术大学的讲台。

同学们一进校就听说了杨先生的大名,知道杨先生早先发明载波电话机,发明"杨氏仪器"的事。他们就盼着杨先生来给他们讲授仪器仪表课程。

杨先生终于来了,阶梯教室里鸦雀无声。

同学们紧盯着这位来自世界名牌学府的先生,一动不动地听他讲说。

杨嘉墀在自动化系讲授"仪器仪表"课程,并且开设自动检测专业课。

学生们已经认识到,自动化仪表,一般由若干自动化元件构成,是用以检出、测量、观察、计算各种物理量、物质成分、物性参数的器具或设备。

比如我们所知道或不知道的真空检漏仪、压力表、测长仪、显微镜、乘法器等,均属于仪器仪表。广义来说,仪器仪表也可具有自动控制、报警、信号传递和数据处理等功能。

自动化检测仪表是自控系统中关键的子系统之一。

一般的自动化检测仪表主要由传感器、变送器、显示器三部分组成。

自动化检测仪表以其测量精确、显示清晰、操作简单等特点，在工业生产中得到广泛应用，而且自动化检测仪表内部具有与微机的接口，更是自动化控制系统重要的部分，被称为自动化控制系统的眼睛。

同学们按照自己的理解回答杨嘉墀的提问：

仪表学是不是一门科学？各种不同场合使用的仪表，在量程、反应速度、精确度、输出形式、使用环境等方面五花八门，是否有一些共同的规律？

同学们饶有兴趣地记下了杨嘉墀的话：

在人类长期的实践中，总是不断地总结经验，把感性认识提高到理性认识，形成理论。

仪器仪表也不例外。近几年来在国际测量联合会举办的国际会议上，很多学者对这个问题进行了论述。

那么，概括来说，仪表科学就是对测量方法和仪器设计的共同理论。

杨嘉墀说，仪器仪表和动力机械不一样，前者是信息机器，其功能是信息形式的转换，后者是能量机器，其功能是能量形式的转换。

当然这里只是说主要的功能，因为信息转换也会涉及能量问题，能量转换中也会涉及信息问题。

同学们再记下下面的理论：

信息机器的功能在于将输入信息，如对于被测对象的测量，经过加工后最后到达一个输出或显示装置，形成一种符号便于人机交换。

使用仪器仪表的目的是从一个被测对象发生的事件中建立一个模型，从测量中所得到的信息最后归结为对象的状态变量或物理参数，要求在模型中的符号即测量值与对象中的状态或参数能够一一对应。

这些理论具有重要的实际意义。

八

杨嘉墀在课堂上与同学们回顾了20世纪40年代我国工业的技术水平。

杨嘉墀讲道，自己那时到上海的工厂实习，车床靠人来操作开关，而不是通过仪表来控制，锅炉上没有自动调节装置，上水、燃烧和蒸气压力全靠人的经验掌握。

而钢厂在冶炼过程中的进料与出料，也不是仪器仪表控制，完全靠人力操作。

这样既影响工效，又缺少安全性。

所以我们要强调仪器仪表的使用，掌握更多的这方面知识，才能更好更快地传播和推广，使我们的工农业生产早日实现现代化。

杨嘉墀在课堂上对同学们寄予了深切的期望。

教学中，杨嘉墀根据自己在上海交大的学习经历以及实践经验，尤其注重学生基本理论的掌握与实际技能的结合，这样既可以获得扎实的理论认识，又可以兼得可行的实际本领，因而很受同学们的喜欢。

对于毕业班的学生，杨嘉墀会安排他们到自动化研究所去实习，与他们共同探讨毕业论文的设计和论述方法。

自动化研究所是国家的最高等级的研究所，同学们在这里既开眼，又开心，对于一切都感到十分新鲜，留下的记忆也就深刻。

杨嘉墀和同事对同学们给予了耐心细致的讲解，让他们看到自动化的研究方向和进程，这对于他们后来的发展和提高有很大教益。

不少同学后来说起，都是受益一生。

甚至有的在多年后，也成了研究所的一员。

第二十三章　人造卫星的序曲

一

1956年初,新华社播发了一则消息,引起了广泛的关注。毛泽东主席接见了钱学森。钱学森是从国外归来的杰出科学家的代表,他是1955年10月回国,也就是刚回来几个月。

这件事对于中国科学的发展,具有重要意义。

中国领导人极为热情地对钱学森的归来表示欢迎,毛主席询问了其他归国专家的安排情况,希望把大家照顾好,并且希望更多的海外学子能够早日归来参加祖国建设。新中国百废待兴,但充满了勃勃生机。

在气氛融洽的会谈中,还涉及现代科技与火箭的问题。这是中国发展现代火箭技术的序曲。

毛主席饶有兴致地听取了钱学森关于火箭技术的发展需要,以及后续的科研前景。

果然，钱学森参加了《十二年科学规划》制订，作为综合组组长，他亲自起草和制定了关于建立火箭喷气技术的计划。

火箭其实就是实现航天飞行的运载工具。

按用途，分为探空火箭和运载火箭。

火箭自身携带推进剂，可以在稠密的大气层内，也可以在稠密的大气层外飞行。

探空火箭是用于将科学仪器以抛物线轨迹送入地球大气层的上部区域，使其进入近地空间的一种火箭。

大多数探空火箭为单级或两级火箭。

动力装置通常用固体火箭发动机，可以简化和缩短发射操作时间。

探空火箭对火箭姿态和飞行弹道的要求不像导弹和运载火箭那样严格。一般不设控制系统，仅靠稳定尾翼或火箭绕纵轴旋转来保证飞行稳定。需要精确定位和定向时才设置控制系统。

除探空火箭基本结构外，探空火箭系统还包括有效载荷、发射装置和地面台站等。

有效载荷的重量和尺寸取决于探测要求，一般为几公斤到几百公斤，最大可达几吨。

先期研制出性能优良的火箭，就等于有了冲向太空的工具，也就有了发射人造卫星和导弹的可能性。

1956年10月8日，钱学森任院长的国防部第五研究院宣布成立，这是我国第一个导弹研究机构，标志着我国导弹和航天事业纳入正式轨道。

聂荣臻副总理在研究院成立大会上，代表党中央和国务院表示热烈祝贺并寄予了厚望，他希望中国人的伟大梦想能够早日实现。

杨嘉墀没有想到，自己刚刚回国，就被钱学森提名参与尖端事业的专家行列。

国防部第五研究院成立技术委员会时，杨嘉墀也被聘为了学术委员会委员。

他不辜负祖国的看重，把自己所掌握的知识很快运用到规划研究中去。

二

1957年10月4日，苏联发射了第一颗人造地球卫星，开启了通向宇宙的大门。

为此，中国科学院副院长张劲夫、裴丽生主持召开座谈会。

科学家们对人造地球卫星和空间物理问题进行了反复的论证。

第二十三章 人造卫星的序曲

　　竺可桢、钱学森、赵九章、张钰哲、程茂兰、蔡翘、钱三强、郭永怀、陈芳允、王大珩、陆元九等著名科学家纷纷讲话。

　　杨嘉墀也应邀发言，大家都为苏联开了一个好头而感到兴奋，认为有助于加速中国空间科学的研究。

　　会上，科学家们还提到了我国空间运动物体控制等方面的问题。

　　杨嘉墀则谈到了仪器仪表的特殊功能，以及在民用和军事中的应用问题。

　　1957年，中国已经按照计划，进行了对地磁、宇宙线、电离层等参数的观测；对风和温度的地面观测；对极光、海洋和天文的观测，综合研究了太阳活动时的近地空间环境。

　　为卫星研制做准备。

　　1958年5月17日，在党的八届二中全会上，毛主席两次提到卫星问题。他说，苏联人造卫星上天，我们也要搞人造卫星，而且要搞就得搞大一点。

　　毛主席的讲话不仅代表了党中央，而且代表了全中国人民的美好愿望。

　　那个时候，普通老百姓当然不明白人造卫星到底是怎么一回事，对他们的生活有什么实际好处。

　　但是科学家都知道，人造地球卫星对未来科学技术发展的重大影响。

由此，中国科学院在组织科学家讨论研究的基础上，决定把研制人造卫星列为全院 1958 年的第一号任务，代号就叫"581 任务"，并成立了 581 任务领导小组，组长是钱学森，副组长赵九章、卫一清，成员有马大猷、陈芳允、贝时璋、吕保维、钱骥等。

同时，筹建 0306 工厂，负责控制系统的元器件加工和总装。

杨嘉墀任特殊仪表研究室主任，并负责 0306 工厂的筹建。

后来，0306 工厂正式定名为中国科学院科学仪器厂。

再后来，发展为北京卫星制造厂。

中国科学院副院长张劲夫、裴丽生等领导十分关心，常常亲自过问人造卫星的研制问题以及进展情况。

三

对于人造地球卫星的认识是这样的：地球对周围的物体有引力的作用，所以从高处抛出的物体要落回地面。

抛出的初速度越大，物体就会飞得越远。

牛顿的万有引力定律表明，如果没有空气阻力，当抛出的速度足够大时，物体就不会落到地面上来，而是围绕着地球旋转，成为一颗绕地球运动的人造地球卫星。

第二十三章 人造卫星的序曲

人造地球卫星是靠具有巨大推进力的巨型多级火箭送上太空。

那么，多级火箭的工作原理并不复杂，就是把几支单线火箭串联或并联在一起，构成一个大的火箭系统。

其中的每一级都是一支可以独立工作的火箭，它们各自分阶段地完成飞行任务。

简单地说，就是一场接力赛。

先是第一级火箭点火，带动整个火箭腾空而起。第一级的推进耗尽时，壳体会脱离散落。

第二级接着点火。这时候的火箭整体较第一级时重量减轻，可谓是轻装前进。

第二级能量耗尽，壳体甩掉。

第三级再次点火，直到将装在末级火箭前端的卫星送入地球轨道。

卫星处在轨道上，对地球来说，它站得高，看得远，用它来观察地球是非常有利的。

1958年8月，国务院科学规划委员会有一个《十二年科学规划执行情况的检查报告》，提出发射人造卫星，将使尖端科学技术加速前进，开辟新的科学技术研究工作的领域，为导弹技术动员后备力量。

同时，大型卫星，是洲际导弹成功的公开标志，是国家科学技术水平的集中表现，是科学技术向高层次空间发展不可缺少的工具。

那么，围绕人造卫星研究，高能燃料、耐高温合金、无线电子学、电子计算机、自动化仪表、应用数学等一系列工作都将被带动起来。

对此，国务院副总理聂荣臻亲自抓这件事，要求中国科学院及国防部第五研究院抓紧组织有关专家拟定人造卫星发展规划。

聂荣臻元帅说：我国的国防尖端技术，只要坚持攻关，加上政策、措施得当，争取三五年或更长一些时间得到突破是完全有可能的。

四

1958年恰逢"大跃进"之年，杨嘉墀带领一班年轻人夜以继日地开展工作。

可以说有干劲，有信心。

但是科学来不得半点虚假，光有干劲还不行，还要有具体的数据和成果。

说到底，就是特殊仪表问题。

研制人造卫星和运载火箭，特殊仪表是关键。

在研制过程中，杨嘉墀发现，要想攻克难关，让卫星上天，许多技术问题还没有真正掌握。

杨嘉墀将这一真实的想法向有关领导汇报。

领导认为要想在研制方面有所突破，应根据原来的中苏科学技术协定，中国方面向苏联提出考察申请，并组织由赵九章任团长的"高空大气物理代表团"到苏联考察。

代表团是根据中苏两国科学院"高能物理"的协作项目去进行访问的。

郭沫若院长此前专门与苏联科学院院长进行了沟通。

1958年10月16日清晨，代表团成员的轿车由中关村驶往东郊机场。

杨嘉墀曾到过苏联，对那里的科学研究环境印象颇深。

大家想着，这次考察，应该会带回来很多有参考价值的东西。

五

中国代表团乘坐的飞机降落在了莫斯科机场，早已经等候在那里的苏联科学院的工作人员便赶过来，对赵九章等6位中国专家表示了热情的欢迎。

几辆黑色吉姆小轿车载着他们驶向了高尔基大街中部的

北京饭店。

苏方接待人员表面上很热情,第一天安排代表团去冶金研究所,参加苏联科学院苏中友好协会的集会。

第二天安排代表团浏览莫斯科市容。

他们到了位于俄罗斯外交部大楼边上的阿尔巴特大街。

阿尔巴特街是一条极具俄罗斯风情的大街,有"莫斯科的精灵"之称。

路面全部用方块石砖铺成。

最初,这里是阿拉伯商人聚集的市场,他们经常用板车装载货物,而板车在俄语中即"阿尔巴特"。

这条街有点像中国的"王府井",是本国人和外国人必到的一条街。

这里充满了俄罗斯风情,到处都是古色古香的建筑。造型典雅的街灯,像头戴面罩的古代骑士。

街上的店铺鳞次栉比,各种商品琳琅满目。

走在其中,如同在艺术的时空中穿行。

19世纪,托尔斯泰、加加林、亚历山大等名门望族和上流社会的有钱人渐次在这里落户,使居住在阿尔巴特街成为时尚风靡一时。

大街53号,一座漂亮的蓝色二层小楼,是"俄罗斯文学之父"普希金的故居。

这位才华横溢的伟大诗人，虽只活了 38 岁，但他的诗影响了一代又一代人。

俄罗斯大众热爱自己的诗人，以他名字命名的艺术馆、美术馆、学校、街道、广场以及文化团体比比皆是，他的塑像也随处可见。

杨嘉墀他们走进传统与现代、古典与时尚交融的阿尔巴特大街，有一种耳目一新的感觉。

而后他们来到了红场。

红场位于俄罗斯首都莫斯科市中心，临莫斯科河，是莫斯科最古老的广场，是重大历史事件的见证场所。

更是俄罗斯重要节日举行群众集会、大型庆典和阅兵活动之处。

红场正中是克里姆林宫东墙，宫墙左右两边对称耸立着斯巴斯基塔楼和尼古拉塔楼，红场的一切代表了俄罗斯民族悠久的历史。

杨嘉墀他们踏着被鞋底磨得光滑而凹凸不平的石砌路面随意徜徉，观赏着早就熟悉于心的广场。

苏联的接待人员介绍，红场与克里姆林宫并非同时建造，它的前身是 15 世纪末伊凡三世在城东开拓的城外工商区。

1517 年，广场发生了一场大火，使这里变得空旷寂寥。

到了 17 世纪中叶这里便成了一个广场。

红场上除了以克里姆林宫为主要建筑外，南面还有一座由大小 9 座塔楼组成的教堂。

中方人员来的时候，正赶上苏联科学院秘书长逝世，也就礼节性地参加了追悼会。

六

在中国代表团的要求下，苏方安排中国代表团到科技工业展览馆参观了一些卫星模型及早期的探空火箭，去克里米亚参观了天文台，去杜布纳联合原子核研究所参观了同步加速器。

杨嘉墀和其他科学家利用空隙时间，去苏联自动学运动学研究所参观并同有关人员进行交流。对国际自动控制方面有了新的认识。

在苏联的 70 天时间，代表团成员对苏联的工业及科技的先进程度有目共睹，大家一边参观、学习，一边交流。

当然，他们也感觉到，苏联方面对于中国这些科学家还是留了一手。

他们会不断地安排你去游览，观摩，让你看一些跟实际不大着边的东西。

而代表团想要看的人造卫星研究项目,却一直被找借口拖延。

或是说正在汇报，或是说已有批复，或是说等待安排。

时间一天天过去，却一直在拖延。

看不到此行最主要的实质性内容，中方表示出自己的遗憾。

这个时候，苏方负责接待的人员才无奈地告知，说层层申报，最终反馈的结论是，参观卫星设备，必须要经过赫鲁晓夫批准。

大家明白了，苏联最高层对中国代表团这次到访的目的，是有防备，有顾虑的。

一个正在崛起的东方大国，不能让他们跟得太紧，核心秘密还是要保留。

这可能就是他们事先定下的接待方案。

所以说，中国这次由高科技人员组成的代表团，期望值过高，收效却很小。还耽误了不少时间。

大家看再不可能达到有效目的，就赶紧抽身回国。

七

代表团回国后，如实向上级作了汇报，并且强调发展人造卫星，要考虑自己的国情，要有强大的工业基础，要提升科学技术水平。

从国际大环境来看,只能立足于国内,自力更生,一点一点做大做强。

杨嘉墀等一批科学家认为,发射卫星条件虽未具备,但可以先从火箭探空做起。

1958年底,邓小平同志代表中央作出结论:卫星明年不放,与国力不相称。

有了这个结论,中国科学院从实际出发,提出"大腿变小腿,卫星变探空"的调整方案,把研制力量转到搞探空火箭上来,为研制人造卫星先打好扎实的技术基础。

可以说,这个前期运作的卫星研制计划,虽然最终向后拖延,但终究是有了一个方案,一个念想,这个念想成为中国科学家心头的一个结。早晚是要解开的。

那么,人造卫星的序曲已经奏响,不久的将来,中国还是会发展人造卫星事业,且是大力发展。

事实证明,后来,还是这些科学家,他们一旦找到突破口,就一发而不可收。

接二连三地把一颗颗人造卫星送上太空,取得了世界瞩目的成就。

第二十四章　我们一定要搞人造卫星

一

科学告诉我们，人造卫星是用途最广的航天器，一般由专用系统和保障系统组成。

专用系统是指与卫星所执行的任务直接有关的系统，包括通信转发器、遥感器、导航设备等。

保障系统是指保障卫星和专用系统在空间正常工作的系统，主要有结构系统、电源系统、热控制系统、姿态控制和轨道控制系统、无线电测控系统等。

科学发展到现在，人类已经有了共识，人造卫星用途十分广泛，可用来研究高层大气、地球辐射带、地球磁层、宇宙线、太阳辐射等，也可应用于军用和民用。

军事上无论是军事战略侦察，还是战术侦察，人造卫星都能起到非常大的作用。

民用上气象卫星对于保证航海和航空的安全，保证农业、渔业和畜牧业生产，也都是作用巨大。

还有地球资源卫星，可广泛用于地下矿藏、海洋资源和地下水源调查。

而对于航天科学中的新技术、新原理、新方案、新设备和新材料，也需要在太空上进行试验。

在20世纪的50年代末，中国科学家的初步设想，是先搞100至200公斤重的卫星，再搞1000公斤重的卫星。

苏联当时已经帮助建立了火箭研究机构，但是随着两国间出现的问题，让人们感到必须要走自己的路，不能把希望放在别人身上。

果然，苏联方面很快撤走了全部专家，留下来一堆的烂摊子。

中国人不信邪，人造卫星我们一定要搞出来，无论花多少工夫，用多长时间，我们都要搞出来。

这是国家所需，人民所需，是战略所需，也是国情所需。

中国科学院成立了新技术办公室，动力学所、自动化所、地球物理所积极配合，相互做好研究工作。

聂荣臻元帅召开有关人员座谈会。

会上，他听取了各方研究人员的意见和建议，感到很满意。

他同意新型原材料、电子元器件、仪器仪表、精密机械、大型设备、测度技术、计量技术同时先行并举。

他说，一家人过日子，少不得柴米油盐酱醋茶，这叫开门七件事，大家说的新型材料、精密仪器仪表、大型设备，就是国防工业和尖端科学的柴米油盐酱醋茶。

他指出各单位要抓紧协调，调动一切积极力量，把重要的部门组建齐整。

为了研制人造地球卫星和运载火箭，需要先进行地面试验。

搞试验就需要特殊仪表，特殊仪表是搞尖端的先行官。

因此，中国科学院党组决定，责成自动化所组建特殊仪表研究室。

很快，杨嘉墀走马上任，任所内的第九研究室也就是特殊仪表研究室主任。

第九研究室的主要任务，就是根据液体火箭发动机地面试验和风洞实验需要特殊仪表的性质，进行温度、压力、液面和流量、气体密度、振动加速度测量及调节器等研究。

由此，在所领导的支持下，杨嘉墀很快在所里各室抽调吕宝华、廖炯生、邵久豪、齐汝先、杨树智等精兵强将，建立了各个研究小组。

杨嘉墀：大海与星空

二

  1958年的一天，一架民航飞机在北京机场升空后，没有飞得太高，也没有飞向远方，而是在北京的上空转圈子。

  人们不断地抬头仰望。

  他们也只是好奇地仰望，并不知道上面坐着张劲夫、钱学森等国家一流的专家，这些专家为了就近建一个液体推进剂的研究实验基地，可谓是费尽了心机。

  他们先是在地上这里那里地跑了半天，没有确定下来，只能请求飞机支援。从空中观察。

  空中居高临下，真正的高瞻远瞩。

  他们所要选的这个地方，不仅要考虑地形、周围条件，还要考虑安全。

  转了几天，商量来商量去，最终选定了北京怀柔县山区的一片林地。

  一支红铅笔，终于在一张图纸上圈了一个圆。

  于是，相关部门迅速协调、规划，设立围栏。

  紧接着，汽车、装载机、挖掘机、推土机等各种机械进入。

  红旗飘展，哨声响亮，灯火通明。重要的火箭发动机试验站开始动工建设。

第二十四章 我们一定要搞人造卫星

这个试验站由林鸿荪研究员负责。

按照钱学森的总体部署,试验站将对火箭推进剂、火箭发动机及其组件进行各种冷、热试验。

科学家们首先设计了液体火箭发动机200公斤推力的试车台。

试车台由推力架、推进剂供应系统、供气系统、控制系统、测量环境以及消防、通信、环保等辅助设施组成。

其中的控制系统、测量系统的研制,则由自动化所承担。

也就是说,此项任务交给了杨嘉墀领导的特殊仪表研究室。

三

这些天,杨嘉墀总是很晚才回到家。

妻子徐斐为他准备的饭菜早就凉了。看到杨嘉墀终于回来,徐斐心疼地说,看你天天忙的,连饭都顾不上吃了,想着你快回来,都给你热了两遍了。

杨嘉墀看了看表,已经接近夜里十一点。

就说,你怎么还没睡,还在等我呀!饭菜就不用热了,我加点开水兑一下就行了。

徐斐说,那怎么行,你天天这么忙,这么累,连碗热饭都吃不上,你不是常说,身体是革命的本钱吗?本钱丢了,就什么都没有了。

说着,徐斐已经端着饭菜走进了厨房。

徐斐的勺子铲子一响,邻居们就知道杨嘉墀又是回来晚了。

第二天准是问徐斐,你们老杨可真忙呀,忙得让你也跟着受累,那么晚了还忙来忙去。可得劝劝他,别忙坏了身体。

徐斐就说,可不是吗,可你说他他得听呀!

徐斐端着热好的饭菜进屋来的时候,杨嘉墀正想起一件事,在书桌上奋笔疾书。

徐斐看了,也不敢吱声,悄悄地放在一旁,等着他写完。

徐斐知道,杨嘉墀想起什么写作的时候,思路是不可以打断的,一旦打断,就不好接续了。

有一次她说了一句,杨嘉墀没有反应,她又说了一句吃了饭再写,杨嘉墀就火了,她也不知道丈夫怎么突然就发那么大的火气,发了还是接着写,直到写完,杨嘉墀才想起刚才自己的火气,赶忙向妻子道歉,说当时真怕思路被打断,那个思路是猛然冒出来的,不记下来,回头可能又忘了。

徐斐本来眼里含了泪水,经杨嘉墀一道歉一解释,就又破涕为笑了。

这多年来,夫妻二人还真是没有怎么拌过嘴,吵过架。

总体上说，多数都是徐斐让着杨嘉墀，杨嘉墀为此总是感慨。

自己在单位忙得头不是头脚不是脚，家里的事情都是妻子在操劳，包括送孩子接孩子，包括买菜做饭，整理家务，妻子什么时候有过牢骚呢？

自从离开国外优渥的生活条件，徐斐一句怨言都没有，正是困难时期，徐斐总是自己吃粗粮，把米面给孩子和自己留下。

每次回家，徐斐不是端来一碗白米饭，就是拿来两个白面掺玉米面馒头。早饭有时候还会给杨嘉墀端来一碗热热的鲜奶。

问徐斐，她就说她吃过了，可孩子说妈妈总是吃的黄窝头。

杨嘉墀为此心里热热的，觉得对不住妻子。

他想，等这段任务完成，一定好好陪着妻子孩子玩玩，去外面吃一顿饭。

对孩子也是一样愧疚，每天早早出门，有时孩子还没有起床。

晚上回来，孩子却又睡着了。

说是同在一个屋檐下，却两头不照面，跟孩子说不上一句话。

每每想到这里，杨嘉墀就会悄悄站在孩子跟前，久久地用目光爱抚一遍。

四

1959年的国庆很快到来了,这是新中国成立十周年的大喜日子,国家在各个方面都积极准备。

国庆前夕,还召开了全国群英会,以表彰和慰问各行各业的英雄和模范。

杨嘉墀作为先进科技工作者光荣地出席了此次盛会。

那是一个非凡的年月,没有人知道有一帮人在日夜为我国的航天事业呕心沥血,奋力前行。

他们凭借自身的一股子闯劲和干劲,在没有任何外援、任何基础的情况下,暗地里摸索,实践中探索,克服种种困难,决意要攻破从来没有遇到的科技难关。

力学所研制液氢液氧发动机的同时,自动化所特殊仪表研究室的工作,在杨嘉墀的带领下,不断地取得进展。

这是一项艰巨的任务,用于火箭发动机试验的测量设备可是同普通的工业控制仪表不同,它们要在高温、高压、高转速和强烈振动等苛刻的条件下工作,并且具有较高的动态性能。

研究室的各个研究小组也根据实际任务进行了分工。

大家不断地调整设计方案,讨论可行性,查找有关文献,并结合实际,进行考察和调研。

第二十四章　我们一定要搞人造卫星

　　他们还加强同中国科学院所属的力学所、上海机电设计院、地球物理所等单位的联系，派出去，请进来，反复磋商，多次试制。

　　人多干劲大，大家集思广益，日夜苦干。

　　一项项设计报告，一张张精密图纸，一次次科学实验，一个个试制样品。

　　所有一切，都在紧张地进行着。

　　多少次从头开始，多少次细微改进，科学家们一点点接近了那个顶点。

　　　　　　科研战士攻尖端，
　　　　　　火箭卫星只等闲。
　　　　　　自动控制新系统，
　　　　　　特殊仪表先行官。

　　这是杨嘉墀的业务秘书廖炯生为大家的奋进激情所感染而写下的打油诗，带有着当时大干快上的热情，也见出仪表自动控制研究对于火箭卫星的重要性。

　　特殊仪表经过多次攻关，最终拿出了较为满意的样品。

　　为了检验特殊仪表是否能够应对复杂而特殊的环境，杨嘉墀和研究室的人员又经过了无数次试制和调校，并且一次次去发动机试验基地，分别进行燃烧室壁温测量、燃气温度测量、燃烧室压力测量、低温液面的放射性密度测量、振动和加速度测量、电子调节器等方面的试验和检验。

这段时间,杨嘉墀忙得茶饭不思,一门心思都在科研项目上。

五

时间一晃就到了 1961 年的 5 月。

中国科学院的领导想调节大家的紧张情绪,5 月 31 日这天,有人递给杨嘉墀一张票,原来是梅兰芳到科学院来慰问了,演的剧目是《穆桂英挂帅》。

平时这些科学家们就很少看戏,尤其是梅兰芳的戏。

科学院大院简直轰动了,那可是过年、过节一般的欢喜。

礼堂就那么大,不可能都能进去看,也就一票难求了。

杨嘉墀接到票想都没想,就提出让给别人。

那个时候日夜加班,大家都在各自的岗位上忙,这张票到了谁手上都没有停留。

人们不知道的是,这可是梅兰芳先生一生中的最后一次登台演出。

梅先生在科学院礼堂演出后,就没有再登台,当年就去世了。

杨嘉墀后来听到消息,很是惋惜。

这也更增强了他的决心和信心。

梅兰芳先生不顾自己的身体情况,坚持来为科学家们演出,他的内心一定有着强大的意志支撑着。

后来,科学院礼堂还请来了一些有名的音乐家。

这天杨嘉墀回到家,夫人徐斐就告诉他,说李德伦同交响乐团到科学院来演出了。

徐斐的话语带着热情,因为她很长时间没有看过交响乐的演出。

交响乐是高雅音乐,即使是徐斐这位钢琴教授,平时也很少有机会观赏。

那时候,会有一些外国音乐家在北京饭店演出,票价很贵,徐斐自然不会买票去看。

徐斐知道丈夫也喜欢音乐,他们就是因为音乐结缘的。

但是杨嘉墀还是不能去看,杨嘉墀的时间太宝贵了,而且他不能分心,他的心里装满了数字和符号。

杨嘉墀就高兴地鼓动妻子去好好听听,并且让徐斐去找汪德昭的夫人李惠年教授,她是音乐家,又是教育家,还有钱学森的夫人,歌唱家蒋英,拉着她们一起去就好。

徐斐只好这样,反正大家住得都不远。

六

徐斐回来告诉杨嘉墀，在观众的要求下，李德伦在演出前给大家普及了交响乐知识。

李德伦知道科学家里面很多人喜欢音乐，不少人从国外回来，对于交响乐还是熟悉的，但是对于具体细节缺乏了解，于是在演奏交响乐《白毛女》选段前，李德伦就跟大家讲说音乐的内容。

譬如杨白劳上场，以低沉的大提琴旋律来展现，不仅是表现杨白劳的祖父形象，也表现杨白劳的沉重心情。辛劳了一年，还是穷得叮当响，眼看过年了，不能给喜儿添一件新衣衫，只能买根红头绳。

喜儿就不一样，喜儿天真活泼，渴盼着爹爹快回家，欢欢喜喜过个年，所以用小提琴纯净明快的旋律。

这样听起来好理解，会跟着旋律走，达到欣赏交响乐的效果。

徐斐兴奋地不停地说着，也不知道杨嘉墀听没听进去。

事实上杨嘉墀还真没有听进去，杨嘉墀满脑子都是科学实验的仪器仪表，那些悠扬的旋律早就不知道飘到哪里去了。

七

杨嘉墀的特殊仪表研究室进入紧张而精密的研究的同时，钱学森、郭永怀为首的力学所也正进行着十分重要的工作。

他们要研制火箭的发动机，要进行与火箭技术有关的高速空气动力学试验，进行液体推进剂试验，探索各种高能推进剂组合与大中型火箭发动机试车台设计，及每一种高能燃料的试验。

这是火箭技术的核心工作，没有这项工作的完成，测试用的特殊仪表也就派不上用场，可以说它们是相辅相成的，如果一切准备就绪，而仪表没有研制出来，也是不能进入实施阶段。

艰难的历程来到了1963年，力学所研制的100公斤推力、高能低温的液氢液氧发动机终于点火试验成功。

而杨嘉墀他们设计完成的仪表测量装置，也顺利地提供给火箭发动机试车台使用。

在此过程中，完备而准确的测量仪表，提供了各个重要的数据，也充分证明了特殊仪表在中国航天科技工业发展中的地位与作用。

八

杨嘉墀那天还是很晚才回到家，妻子徐斐一如既往地等待着丈夫的归来。

徐斐不知道丈夫都在忙什么，她知道这是秘密，丈夫不说，她也不问。

但是她知道丈夫回国之后，始终受到国家的重视，而且把重要的工作交给他。他的肩上，不知承受着多么沉重的担子。

丈夫说过，国家正是需要人才需要科学技术的时候，要咱做点贡献，怎能不积极参与？因为这是我们自己的国家。过去我们的国家国力太弱，所以受人欺侮，这么大的国家，成了人家眼里的一块肥肉，只有我们的国家强大了，在国际上有了自己应有的地位，才能让人另眼相看，才能昂立于世界民族之林。

回国的这几年，徐斐觉得杨嘉墀发生了不少变化，变得忙而沉稳，变得爱思索，爱发呆。

他很少像过去，跟自己说说自己的家乡，谈谈儿时的那些事。以前的儿女情长似乎从他身上渐渐消失了。

从杨嘉墀每次回家后的表情中，徐斐或看出了忧虑，看出了苦恼，或看出了轻松，看出了高兴。

第二十四章 我们一定要搞人造卫星

这天丈夫回来,一进家就把迎过来的徐斐抱住了。

啊呀,你还没休息!

徐斐受宠若惊地抬起头望着丈夫,她感到了丈夫的异样,丈夫一定是遇到了高兴的事情,而且是大事情。

徐斐为丈夫打来了洗脸水,然后让丈夫等着,说饭菜马上就好,就赶忙去热饭。

杨嘉墀的情绪感染了她,这么多天,丈夫都是闷着头阴着脸,她不敢问,不敢言。

现在即使不问,她也能猜出,一定是好事情,天大的好事情,才会让丈夫这样轻松,这样高兴。

而且她听到丈夫说,明天是星期天,我们带上孩子,去颐和园划船怎样?

颐和园,还是来北京的时候去过一次,过后就一直没有再去了。那里的景致优美,一进去就让人心旷神怡,而且还从来没有在里面划过船。

徐斐一边想着,一边热菜,并且还打开了一盒罐头,那是平时舍不得吃,准备过节用的。

徐斐端着饭菜进来,刚要叫杨嘉墀吃饭,竟然发现杨嘉墀歪倒在床边睡着了。

徐斐端着饭菜呆愣在那里。

徐斐没有去叫醒丈夫,她看到丈夫睡得真香啊,以往丈夫即使躺在床上,也是翻来覆去,不是丈夫没觉,是他的工作压心。

徐斐想到,在美国的时候,为了一项科学成果,丈夫也是这样,任务完成后倒在床上,长睡不醒。

杨嘉墀打起来轻微的鼾声。

他就那么歪斜着,睡姿很不舒服,但是徐斐不好动他,怕一动他就醒了。就让他睡一会儿吧,把多少天的劳累都睡过去。

徐斐轻轻放下饭菜,站在杨嘉墀的跟前看着他。

她发现丈夫的眼角有了鱼尾纹,头上也有了丝丝白发。45岁都不到的年纪,还属于壮年,可丈夫却已经进入了中老年。

看着的时候,妻子徐斐竟然感觉自己的眼里流出了泪水。

第二十五章　核潜艇项目的研究与开发

一

在搞火箭的同时，杨嘉墀还参与了另一项重要军事项目的研究与开发，那就是核潜艇。

20世纪50年代，世界先进舰艇中，潜艇是一个特殊的存在。

它可以远离基地，在较长时间和较大海洋区域隐蔽活动，有较强的自给力、续航力和作战半径，以至深入敌方海区独立作战，并能在水下发射导弹、鱼雷和布设水雷，攻击海上和陆上目标。

自第一次世界大战后，潜艇得到广泛运用。

在海战中，潜艇不但是运输舰船的克星，也是大中型战斗舰艇的敌手。

第二次世界大战期间，潜艇战斗活动几乎遍及各大洋，担负攻击运输舰船、水面战斗舰艇和侦察、运输、反潜、布雷、运送、侦察及爆破人员登陆等任务。共击沉运输船 5000 多艘，大、中型水面舰艇 300 余艘。

甚至航母都不在话下，潜艇击沉的航母为 17 艘，占击沉的 42 艘航母中的 40.5%，其中潜艇单独击沉 15 艘。

也就是说，即使是世界海军强国，对水下潜艇的发现、定位、攻击、消灭也不是一件容易的事情。

潜艇是公认的战略性武器，其研发需要高度和全面的工业能力，且技术要求极高，全世界能够自行研制并生产潜艇的国家凤毛麟角。

潜艇配套设备多样，有操纵系统、动力装置、武器系统、导航系统、探测系统、通信设备、水声对抗设备等。

涉及冶金、机械、电子、航天、原子能、自动化等诸多领域。

二

潜艇能否在深海中长时间运行和存在，成为各国研究的尖端项目。

以前大都是常规动力潜艇，以柴油机配合电动马达作为共同的动力来源。

这种动力是一种潜艇用机械动力。

柴油机负责潜艇在水面上航行以及为电瓶充电的动力来源，在水面下，潜艇使用预先储备在电瓶中的电力航行。

由于电瓶所能够储存的电力必须提供全舰设备使用，即使采取很低的速度，也无法在水面下长时间地航行。

常规潜艇的自持力一般在45天左右，就必须浮上水面充电。那么，在充电的过程中，潜艇就极易受到攻击。

还有，水面下的最大航行速率远低于水面上的速率，若是要追随高速航行的船舰时，潜艇必须浮出海面以柴油引擎输出动力，才能够勉强追上航行速率较慢的快速船舰。

这样一来，潜艇就失去海水对它的保护以及作战上的优势。

因此，为了提升潜艇的战术价值，大幅提高海面下持续操作时间，研发替代动力来源一直是潜艇研究的一个重要目标。

三

第二次世界大战后，世界各国海军十分重视新型潜艇的研制。

核动力和战略导弹的运用，使潜艇发展进入一个新阶段。

核动力是继柴电动力之后发展的又一种动力。

核动力的原理是通过核子反应炉产生的高温，让蒸汽机中产生蒸气之后驱动蒸汽涡轮机，带动螺旋桨或者是发电机产生动力。

核动力潜艇相比于传统的柴电潜艇，燃料的补充更换通常在10年以上，所以也通常被视为无限续航。

核动力潜艇在海下隐蔽航行可以达到90天。但核动力潜艇有技术难度大，稳定性差，建造费用高，噪音大以及维护要求高的缺点。

核电池的出现，解决了这些问题，意味着可以批量地制造超越常规性能的潜艇。

世界上第一艘核潜艇是美国建造的。

1946年，以里科弗为首的一批科学家，开始研究舰艇用原子能反应堆，也就是后来潜艇上广为使用的"舰载压水反应堆"。

第一艘核潜艇"鹦鹉螺"号核潜艇于1952年6月开工制造。1954年1月24日开始首次试航。

首次试航即显示了核潜艇的优越性，艇上操作人员听不到常规潜艇那种轰隆隆的噪声。

"鹦鹉螺"号84小时潜航了1300千米，这个航程超过了以前任何一艘常规潜艇的最大航程10倍左右。

1955年，"鹦鹉螺"号和几艘常规潜艇一起参加反潜舰队演习。

演习中，常规潜艇常常被发现，而核潜艇却不知所踪。

按照当时水面大型舰艇包括驱逐舰的航速，核潜艇即使被发现，它的速度也很快能够在包围和攻击中金蝉脱壳。

由此完全让人信赖核动力潜艇给海军带来的优越与超前。

到1957年4月，"鹦鹉螺"号在没有补充燃料的情况下，持续航行了11万余公里，其中大部分时间是在水下航行。

1958年8月，"鹦鹉螺"号从冰层下穿越北冰洋冰冠，从太平洋驶向大西洋，完成了常规动力潜艇无法完成的壮举。

四

早期的核潜艇均以鱼雷作为武器。

由于导弹的发展，出现携带导弹的核潜艇。

核潜艇安上导弹之后，便出现了两种类型：一类是近程导弹和鱼雷为主要武器的攻击型核潜艇；另一类是以中远程弹道导弹为主要武器的弹道导弹核潜艇，又称战略核潜艇。

攻击型核潜艇主要用于攻击敌水面舰艇和潜艇，同时还可担负护航及各种侦察任务。

弹道导弹核潜艇则是战略核力量的一次重要的转移。

在各种侦察手段十分先进的今天，陆基洲际导弹发射井很容易被敌方发现，弹道导弹核潜艇则以高度的隐蔽性和机动性，成为一个难以捉摸的水下导弹发射场。

美国从 1947 年开始研制"天狮星-I"型潜对地巡航导弹。

1951 年在潜艇上发射成功，1955 年正式装备潜艇部队，第一批战略导弹潜艇由此诞生。

苏联于 1955 年 9 月首次用潜艇在水面发射一枚由陆基战术导弹改装的弹道导弹。

1959 年前后，苏联建成核动力潜艇。

1960 年，美国又建成了"北极星"战略导弹核潜艇"乔治·华盛顿"号，并在水下成功发射"北极星"弹道导弹，射程达 2000 余千米。这是世界上第一艘弹道导弹核潜艇。

弹道导弹核潜艇的出现，使潜艇的作用发生了根本性变化，它已成为活动于水下的战略核打击力量。

其下潜深度比常规潜艇更深，可以达到 300 至 900 米。由此，续航力、隐蔽性、机动性和突击威力大为提高。

第二十五章 核潜艇项目的研究与开发

五

1950年，解放军海军的建军方针就明确指出：以现有力量为基础，重点发展鱼雷快艇、潜艇和海军航空兵等新力量。

而优先选择发展潜艇，对解放军海军来说无疑是英明之举。

1951年4月，解放军海军成立了275人的潜艇学习队，到苏联海军太平洋舰队驻旅顺老虎尾的潜艇分队学习。

1954年6月，解放军海军第一支潜艇部队——海军独立潜水艇大队成立。

1958年6月，我国第一座实验型原子反应堆开始运转。

有了这个基础，聂荣臻邀请海军领导人苏振华、罗舜初，以及中国科学院和有关工业部门的负责人，共同讨论研制核动力潜艇的可能性。

提到这一世界上先进的核潜艇，大家都很兴奋，中国是一个正在建设发展的大国，必须有强有力的军事装备来维护。从战略性考虑，研制核潜艇刻不容缓。

时间不等人，即使决定要研制，也会花费很多的精力和时间，由此，必须尽早下手。

大家讨论的结果，就是一致认为应该给中央打报告，提出开展核动力潜艇的研制。

这项报告很快得到了中央的批准。

9月，原子能研究所第十二室设立核潜艇反应堆设计组，开展核动力装置的基础科研和初步设计的构思工作。

当时中国向苏联提出请求，希望得到苏方的技术援助。

实际上，苏联也是刚刚进行核潜艇的研制，他们觉得核潜艇技术复杂，中国的科学技术还达不到研制核潜艇的程度，所以直接婉拒了。

这使得中国的核潜艇研制工作经历了一个艰难、复杂而漫长的过程。

六

即使这样，中国也要把核潜艇搞出来。

当然，同样是只有框架，没有内容，只有原理，没有技术。

所有都是空白，只靠想象是不行的，必须有切实可行的具体方案，有来不得半点虚假的货真价实的实物。

但摆在我们面前的，只有自力更生，相互协同。

各有关部门都在积极迅速地选调优秀科技专家。

这项具有深远意义的重大科研项目，一直在秘密进行。

第二十五章　核潜艇项目的研究与开发

世界上诸多的先进国家，都没有想到中国会搞出核潜艇。

由于国家暂时的经济困难和科研力量不足，1963年3月，经中央批准，先集中主要的技术骨干力量，重点对核动力、艇总体等关键项目进行研究。

中国科学院副院长张劲夫对钱三强说，你有任务尽量让我们各所承担。

钱三强是著名核物理学家，当时是二机部副部长，但他也是中国科学院副秘书长兼原子能所所长，说起来是一家人。

1963年，他亲自找杨嘉墀进行任务与技术交底，安排具体项目。

钱三强说，说实在的，谁也不愿意随便发动战争，但是还得防止他人发动战争。

这就是树欲静而风不止，为了应对战争，我们就只有先做准备，早做准备，有了准备，就不怕突发的后果，谁来我们也不怕。

国家对我们这些科学家寄予厚望，希望我们多做为祖国为人民有意义的事情，当然我们应该发展民用产品，但是也不能排斥军工产品，从某种道理上说，都是一样的。

国防巩固，人民才心安，有了强有力的保障，才会有强有力的国家。

钱三强说，现在美国、苏联都造出了核潜艇，我们怎么办？

要知道中国已经不是过去的"东亚病夫",我们已经站起来了,而且我们要站立得更高。

这一点,我看中央领导就看得很远,毛主席指出:核潜艇一万年也要搞出来。我们当然不要一万年,毛主席不是有首诗说,"一万年太久,只争朝夕"吗?

毛主席说这话,是对我们提出了希望,具体操作就看我们这些人了。现在,周总理就直接抓了这项工作,在他的过问下,核潜艇的研制逐渐走上了正轨。

杨嘉墀说,说吧,需要我们自动化所做的,我们一定做好,做精!

钱三强笑起来,说,核潜艇反应堆控制系统,还非得你们自动化所不行。

这样,杨嘉墀所在的自动化所,就承担起了核潜艇反应堆控制系统的研究任务。

杨嘉墀一方面指导自动控制及仪表的研制,每周还要安排半天时间到原子能所参与工作。

第二十五章 核潜艇项目的研究与开发

七

不巧的是，中国进入了很长的一个空白期。很多要干的事情都停了下来。

直到 1975 年，中国派出了由杨嘉墀任团长的自动化学会代表团，赴美国波士顿出席 IFAC 第六次世界大会。

当时中美尚未正式建交，代表团一行七人从北京先飞巴黎，然后再转乘飞机飞美国。

在华盛顿国际机场，当杨嘉墀他们走下飞机的时候，受到了美国方面的热情接待，并让中国科学家走了一条特别通道，免去了烦琐的入境手续。

这自然传递出一种友好的信号。

当晚，中国驻美联络处设宴招待杨嘉墀一行，联络处主任黄镇还向杨嘉墀介绍了中美之间的关系以及当前的形势。

杨嘉墀见到了好几位有影响的美籍华裔科学家。

更让他高兴的是，还见到了老同学王安。

他是听到杨嘉墀带团赴美的消息，特来拜访的。

老同学相见分外高兴，这也是杨嘉墀回国后第一次再次踏上美国的土地，一晃多少年过去，他们不禁感慨万分。

杨嘉墀和王安回忆起 30 年前的往事和友情，两人都记忆犹新,说到畅快处,都开怀地大笑起来。

杨嘉墀仔细询问了美国自动控制和计算机领域的发展状况,并应邀参观了相应的研究和展览。

会议期间,杨嘉墀抓紧机会,同各国同行进行交流。

杨嘉墀深感近十年来半导体、计算机的飞速发展,现代控制技术已经广泛应用于工业生产及军事领域,因而要使中国国民经济尽快地进入世界前列,必须发展自动控制技术,加强理论建设,提高普及成果。

美国的活动结束后,杨嘉墀又和梁思礼赴德国参加IFAC空间专业委员会会议。

会议期间,他们接触到更多的国际航天领域的专家,并且参观了德国航天工业研究所和有关工厂,深入地了解了空间技术发展中的一些技术问题,可谓是收获满满。

在这次会上,杨嘉墀当选为空间专业委员会委员。

八

时间进入了1978年,形势更为好转。

中国科学院组建了由杨嘉墀任团长的中国自动化代表团,

参加 6 月 12 日至 16 日，在芬兰赫尔辛基召开的 IFAC 第七届世界大会。

参加大会的 37 个国家，都是自动化发展较有成就的国家，1100 多名代表，也都是自动化方面的专家学者。

中国代表团一行 12 人参加东道主举行的晚宴。

他们来到宴会厅的时候，竟然发现不少外籍华裔学者在门外等候。

看到中国代表到来时，他们热情而激动地迎上前来，与祖国的同行握手问候。

毕竟是血浓于水的关系，见到中国代表就像见到祖国亲人一般。

他们希望见到中国科学家，希望祖国强大，宴会上他们频频敬酒，气氛热烈而亲切。

后来，不少外籍华裔学者为我国的学术交往和研究生培养作出了贡献。

在这次会议上，杨嘉墀充分注意到，计算机在生产过程的多机控制和多级控制将是主要发展趋势。

杨嘉墀感到，每次参加这种国际会议，都会有很多收获。

回国后，他很快将获得的信息用在制订空间规划及相应的研究课题中。

现在，杨嘉墀正在积极参与组建中国仪器仪表学会，并在 1979 年 3 月成立大会上，当选为该学会的副理事长。

这个学会为全国的仪器仪表的利用和发展作出了积极的促进工作。

当然，还进行了世界性的广泛沟通与交流。

1980年杨嘉墀率团去美国，与美国仪器仪表学会建立了合作关系。

为推动中国仪器仪表方面的发展，学会加强联络与协调，与日本测量与控制学会、英国测量与控制学会等组织联手，多次在中国召开了仪器仪表学术会议暨展览会，效果和成果都是显著的。

因为是在家门口，国内诸多相关人员都有参加，使他们增加了知识，也增长了见识。

九

杨嘉墀回国后，曾参加《十二年科学规划》的制订工作，他深切体会到我国12年科学发展的目标，就是赶超世界先进水平。

依照世界先进国家的发展速度及发展水平，我们有必要奋起直追，否则就会跟不上形势，就还是会形成落伍的局面。

落伍就有可能在今后的战争中处于被动。

于是，核动力潜艇的研制又提到了议事议程上来。

曾经因为一段空白期而停止的核潜艇研制工作，势在必行了。

这么大的一个国家，没有核动力潜艇是说不过去的，这是时局的需要，国家的需要，也是战略的需要。

核潜艇反应堆控制系统的研究任务，还是归到了自动化所。

杨嘉墀这个时候已经是自动化所副所长，这项任务还是由他主管的第九研究室来承担。杨嘉墀立刻成立了由孟执中为首的课题研究组。

钱三强和副院长裴丽生，也常常到各个所检查研究工作的落实情况，自动化所尤其是杨嘉墀的第九实验室，他们是来得最多的。

领导们看到了杨嘉墀他们紧张而有序的工作情况，满意地给予了肯定和表扬。

根据核潜艇反应堆控制系统的研究任务，他们首先进行了核反应堆动力学建模研究。

也就是为实现反应堆物理计算，建立计算模型及推导公式。

为证实理论计算公式的正确性，他们收集了世界上十几个零功率反应堆的临界试验数据，反复进行分析研究，经过无数次的验核与修正，得出切实可行的计算公式。

当时国内最常用的物理计算方式,就是靠计算尺和手摇计算器,这对于细致而精密的计算是繁重而缓慢的。

必须设法先解决这一瓶颈问题。

十

经过一系列可行性操作实验,杨嘉墀和他的团队,终于研制成功了反应堆模拟计算装置。

经过试用,性能稳定可靠,完全符合标准。

与此同时,在中国科技大学自动化系自动检测专业,杨嘉墀首次开讲反应堆控制课。

这是一个新课程,学生们既感到新鲜,又充满了兴趣。

他们当然不知道杨嘉墀先生正在参与中国的核潜艇研制。

当这些学生后来进入国家的科技部门,并且有的成为我国核潜艇研制工作的技术骨干后,他们才知晓杨嘉墀先生对我国核潜艇反应堆控制系统的早期开拓。

而他们也逐渐在核潜艇研制工作中作出了自己的贡献。

1983年8月,导弹核潜艇终于加入了海军的战斗序列,这无疑是中国舰艇科技事业发展的一个重大突破。

也为中国军队国际地位的提高增添了一个重大砝码。

虽然经历了 20 多年风霜雨雪，科学工作者还是等来了扬眉吐气的美好春天。

如果没有杨嘉墀这些专家的呕心沥血，精心投入，中国的核潜艇怕还躺在梦想的图纸上。

这是值得庆贺的事情，也是让世界为之瞩目的事情。

中国人做事从来不张扬，他们向世界展示的，永远都是站得住、放得开、行得远的带有高技术、高水准的世界一流成就。

第二十六章　第一颗原子弹和氢弹

一

早在 1956 年,中国就制定了科学技术发展第一个远景规划,部署了原子弹和导弹两个项目。

1959 年,中国原子弹、导弹研制进入自力更生、自主研制的新阶段。

1964 年 10 月 16 日,我国自行研制的第一颗原子弹爆炸成功。

从开始制定计划,到研制爆炸成功,在无任何外援、无任何依赖的情况下,我国的科研人员用了不到十年时间,就将这项伟大而艰难的世界性难题做成了,这是多么不可思议的事情,多么让人鼓舞的事情!

这是我国国防和科学技术方面取得的一次重大突破。

可谓一弹轰鸣,震惊世界。

第二十六章　第一颗原子弹和氢弹

原子弹主要是利用铀 235 或钚 239 等重原子核的裂变链式反应原理制成的裂变武器。所以也可称它是裂变弹。

它的威力通常为几百至几万吨级 TNT 当量，有着巨大的杀伤性和破坏力。

原子弹可由不同的运载工具携载，而成为核导弹、核航弹、核地雷或核炮弹。

1945 年 7 月 16 日，美国成功爆炸了世界上第一颗原子弹。

8 月 6 日，美国便用 B-29 轰炸机运载"小男孩"原子弹轰炸了日本广岛，造成了广岛巨大的人员伤亡及建筑物的毁坏。日本天皇很快宣布无条件投降。

此后，世界先进国家都积极试制原子弹。

1949 年，苏联成功爆炸了第一颗原子弹。

紧跟其后，1952 年英国第一颗原子弹爆炸成功。

二

国防建设，不仅要靠人，还要靠尖端武器来巩固。

制造原子弹，既要解决武器研制中的一系列科学技术问题，还要能生产出必需的核装料铀 235、钚 239。

工程规模和资金投入都是巨大的。

中国能不能成为拥有核武器的国家呢？对于中国科学家来说，面临着巨大的挑战。

1955年1月15日，中共中央书记处召开扩大会议，提出了创建核工业、研制核武器的战略决策。毛泽东主席说：我们不但要有更多的飞机和大炮，而且还要有原子弹。在今天的世界上，我们要想不受人家欺负，就不能没有这个东西。

新中国成立之初，面对复杂的国际形势，为了给国内的社会主义建设创造一个和平安定的环境。新中国的决策者只能一再考虑原子弹这个大筹码。

1958年6月21日，毛泽东主席在军委扩大会议上又提到了原子弹。说，原子弹就是那么大的东西，没有那东西，人家说你不算数。那么好吧，我们就搞一点吧！

可见中国进行原子弹研究的被迫和无奈。

此后，我国开始为原子弹的研制与试验，创造一系列条件。

事实上，世界上的军事大国也在争取时间，力争在军事上有发言权。

你看，1960年，从法国传来消息，法国成功爆炸了他们的第一颗原子弹。

这是对我国研制原子弹的又一次激励。

1961年春节期间，周恩来总理根据当时的国际形势，在一次会议上指出：要集中力量，突破国防尖端，争取三年到

第二十六章　第一颗原子弹和氢弹

五年过关。

7月，中共中央做出《关于加强原子能工业建设若干问题的决定》，要求集中力量加强和支援原子能工业的建设，为二机部抽调了一批科技骨干，并指定一批工厂和研究所优先承担二机部所需设备、仪器仪表的试制和生产任务。

科技人员从理论设计、爆轰物理、中子物理和放射化学、引爆控制系统、结构设计等几方面进行研究。

一年以后，均取得了预期的结果。

在1962年8月的中央工作会议上，很多领导人都十分关心原子弹研制的进展情况。

国务院副总理兼外交部部长陈毅看到聂荣臻和罗瑞卿，便急切地问，怎么样，原子弹的研究有眉目了吗？

聂荣臻笑着说，这事嘛，我们比你这个搞外交的还急呢，拿不出核武器，睡不着觉的是我们呀！

陈老总笑着说，可不能那么说，原子弹可是大家的事，那是咱的底气！要是搞出"两弹一机"来，我这个外交部部长就好当了！

说完三人都笑起来。

陈老总说的两弹一机，就是指的原子弹、导弹和超音速飞机。

这在当时，属于世界上最尖端的武器，而后来的中国都一一研制成功了。

1962年11月3日，毛泽东主席对中国爆炸第一颗原子弹的研制工作给予了肯定，并且批准了爆炸实验的时间为1964年。

三

时间紧迫，国防科学技术委员会在原来的核试验基地技术部的基础上，迅速组建核武器试验研究所，由二机部选派的核武器研究所副所长程开甲负责组建。

为了保障爆炸时精准有效地测量，提供所需的测量仪器，1963年初，国防科学技术委员会要求中国科学院承担光热辐射和多种力学参数的测试任务。

此事非同小可，中国科学院副院长裴丽生即刻部署自动化研究所、长春光机研究所、西安光机研究所、物理研究所、地球物理研究所、电子学研究所、力学研究所接受任务。

各个单位刻不容缓，立即指令有关专业技术骨干组建实验室，并调配一切精良设备。

很快，杨嘉墀参加了原子弹爆炸试验测试方案交底会。

会上，程开甲详细介绍了他主持起草的《国家第一种试验性产品试验技术方案》，向各方专家明确了我国第一颗原子弹采用静态试验方式。

也就是说，该核装置将放在百米高的铁塔上做爆炸试验。

当时原子弹的研制已经有了相当进展，但原子弹爆炸试验所需的测试工作却毫无准备。

为了配合这个技术方案，程开甲给大家分发了《急需安排的研究课题》。

程开甲说，实话告诉各位，这个研究课题，有80%的技术问题要通过各单位协作解决。

会场上活跃起来，大家按照各自的理解以及单位的情况进行询问。

即使是休息期间，也没有停止交流。

程开甲握住杨嘉墀的手，亲切地交谈着。

杨嘉墀与程开甲可谓是老乡老熟人，程开甲出生的吴江县盛泽镇，离杨嘉墀出生的震泽不远，两个镇子同是江南最发达的丝绸之乡。

程开甲是浙江大学物理系毕业，1946年取得英国爱丁堡大学博士学位。

在这次交底会上，杨嘉墀感受到了充满信任的重托。

杨嘉墀对程开甲说，你这次的交底会搞得好啊！过去我们曾接受过多项国家机密任务，但是受保密的限制，往往交底不够，致使研制中步步询问，多次协调，难免出现被动。而这次一改过去的保守做法，完全地交实底，给予各方充分信任，这样就使得大家明晰主攻方向，不用步步询问，层层释疑。

程开甲开诚布公地说：这不是任务重、事情紧急嘛！为了尽快让各位进入角色，争取在既定时间前全部将所有任务完成到位，只能将知道的情况全部交底。

杨嘉墀说，大家都是一样，一天搞不出来，一天睡不着觉啊！

程开甲笑了，说，对于原子弹爆炸火球温度和冲击波压力测量任务，就看你杨嘉墀的自动化所了。

杨嘉墀对程开甲说，你就放心吧，我们保证按期、按质地完成任务。

四

说是这样说，实际上杨嘉墀心里尚没有底。

以前研制完成的测试仪器，虽然有些也属于特殊仪器，却都是一般状态下的测试。

而这是原子弹，是核爆炸。

第二十六章 第一颗原子弹和氢弹

爆炸的烈度、光度、热度都是不可想象和预料的。

没有前例,没有参照,只能自己独创。可谓是极其复杂,而且日程如此紧迫。

杨嘉墀又是吃不香、睡不着了。

妻子徐斐看到这段时间丈夫又是早出晚归的忙,就知道他又接受了新的任务,有了新的挑战。

她不能问,又帮不上忙,只能想着法子改善生活,让丈夫吃好点。

她甚至削减了孩子的细粮给丈夫留着,让他每天都能补充营养。

杨嘉墀从小生活在水乡,徐斐就想办法从市场上买来鱼虾,精心给丈夫做了吃。

杨嘉墀每天都是吃得很快,他也顾不上问妻子是如何变着花样做出的饭菜,只是匆匆吃完,骑着那辆从国外带回来的凤头自行车上班去。好在单位离家并不远。

除了去其他地方开会或搞实验,杨嘉墀会坐坐所里的车子,其他时间都是骑车或走路,他觉得这样更方便,什么时候出门,都可以自己掌握,不必想着有车来接的事情。

在杨嘉墀的生活中,他喜欢单纯一点,什么都不要那么复杂,除了工作。

工作以外,他很少去操心,去分心,他是一门心思都用在工作内,而不是其他。

所以妻子徐斐总是笑他"书呆子",对社会、政治、人情世故什么都不懂。

但杨嘉墀说,我怎么不懂?我懂得国家,懂得人民,只要是国家大事、人民大事,就是我的大事。其他的都属于鸡毛蒜皮,那些东西操心多了,脑子就乱了,脑子一乱,还有心思搞工作吗?

事实上,杨嘉墀在单位,或给学生讲课也是这么说。

熟悉他的人都说,杨嘉墀就是这么个人,这才是杨嘉墀,否则就不是杨嘉墀了。

所以杨嘉墀在所谓运动中,一般都不会受到冲击,人家根本想不到他。

五

原子弹爆炸时,会即刻产生出巨大的光和热,爆炸中心会升起一个大火球,造成很大的冲击波。

杨嘉墀接受的"21号任务",就是研制"火球温度和亮度测量仪""冲击波压力测量仪""地震波振动测量仪"。

也就是判断和测量原子弹爆炸时所产生的能量。

这可是前所未有的事情,由于爆炸时亮度范围很宽,闪爆又快,测试难度非常大,连多次爆炸过原子弹的美国、苏联也没有记载。

那么,有没有相应的理论书籍呢?也可能这些书籍没有谈及更深层次,但是会从中露出一些蛛丝马迹,这些蛛丝马迹,仍然可以看出可供参照的东西。

杨嘉墀同廖炯生、萧功弼等人迅速查阅有关资料。

结果很不理想。能看到的,还是苏联的《核试验手册》和美国的《原子武器》,这两种公开出版物,都只是浮皮潦草地谈到了核爆炸的原理和效应,根本没有涉及有关测量仪器的研制和应用问题。

看来,一切都还得靠自己,那就摸索着前行吧。

多年后,杨嘉墀与程开甲说起这件事,杨嘉墀还是感慨万分。

杨嘉墀说,你老程把前面的事情都做得差不多了,才想起我们配合的事情,等安排任务的时候,就剩下了一年的时间。你可真是不管人家家里有没有米面,只管要现成饭啊!

程开甲哈哈笑着说,我还不知道你杨嘉墀,什么事情能难倒你?当时也是没有办法呀,什么都是一步步走,走到跟前才知道能不能接着走、怎么走,那可不是一个人或几个人能说了算的。所以还是考验了你们各个团队。看，这就是我们的特色，中国的特色。"

说完两人都笑了。

六

杨嘉墀组建了相应的课题组，亲自负责技术工作。

原来在执行"581任务"时，所研制的燃气温度测量装置已经在大、小试车台上应用，得到了验证。

杨嘉墀想到，在这个基础上，能否再提高一步呢？

杨嘉墀凭着多年的实践经验，经过反复考虑，提出了多种设计方案，决定从理论和技术上为整个研制打通道路。

杨嘉墀将此方案交给小组认定，大家给予了充分的讨论，并且以各种数据进行认定，最后认为完全可行。

研制在顺利地进行着。

同事们看到杨嘉墀每天都是早早来到实验室，晚上最后一个离开，也都自觉地效仿。

他们已经习惯了和杨嘉墀一同干工作、搞实验，并且从中感到了乐趣，那就是一点点进取一点点成功，直至最终胜利的乐趣。

为了确保方案的实施，杨嘉墀还带领科研小组找到北京大学天文系，利用他们的专家和设备，一同进行研究。

他们利用太阳光的能量做试验，以取得同核爆炸相似的数据。

时间很快来到了1964年的春节。

徐斐早早为家里准备了年货，该炖的该炸的也都在前几天做好。

大年初一，杨嘉墀高高兴兴地同家人一起过了个团圆年。

他和孩子们一起帮着徐斐包饺子，而且昨天除夕之夜，杨嘉墀还陪着杨西在院子里放响了一串鞭炮。

一家人感到了从来没有过的欢乐。

女儿杨西缠着杨嘉墀，要爸爸带她去劳动人民文化宫，去前门大栅栏，说那里有秧歌和杂耍。

杨嘉墀说还是让妈妈陪着去吧，杨西就说爸爸说话不算话，哪有大人说话不算数的？

杨嘉墀就笑了，说等明年春节一定带他们去玩，不但去文化宫，还要去颐和园。

杨西说，才不听，妈妈说你开的都是空头支票。

杨嘉墀笑着看了徐斐一眼，他知道妻子的话是善意的，他送去的笑也是善意的，当然，还有歉意的。

他想着,自己欠妻子和孩子的,以后一定要补上,好好地补上。

第二天早起,当孩子们还在梦乡的时候,杨嘉墀又骑上车到单位去了。

徐斐自然是早早起来,为丈夫准备了早餐。

街上的店铺还没有开门,徐斐是自己磨的豆浆,她买了一盘小石磨,跟人家学着泡豆子,磨豆浆。

杨嘉墀很喜欢喝煮得浓浓的香香的豆浆,他让妻子和孩子也要多喝一点。

他不知道,家里哪有那么多豆子呀,那都是徐斐从供应中一点点省下来的。

杨嘉墀骑车来到街上,街上的雪还没有化,树上和房上还是一片白。

因是过年,街上的行人非常少,几乎是没有。

就他一个人小心地骑着车子,在空旷的路上走。

风卷起冰冷的雪花打在他的脸上,他竟然感到一种清爽。

那项紧张而复杂的任务已经接近尾声了,应该不会影响整个工作的进程。

新的一年,我们的国家,一定会放一个大炮仗,那一声巨响,一定会震响整个世界。

那个时候，全国人民会比这个春节还要高兴。

孩子们永远不会知道，他们的爸爸春节大清早的去干什么，也不会知道那一声惊天动地的巨响中，有爸爸的一份功劳。

七

来到所里不一会儿，其他同事也到了，大家问候了新春快乐，便聚精会神地开始了工作。过了一个时辰，又是一阵脚步声，紧接着是一声爽朗的笑。

原来是中国科学院副院长裴丽生。

他说，我就知道你们会闲不住，到这里一看，果然都在，同志们春节好啊！

在研制工作的关键阶段，主管此项工作的裴丽生副院长经常会到自动化所来，来看研制的进展，听取杨嘉墀的汇报。

裴丽生对杨嘉墀说：原子弹研究计划是国家大事，你们所承担的又是其中必不可少的重要任务，因此，需要什么，无论是仪器设备还是其他材料，只要能够买到，要多少钱我都可以批给你们。

杨嘉墀自然感受到领导的关心与关怀，但是他也知道国家家大业大，尤其是经济还处于困难时期，必须精打细算，利用已有的条件，力争不花钱，少花钱，自力更生来完成任务。

    杨嘉墀他们每天都是满负荷运行，没有一刻松弦。

    直到一点点有了眉目，一点点接近顶点。

    1964年4月，杨嘉墀他们研制的测试仪器终于完成。

    按照理论依据以及数据经验，杨嘉墀实验组是感到满意的。当然，最好通过相应的仪器进行验证。

    为了实际检验仪器的精度，他们通过国防科学技术委员会，向国家计量局借用了从苏联引进的量程达10000K温度的目视消丝式光学高温计，并将两个仪器同时测量太阳温度，比对的结果是让人欣喜的：误差仅为正负十五摄氏度。动态反应时间小于一毫秒。

    这就表明，这个数据在正常值范围内。

    1964年5月，国防科学技术委员会组织程开甲在内的有关专家对杨嘉墀团队承担的三项任务验收通过，并对张劲夫、裴丽生所领导的中国科学院表示感谢。

    5月底，两台火球温度测量装置和多套冲击波测量仪器装箱完毕，正式起运至西北核试验基地。

    按照国防科学技术委员会的要求，自动化所还要选派技术人员一起参加核爆试验，以便管理和使用好仪器。

    杨嘉墀特意选派了温度测量组的精兵强将。

6月10日，杨嘉墀为自动化所选派的人员送行。

杨嘉墀严肃地说，同志们，这仍然是一项十分重要的工作，是我们所接受的任务的续篇，你们一定要遵守纪律，严格按照操作规程使用仪器设备，不可有半点差池，力争准确、圆满、高效地完成此项前所未有的艰巨任务！

科技人员也向杨嘉墀作了保证。

而后，他们就像出征的战士，踏上了西去的列车。

八

运输原子弹是一项十分谨慎严密的行动。

火车定为一级专列，运行时间严格保密。

运行时，武装警卫押运，从青海核武器研制基地专用铁路线发车，直达乌鲁木齐。

沿途西宁、兰州、哈密等地，都设有警戒。每到两省交界处，都要办理安全运输交接手续。

为防止检车产生火花，沿线铁路检车员一律换成铜锤。

为防止混入爆炸物，机车用煤全部过筛。

为防止电火，专列经过时，横跨铁路上空的高压线暂时停电。

原子弹运到了乌鲁木齐，改由飞机运抵罗布泊核试验基地。之后，再由直升机送到试验场靶心铁塔底下。

1964年6月，核试验场区。
一切都在严格的保密状态下进行。
在场的所有工作人员禁止与外界联系，包括与亲人的通信。取消所有休息日，全部投入试验准备工作。
仪器设备已经到达指定地点，开始有条不紊地进行现场安装。
温度测量组的精兵强将也根据要求将测试仪器安排到位。
大家群情激奋，劲头十足，正值盛夏季节，白天戈壁滩地面温度高达60摄氏度以上。人们顶着烈日，夜以继日地工作。
有时刮起狂风，飞沙走石，天昏地暗，帐篷都被掀起来。
有人晒脱了皮肤，嘴角鼓起了水泡。孔雀河的水又苦又咸，没有几个人能适应。拉肚子，有的一天拉十几次，照样坚持。
大家有决心，有信心，坚决要确保一次成功。
因为他们知道，他们所做的是国家最为重大的大事，是即将轰动全世界的大事，每个人都坚守工作岗位，没有人觉得累，没有人叫苦。

原子弹已经总装完成。"万事俱备，只欠东风"。
北京总部和罗布泊现场指挥人员，都在等待适合试验的气象条件。

地处沙漠戈壁的罗布泊，气候变化无常。时而是一览无余的晴空，时而又是阴风怒号，沙尘飞扬。

气象部门每天一报，严格核定。

10月9日，天气信息送达核试验总指挥张爱萍处：10月16日到20日的天气较为符合试验条件。

张爱萍即刻召开核试验委员会党委常委会。

会议决定向周恩来总理报告，建议试验时间选定在这一时段。

专线电话打进177办公室，经过三次来往请示与批复，最终确定了首次核试验的日期和时间。

九

177办公室是中央决定进行首次核试验后，由第二机械工业部和国防科学技术委员会联合组织的一个临时核试验信息枢纽。

地点设在第二机械工业部办公大楼里，配备了带有载波机的电话。由时任二机部部长刘杰直接领导。

177办公室对外全封闭，房间的门窗都钉上了厚厚的毛毯。严格保密制度，所有通话必须记录，涉及原子弹和试验行动的全用密语。

1964年10月14日19时20分,原子弹平稳、安全地吊上塔顶,在密闭工作间就位。

15日上午,气象部门再次在实验场区进行细致测定,并与北京的总参气象局负责人通报情况。

最后认定,明天,也就是16日,气象情况符合试验条件。

指挥人员立即通过177办公室向中央汇报,确定16日15时为原子弹实验零时。

10月16日中午12时,周总理最后指示刘杰,要刘杰与张爱萍、刘西尧通一次保密电话。

周总理说,如无特殊变化,不必再来往请示。零时后,不论情况如何,请他们立即同我直通一次电话。

"零时"确定以后,整个核试验基地进入实战状态。

试验基地办公室和177办公室联系更紧密频繁。

所有参试人员既兴奋又紧张。

十

核试验到了关键时刻,周恩来总理关切地坐在办公室指挥着一切。

10月16日14时30分,周总理根据现场最后认定,发出批准按时起爆的命令。

14时40分——即试验零时前20分,张震寰在主控室依照程序下达了"加电源""开机""预热"口令。

主操作员准确无误地按下相应的按钮。所有回答信号均正常。

零时前十秒钟,张震寰果断地下达口令:启动!

主操作员按下了牵动全场人心的最后一个按钮。

在程序自动控制仪一秒一秒自动延时的同时,报时员报出:

"10、9、8……3、2、1,起爆——"

顿时,在寂静的戈壁深处,出现了强烈耀眼的闪光。

接着,地面上升起一个巨大的火球,飓风般的冲击波从爆心袭向四周,爆炸巨响惊天动地。

随后,火球转为烟团,与地面尘柱逐渐连接在一起,形成了一朵壮观的蘑菇状烟云。

张爱萍抓起了通往北京177办公室的电话,遵照总理的事前指示,立即在核试验场向周恩来总理报告:报告总理,原子弹爆炸成功!

随后又与刘杰部长通报了好消息。

几分钟后,守在177办公室里的刘杰又听到了专用电话的急促铃响。

"刘杰同志吗？我是周恩来，毛主席指示我们，一定要搞清楚，是不是真的核爆炸，要让外国人相信！"

刘杰立刻拿起通往基地的电话，再次听到张爱萍的确认后，向周总理报告，请周总理和毛主席放心，我们的第一颗原子弹确实已经爆炸成功！

十一

在中国第一颗原子弹爆炸的时刻，正是杨嘉墀主持研制的快速大量程火球温度测量仪和变磁阻式冲击波压力测量仪的准确记录，成功地测得火球温度的变化及冲击波压力变化情况。

11月中旬，西北核武器研制基地、原子能研究所和核武器试验研究所的有关专家，对测试数据进行了系统的综合分析和研究，最终判定原子弹的爆炸威力为2.2万吨TNT当量，与先前的理论设计值大致相同。

专家们认定，中国第一颗原子弹的爆炸成功，标志着我们自己独自完成的设计、制造和装配工艺的精致精准；标志

第二十六章　第一颗原子弹和氢弹

着我们的测量仪器和自动控制设备，已经达到了一个较高的水平。

第一次核试验的数据，对于以后的进一步实验和研究，提供了第一手的重要参照。

过去多少年，参与核爆炸实验的人都还记得，当时原子弹爆炸成功后，现场的大喇叭突然响了起来：同志们，我们试验成功的消息传到北京了！周总理来电话，代表党中央、毛主席和国务院，向参加这次试验的全体同志们祝贺！

顿时全场一片震耳欲聋的欢呼声，那是核爆炸之后的又一次激动人心的声浪。

杨嘉墀回到家里，郑重地对妻子徐斐说，你知道吗？我们国家第一颗原子弹爆炸成功了！

徐斐听了一愣：你说什么？我们国家有了原子弹？

杨嘉墀说，当然，这完全是我们国家自己研制的核武器。

徐斐说，真的呀，太好了！

徐斐突然想到，丈夫怎么会知道这件事？就问，你这么多天睡不好吃不好的，是不是在忙这个事？

杨嘉墀这次只是笑着，不断地笑着，并没有回答妻子的话。

他不能回答，因为有保密原则。即使他真的想告诉妻子，我这么多天都在忙着，实际上，这里面也有你的一份功劳啊。

杨嘉墀说，今天什么饭？我饿了。

徐斐说，哎呀，头一回听见你说饿了。等着，马上就来。

说着就欢喜地进了厨房。

当天下午的中央人民广播电台《新闻联播》里,没有播发这条特大新闻。

直至听到了准确确认,毛主席才同意在当晚 11 时并随后连续多次正式广播,关于中国第一颗原子弹爆炸试验成功的《新闻公报》。

与此同时,《人民日报》刊发了号外,这一激动人心的消息,立即传遍了祖国各地。

中国政府当天发表声明,郑重宣布:

中国在任何时候、任何情况下,都不会首先使用核武器。这次核试验的成功,是中国国防建设和科学技术方面取得的一项重大突破,标志着中国国防现代化建设进入了一个新的阶段。

一时间举国欢腾,人们纷纷走上街头,锣鼓喧天,鞭炮齐鸣,欢庆原子弹的爆炸成功。

核大国对我国实行的核垄断、核讹诈,从此结束了!

十二

1965 年 5 月 1 日国际劳动节,《我国第一颗原子弹爆炸成功》的纪录片在全国同时上映。人们看到了参加第一颗原

第二十六章 第一颗原子弹和氢弹

子弹爆炸试验的各方人员日夜奋战的情景,看到了1964年10月16日15时,中国第一颗原子弹爆炸时的景象。

杨嘉墀和家人们也观看了这部影片。

孩子们显得激动万分。徐斐看着暗处杨嘉墀的表情,看到杨嘉墀眼里含着泪水,不由得将手捂在了杨嘉墀的手上。

只有杨嘉墀知道,中国的这颗原子弹,包括他在内的科研人员,付出了怎样的心血。

人们第一次知道,原来原子弹爆炸是从倒计时开始的。

那一段时间,无论大人还是孩子,都沉浸在欢快热烈的气氛中。

尤其是孩子们,在家院和校园里,你一句我一句地说着原子弹爆炸的情景。

杨嘉墀的儿子杨瑞也在其中,他郑重其事地学着电影里报时:"10、9、8、7……"当念到"3、2、1"的时候,孩子们一齐大声地喊:"起爆!"

而后就开心地笑。

他们都为国家能有这么强大的武器而高兴,而自豪。他们虽不认识那位下达"启动"口令的张震寰叔叔,但那位叔叔是多么威严、多么令人敬佩啊!

他们不知道,无数杨嘉墀这样的默默无闻的父辈,为中国的强军事业,付出了怎样的心血和汗水。

影片的结尾,没有展示强大的人民解放军,而是威武的民兵队伍通过天安门广场的画面，似乎在有意表明，核武器的爆炸成功，并不是我们故意炫耀。因为我们相信，决定战争胜负的是人，是亿万中国人民。

核试验正式完成，组织对此进行了总结工作，火球温度测量组荣立集体三等功，自动化研究所参试的五名同志也分别荣立了三等功。

自动化研究所还专门开会，对他们进行了表彰。

这是一线的科研人员，他们不仅参与和见证了原子弹的成功发射，而且掌握了丰富的第一手资料，有了难得的实践经验。

杨嘉墀同他们进行了热情的交谈。

三位功臣也很感激杨嘉墀等所领导对他们的信任和支持。

杨嘉墀说，家里有什么需要单位帮忙解决的困难吗？你们先好好休息一下。

过了一段时间，所里还专门安排他们到青岛进行了疗养。

十三

往下杨嘉墀他们还要继续接着干。

那就是研制完成"火球光电光谱仪"及"地下核试验火

球超高温测量仪",这是为了应用于我国首枚氢弹试验和首次地下核试验。

他们的工作依然圆满而精准地完成了,并且得到了成功的验证。

1967年6月17日,中国又进行了氢弹试验。

我们的科学工作者马不停蹄,就像是国家机器中的精密机芯,一时一刻都没闲着。

10多年的时间,经过艰苦努力、刻苦钻研、认真实验、自力更生的道路越走越宽广,不仅成功进行了第一次原子弹爆炸试验,而且掌握了氢弹技术。

到1989年,中国已经先后用多种试验方式,进行了34次威力不同的核试验,为核武器的研究与改进、定型与生产、使用与防护提供了重要依据,为增强国防力量作出了重要贡献。

1986年,"原子弹和氢弹的突破与武器化"的科研成果,获国家科技进步奖,各分项目也同时获奖。

第二十七章 "151工程"

一

在参与研制原子弹、氢弹的同时,杨嘉墀还带领团队参与了导弹的研制。

从古到今,作为一种武器灵活而延伸使用的,便是火箭。

早期的火箭武器,发射出去之后都不再进行控制。

这种称为火箭弹的无控武器命中目标的精度差,作战效率不高,发挥的威力也极为有限。

随着战争的需要,迫切要求提高武器的命中精度,于是一种在火箭上装上控制设备以控制其飞行的武器应运而生,也就是我们所说的"导弹"。

导弹依靠自身动力装置推进,由制导系统导引控制飞行航迹,导向并摧毁目标。

导弹的战斗部,可为核装药、常规装药、化学战剂、生

第二十七章 "151工程"

物战剂，或者使用电磁脉冲战斗部。

其中，常规装药的称常规导弹，核装药的就是核导弹。

导弹突出的特点是射程远、精度高、威力大、突防能力强。

第二次世界大战之后，各国都十分重视发展导弹。

20世纪50年代以后，科学技术取得了飞跃发展，近代力学、高能燃料、特种材料、无线电电子技术、电子计算机技术、自动控制、精密仪表和机械的发展，为导弹武器提供了进一步发展的基础。

在这种情况下，苏联于1957年10月发射了第一颗人造卫星和洲际弹道式火箭，在世界上处于领先地位。

美国为了赶超苏联，从1957年开始，加紧发展中程和洲际导弹，迅速弥补了当时与苏联在导弹方面的差距。

中国也不甘落后，1960年前后，聂荣臻提出，国防部五院、二机部、中国科学院三家拧成一股绳，共同完成国防尖端任务。也就是导弹的研制。

1959年，中国就对苏联提供的教学和科研弹P-1和P-2进行了仿制，就是后来的"东风一号"。

聂荣臻元帅曾经提出，我们没有的，要主动去学习，要善于取经，通过上高山、爬楼梯，最终搞出我们自己的东西。

在国防部五院党委扩大会上，钱学森也强调要走自己的路，要敢于改进设计方案。

别小看一个导弹，它竟然是由几万乃至几十万零部件组合而成，结构极其复杂。

还要经过各种状态、各种复杂环境的试验，才能成为高性能、高可靠度的成功产品。

所以国家有关部门指示，要尽快建立发动机过程实验室、强度实验室、材料实验室、弹上测量和计算中心，尽快组成导弹工程协作网。

二

最大的协作单位当然是中国科学院。

总体方案规定，由中国科学院自动化所、国防部五院702所、中国科学院力学所共60余人组成"151"工程组。

"151工程"集自动化、精密仪器、计算机、传感器、光学、力学、物理学等多种学科于一体，由此还有上海冶金所、上海机床厂、南京电子管厂等单位进行协作，承担关键设备或器件的生产制造。

自动化所，由杨嘉墀担任"151工程"总负责人。

主要研制热应力试验设备，也就是超音速飞行器在飞行过程中气动加热、加载环境的试验设备。

第二十七章 "151工程"

包括加热、加载、测量三大系统。这三大系统的研制，分别由叶正明、黄玉堂、杨树智负责。

此外还有"24004任务"，开展液浮式积分陀螺仪研制，有"16015任务"，研制高温测试仪、高温高压测试技术、加速度计。

这是自动化所成立以来承担的最大的导弹科研项目，不仅要求的技术复杂，工程设计量大，且研制时间紧迫。

接手"151工程"的任务，杨嘉墀仍然感到了前所未有的压力。

对于中国来说，这可是前无古人后无来者。由于先进国家的保密原则，使得他们没有任何技术资料可供借鉴。

即使是查找到公开发表的一些论文，也不会有什么详细内容。

当然，这些不会作为畏葸不前的理由。杨嘉墀他们坚定信念，力争靠自己的力量，组织国内大协作，用国产元件和器材，来实现大目标。

杨嘉墀说，谁也不会一出门就是坦途，路都是人走出来的，目前情况下，我们是缺少条件，但是，没有条件，我们创造条件也要上！

杨嘉墀他们从零开始，一点点摸索，一点点铺设自己的阳关大道。

作为"151工程"任务的总负责人，杨嘉墀统管全局，设计方案、协调指导、分析思考、严格把关，对每一个项目都要做到心里有数，对每一项重要试验都要亲自参与。

科学是相互借鉴的，为了研究导弹实际飞行的一些理论数据，杨嘉墀多次到力学所登门拜访，向郭永怀、林同骥、吴承康等请教有关气动力学的问题。

杨嘉墀充分发挥团队的协作精神，调动大家的积极性，提倡集思广益，鼓励建设性意见，鼓励探索创新，尽可能地使每个人都能保持旺盛的精神状态，发挥出充足的个人能量。

大家共同努力，充分论证，具体研究，渐渐有了一套试验思路：工程系统设备既实施单独加热、加载，又实施联合加温、加载，用这种多点测量的方法既可以记录飞行器结构性能的有关数据，又可以记录在给定程序温度、程序载荷条件下的具体情况。

有了思路就有了信心，有了信心就更加扎实地前行。

一步一步朝前走，一步一步奔向那个终点。

中国科学院自动化所的办公室，总是灯火通明。

没有多少人知道，那里有一群科学家在为国家尖端科技不分昼夜地工作着。

第二十七章 "151工程"

三

那个时候，正是国家困难时期，什么都凭票购买，有的就是有票也买不到。很多人都是平时省着，到过年过节时才改善一下生活。

徐斐看到杨嘉墀总是忙得披星戴月，怕他身体受不了，就先行透支，把好东西给杨嘉墀做着吃。

这天，杨嘉墀回到家里，看到徐斐端上来的竟是苏氏小笼包，就立时来了胃口，夹起一个在嘴里，直说着好吃。

原来徐斐总是看到杨嘉墀茶饭不思，吃什么都不觉得香，她就想着改换一下花样，特意用票去买回面粉和肉蛋等物，按照江南苏州的做法，包了一锅鲜美水滑的小笼包。

没有想到唤起了杨嘉墀的故乡之情，也让杨嘉墀想到了所里奋斗的同事们。

他对妻子徐斐说，这小笼包做得真好吃，跟咱家乡的味道一样。这样吧，你明天多蒸一些，我带给所里的同志们尝尝。

徐斐看丈夫高兴的样子，没有说别的，只说，好好，你今天吃完，我明天再包就是。

第二天，徐斐向别人借了点肉票，就又上街了。

杨嘉墀不知道，妻子为了给他改善生活，根本没有节省，肉票基本上花完了。如果要多包一些,就只好找人借。

这个时候,所里的同事就如同一个战壕的战友,有了不一样的情感。

同事们看到杨嘉墀带来了小笼包,都抢着上来品尝。

"哎呀,真好吃呀!这是师母包的?嗨,我说嘛,街上绝对买不到。"

"师母真有能耐,这是我吃过的最好吃的小笼包。"

同事们吃着,说着,笑着。

有人猛然想起什么,说老师,师母做的,你都给我们带来了,师母他们吃什么呀!

四

时间进入了1962年元月,在各项工作安排满满的情况下,中央人民政府在人民大会堂还专门举行盛大宴会。

500多个桌子,集中了四五千位科技界人士。

周恩来总理出席并发表了热情洋溢的讲话。他满怀真诚和热情,向大家祝贺新年。

讲话中,周恩来充分肯定中国精英们这些年的努力工作,克服困难,积极进取,取得了不小的成就。

第二十七章 "151工程"

他鼓励大家，新的一年，应当再接再厉，把优良传统和艰苦奋斗的精神发扬光大，加快建设社会主义新中国的步伐。

陈毅、聂荣臻副总理也先后讲话。

中央领导分别给大家敬酒。

气氛十分和谐。

杨嘉墀与自动化所的几位专家也参加了这次宴会。

杨嘉墀的内心是激动的，正是三年困难时期，国家和人民承受了巨大的苦难和艰难，总理把这么多专家集中在一起，不是吃一顿饭的问题，而是一种情感问题。

表明中央领导对科技工作者的重视，对经济建设和国防科学的重视，尤其听了总理的讲话，让他感到欢欣鼓舞。即使是在国家经济十分困难的情况下，总理依然对一切充满信心。

科学家们频频举杯，互相祝福。

听了总理的讲话，大家备受鼓舞，更加觉得，只有上下拧成一股绳，心往一处想，劲往一处使，才能迅速走出困境，使得国家这艘巨轮驶向远方。

这一年，杨嘉墀参与了我国新的十年（1963——1972）科学发展规划的制定工作，从自动化所的工作重点出发，他特别提出了以控制计算机为中心的工业自动化发展方向及试点项目。

这一年，杨嘉墀还参与制订了兰州炼油厂、兰州化工厂和上海南市发电厂等单位的自动化方案。使得我国电子计算机在工业方面的应用进入了一个新的阶段。

五

导弹研制方面，1962年，杨嘉墀他们已经先调好一套试验系统，提供给国防部门试用探索。

只是，每年一度的协作会议召开时，技术指标又相应地提高了。

这是因为试用时发现了新的问题，而根据问题又探讨出可以更新的方案。

事实上，在没有任何参照的情况下，搞国防尖端科研产品，研制单位和使用单位都在探索，都希望能有一个更好的结果。

杨嘉墀对此十分理解，他明白，技术在更新，科研无止境，只有相互协作，相互理解，才能相互促进，达到最佳。

研究进展到一定阶段，杨嘉墀他们同制造样机的工厂商量，在机架内故意留出一些空格。

以便移交样机后，再有新的指标变动，可以随时增添设备内容，有可操作空间。

第二十七章 "151工程"

实践证明，这样的考虑还真是实用，不至于影响整个工程的进度，也就不会影响导弹研制的系列试验。

时间不知不觉，已经是1965年7月。

杨嘉墀他们负责的加热、加载、测量三个系统都已研制完毕，移交给国防部五院热应力试验室，并由国防科学技术委员会组织全国有关热应力试验设备专家进行全面而精细的鉴定。

这是最后的阶段了，也是最后的一道坎，只要过了这道坎，就离成功不远了。

对此，杨嘉墀心里是有底的。

因为这些设备都在他的脑子里安家落户，几乎跟他融合在一起，哪里有什么特点，哪里会产生什么作用，他都一清二楚。

在测量系统中，他们突破了弱信号模拟数字转换器的技术难关；在加载系统中，拿下了液压伺服机构等关键技术；在控制方面，克服了加热系统的信号变化剧烈的困难，采用的复合控制使误差减少到最低。

对于容易出现问题的地方，他和同事们都是反复琢磨、反复更改、反复试制，而后最终认定。

而且在研制过程中，制造单位克服了很多高强元器件方面的困难，想方设法、精工细作。

果然，各路专家经过鉴定，给出了满意的结论。

专家们认为：这三套系统完全符合协议书中的指标要求，并且具有国内先进水平，可以移交使用单位试用。

随后国防部五院将自动化所交去的三套样机复制成若干套，及时对我国自行研制的第一批导弹的弹头、尾翼及"歼-8"飞机的结构进行了地面试验，取得了预期的结果。

多少年后，这些设备经过多年的检验和更新，已是一代又一代新产品。

当然，经过对火箭、导弹和返回式卫星的频繁试验，自动化所研制的控制结构和控制方法以及试验标准，基本未变，并且长期适用。

六

杨嘉墀在自动化所领导完成的"151工程"，可以说有很多科研成果都填补了国内空白，极大地推动了导弹的研制与改进。

更为重要的是，通过这项艰巨而又艰难的研制任务，也带动了整个学科的发展，使得自动化体系向新、向深拓展，同时更新了观念，掌握了技术，锻炼了队伍，培养了人才。

由此说，导弹的研制，可谓是一次精深的专业技术的大比拼，大实验，大练兵，从而造就出一批自动化各学科的专业人员。

使他们有了更多的知识积累，这些积累在后来所承担的新的研究项目中，发挥了积极的作用。

第二十八章 "东方红一号"

一

在导弹与火箭的研制取得重大突破后，人造卫星又提到议事日程上来。

这同样是一个十分重要的事情，关系着一个国家的科技、工业、军事的能力。

事实上，人造卫星也同"两弹"有着十分紧密的联系。

卫星，是指在宇宙中所有围绕行星轨道上运行的天体。

它环绕着哪一颗行星运转，就把它叫作那一颗行星的卫星。

比如月亮环绕着地球旋转，它就是地球的卫星。

"人造卫星"呢？就是环绕地球在空间轨道上运行的无人航天器，是人工制造的卫星。

在地球同步轨道上，卫星的轨道周期等于地球在惯性空间中的自转周期，且方向亦与之一致。

卫星在每天同一时间的星下点轨迹相同，当轨道与赤道平面重合时叫作地球静止轨道，即卫星与地面的位置相对保持不变。

即从地面上看，天上的卫星永远在那个位置。

科学家用火箭或其他运载工具把人造卫星发射到预定的轨道，使它环绕着地球或其他行星运转，以便进行探测或科学研究。

二

人造卫星可分为科学卫星、技术试验卫星和应用卫星。

科学卫星是用于科学探测和研究的卫星，主要包括空间物理探测卫星和天文卫星。

他们主要用来研究某星球的大气、辐射带、磁层、宇宙线及太阳辐射，并可以观测其他星体。

1957年10月4日，苏联发射了世界上第一颗人造卫星之后，美国也紧跟其后，发射了人造卫星。

1965年1月，赵九章来到杨嘉墀的办公室。

杨嘉墀热情地让座，并去斟茶。赵九章连说着不客气。

他看到杨嘉墀的桌子上堆满了各种资料和文件，就笑着说，看你，快被这些资料埋住了。

杨嘉墀笑着说，彼此彼此，你还不是一样？

两人都笑起来。

杨嘉墀与赵九章一直都是科研密友，很多观点都很一致。

杨嘉墀说，说吧，你老兄又有什么想法？

赵九章说，还是嘉墀兄了解我，我是无事不登三宝殿。

两人再次大笑起来。

赵九章跟杨嘉墀说，看着别人都在搞人造卫星，心里着急啊！这个人造卫星还是十分重要的，对于我们来说，简直迫在眉睫。我就想着，我们能不能以地球物理所、自动化所的名义，给中国科学院党组打报告，建议尽快发展我们自己的人造卫星。

早在 20 世纪 60 年代初，杨嘉墀就曾结合国外载人飞船、低轨道卫星的部分情况开展过一些卫星控制理论的研究。

参与研制了原子弹和导弹测试系统的重大项目后，杨嘉墀已经十分清楚国防系统的完备体系，而加速研制我国洲际导弹以及人造卫星，是不可缺少的项目，此两者之间，有着相当重要的联系。

杨嘉墀一拍大腿，对赵九章说，好啊，九章兄，你这个建议太好了，我举双手赞同！

赵九章说，只要中央作出决定，我们马上就下手干，到时还少不了要你这"杨诸葛"给予支持,以便共同完成让卫星上天的梦想。

杨嘉墀说,放心吧,我就等着我们一起再来个大会战呢!

赵九章说,好,那我就告辞了,我现在就去找吕强、钱骥他们,争取尽快拿出意见,给中国科学院一个正式的提议。

三

这份写给中国科学院的提议,几经修改,最终送了上去。

提议详细阐述了发射卫星和发射洲际导弹的关系,阐述了人造卫星直接用于国防及服务于社会的重要性。

这是中国科学家的敏感性,也是中国科学家的自觉性。

正是由于他们的超前思考,他们的及时提议,中国的科技才会不断地发展,快速地发展。

提议引起了极大反响。

张劲夫、裴丽生自然十分赞同赵九章等科学家的建议,他们很快就在报告上作了批示。星际航行委员会主任竺可桢也很快看到了这份报告。

作为一代科学家,竺可桢如何不明白此报告的重要性?

他也是盼望着卫星早日上天呢。

竺可桢提笔就在报告上批示：刻不容缓。

这份报告最终以中国科学院党组的名义，正式呈送中央。

聂荣臻副总理对呈送上来的报告和建议十分重视，他明确指示：我国导弹必须有步骤地向远程、洲际和人造卫星发展，但过去弹道式导弹还未搞出来，请张爱萍副总参谋长邀请钱学森、张劲夫等有关部门的负责人座谈，只要力量有可能，就要积极支持。

钱学森分析了中国研制人造卫星的有利形势，中国科学院和国防部五院对这些技术都有过考虑，研制弹道导弹已有一定基础，只要将中远程火箭进一步发展，无疑就会有发射人造卫星的能力。建议即刻列入国家计划，争取早日实现宏伟目标。

1965年5月，按照周恩来总理的批示，在张劲夫的带领下，中国科学院有关研究所立即行动起来，调动力学所、电子所、自动化所和581任务组各方力量进行研究，重新组合科研团队，共商我国卫星型号与研制的发展规划。

1965年8月17日，中国科学院在落实中央专委第十三次会议批示的会议纪要中指出：总体设计组由赵九章、郭永怀、王大珩、杨嘉墀、陈芳允、钱骥、胡海昌、闵桂荣、张翰英、何正华、陆绶观等11人组成，由赵九章担任组长，郭永怀、王大珩、杨嘉墀担任副组长。

1965年10月20日,中国科学院受国防科学技术委员会委托,召开了中国第一颗人造地球卫星总体方案论证会,即"651会议"。

在这个时间段,杨嘉墀有了两大本子的工作记录,密密麻麻地用中文、英文记录着1965年参加会议的笔录、文献摘要以及自己对于人造卫星的思考。

在星际航行卫星规划座谈会上,杨嘉墀阐明了航天器姿态控制的定义、目的和要求、原理和方法、发展概况及发展趋势,提出开展被动姿态控制、主动姿态控制及敏感器与执行机构的研究,应列入星际航行发展规划的建议。

1965年制订《卫星十年发展规划》时,杨嘉墀又进一步论述了姿态控制系统在卫星总体中的作用与地位,并希望作为预研攻关项目开展工作。

四

通过摸底调研以及大家的认识,中国科学院最终组织专家制订出了卫星发展规划:

以科学试验卫星作为开始,以测地卫星,特别是返回式卫星为重点，全面开展包括通信、气象、核爆炸、预警、导航等卫星的研制，配成应用卫星的完整体系，进一步在返回式卫星的基础上发展载人飞船。

这是一揽子关于人造卫星的发展计划，有现实目标，还有远大前景，可谓十分振奋人心。

中国科学院既然敢于做出如此宏大的规划，说明中国的科学家有信心、有能力完成既定目标。

当然，对各类卫星的任务、需要解决的关键技术、它们之间的相互关系等问题，还要进行较为全面和详细的研究分析，最后安排到位，分工实施。

人造卫星一般由专用系统和保障系统组成。

专用系统是指与卫星所执行的任务直接有关的系统，也称为有效载荷。

应用卫星的专用系统按卫星的各种用途包括：通信转发器、遥感器、导航设备等；科学卫星的专用系统则是各种空间物理探测、天文探测等仪器；技术试验卫星的专用系统则是各种新原理、新技术、新方案、新仪器设备和新材料的试验设备。

保障系统是指保障卫星和专用系统在空间正常工作的系统，也称为服务系统。

主要有结构系统、电源系统、热控制系统、姿态控制和轨道控制系统、无线电测控系统等。

根据所内的统一部署，杨嘉墀将主要精力放在人造卫星的研制方面。

这个时候，大家对于人造卫星已经有了全面的了解，只有了解，才能着手付诸行动，或者说分头付诸行动。

杨嘉墀他们不断走出去，请进来，对军用、民用等有关单位，调研征询对卫星的应用与需要，切实掌握第一手资料。

在此过程中，逐渐制订出人造卫星的具体规划。

作为总体组的成员，杨嘉墀参与了我国第一颗人造卫星"东方红一号"总体方案的制定。

在一次次召开的务实会议上，大家对卫星本体方案、运载工具、地面设备等进行了多方面的大系统论证。

杨嘉墀做了专题发言，包括姿态控制和姿态测量。

经过几个月的工作，总体组提出了我国第一颗人造卫星的总体方案设想：卫星形状近似球形多面体，直径一米；外壳材料及构架采用镁铝高强度轻合金；电源采取化学电池和太阳能电池相结合的供电系统；温度控制，采用自然平衡和无源控制方式。

卫星要进行遥控、自旋稳定姿态控制试验。

为了使中国的第一颗人造卫星能让地球人感知，卫星总体组何正华提出在卫星内安装短波发射机，频率在20兆赫左右，发射连续信号《东方红》乐曲。

这是一个有中国特色、在技术上比较先进的识别信号。

为了使卫星本体和地面跟踪测量协调，会议成立了地面组，王大珩、杨嘉墀、陈芳允等担任地面组副组长，负责提出《我国人造卫星地面观测系统的设想方案（草案）》。

会议结束后，在自动化所领导下，杨嘉墀迅速组建了两个研究室：

一个是姿态测量和控制研究室；一个是地面测控用数据处理设备研究室。

两个研究室即刻行动起来，开展卫星测控设备研制工作。

五

这期间，杨嘉墀的女儿去外地下乡插队，妻子下放到北京郊区劳动。再后来儿子也下乡了。

杨嘉墀再也享受不到妻子徐斐每天为他准备的可口的饭菜，也看不到女儿那繁花般的笑脸。尽管还有一位老保姆，但是说不上什么话。

有时候，他干脆就在单位吃了。

回家也是很晚，就直接睡觉算了。

在这种特殊情况下，杨嘉墀还是顽强地解决了由红外地平仪与两个自由度陀螺相结合的姿态测量问题。

第二十八章 "东方红一号"

解决了由大小推力器相结合的冷气喷气推进系统的参数选择问题和返回前姿态调整方案。

杨嘉墀忙了一天,有时睡不着,就给女儿杨西写信。一封封书信,寄托着父女深情——

> 西西,今天收到了你的来信,知道你最近的情况,我们都很高兴。
>
> 给你写这封信的时候,夜已经很深了,不知你那里夜里冷不冷。
>
> 西西,我知道你是个乐观坚强的孩子,你走的时候,欢笑的面孔,我依稀记得。
>
> 我希望你总是带着这样的面孔,面对那片土地和生活。你知道,那是一片火热的土地,是一片值得你为之奋斗的土地。
>
> 希望你在那里能够坚持自己的信念,努力做好一切,团结同学,尊重贫下中农,与他们共同改造山河。
>
> 当然,你还应该利用业余时间多看书,知识是人生中的宝贵财富,是力量的源泉。
>
> 所以到什么时候,知识都是必不可少的。而所有的知识都在书中,书能给你带来一切快乐。
>
> 爸爸这些天很忙,估计你在那里也很忙。

忙是好事情，忙了才觉得充实。

希望看到你的来信，看到你的进步，看到你又读了哪些书。

爸爸

西西，爸爸收到了你的来信。

你在信中谈到了你在那里的劳动和生活。

让爸爸知道，孩子长大了，知道自立自强，能够自己照顾自己了，而且和社员、和同学都能搞好关系，虚心接受贫下中农的再教育。

尤其让人高兴的是，你能利用业余时间读书学习，这对你的理论建设和知识积累是有很大好处的。

希望西西继续坚持。

爸爸再给你寄去点儿书。你想看什么书，也可以告诉爸爸。

实际上，你也可以去学校看看，那里是否有图书室，可以向他们借阅。尤其是学过的数理化课本，尽可能地找到，没事的时候多翻翻。

爸爸还想着，如果你有劳动、生活和读书的感想，可以用笔记录下来。这样积累得多了，就成了看得见的收获。

当然，还要注意身体，一旦有什么不适，要早

第二十八章 "东方红一号"

点看医生。

你说你们那里有赤脚医生,这就好,有什么事情,要及时去找他们。

总之,爸爸希望你在祖国的大西北,和大家一起,发扬集体主义精神,培养良好的风气。安心下乡,好好锻炼,成为新一代对国家有用的人。

爸爸这里一切都好,工作很愉快,身体也好,放心好了。

爸爸

在忙乱的间隙,或是夜深人静的时候,杨嘉墀会在眼前过电影,尤其是关于女儿杨西。

女儿下乡的那些时日,一家人也是忙来忙去,为女儿准备各种物品,包括牙膏、香皂、毛巾等日用品。

这些平时也是要用券才能买到。

中国科学院有一批孩子都要一起下乡。

那些天都是串来串去,大人和孩子都不闲着。

杨嘉墀想起了一件事,他拿出照相机,把大人小孩召集在一起,为他们拍照留念。

大家都没有想到这一点,对于杨嘉墀的提议,都高兴地接受。

杨嘉墀也让人为自己全家照了一张合影。

并且他还专门和女儿杨西照了一张相。这张照片，就放在家里的相框中。没事时，杨嘉墀会站在那里看一会儿。

父女两人的笑脸映在冬日的阳光里。

说起来，这是父女两人少有的一次合影呢。

女儿长大了，就像小鸟长出了羽毛，能够在天空飞翔了。

杨嘉墀希望女儿能够自由自在地放飞自己，能够渐渐学会自理自立。

鼓励杨西好好接受贫下中农的再教育，和大家搞好关系。并且鼓励女儿在空余时间多看些书。

他希望自己的孩子不要荒废学业，毕竟知识是有用的，宝贵的，什么时候都不能离开知识。尽管当时的第一要事，是在广阔天地，接受贫下中农的再教育。

杨嘉墀总是强调自己的观点，实际上也是他不变的信念，要想将来为国家建设做贡献，为人民大众服务，就必须掌握好知识。

他从旧书店买来一些教科书和参考书，邮寄给杨西。试着让她做数理化和英语题。并把做了的题寄给他，他修改之后再给她讲解。

杨西的弟弟杨瑞1972年读高中，杨嘉墀就把杨瑞的卷子寄给杨西，让杨西做完再寄回来。这样，始终保持着每周都有的通信，一是加强了父女之间的感情交流；二是使杨西在知识的深度和广度上直接获益。

杨瑞后来下乡到北京郊区，杨嘉墀依然如此。

他将自己的理念，和风细雨地灌输给两个孩子，希望他们能够懂得爸爸的心思。

杨西和杨瑞都相信爸爸的话，因为他们知道爸爸是知识雄厚的科学家，没有雄厚的知识，或许就像爸爸说的，将来对国家起不了大作用。

果然，女儿杨西和儿子杨瑞后来都顺利地考入了大学。

六

为保证我国第一颗人造地球卫星能如期发射，1967年初，聂荣臻副总理向中央提出了组建空间技术研究院的建议。

这样做，可以把分散在各部门的空间技术研究机构集中起来，更适合我国空间技术发展的需要。

另一方面，结合当前形势，为了更严格也更严肃，减少干扰，把空间技术研究院编入军队序列。

这个建议得到了中央的重视，并且很快有了结果。

1968年2月20日，中国空间技术研究院正式成立。

中央军委授予番号，称"中国人民解放军第五研究院"。

中国科学院651设计院、自动化研究所、北京科学仪器厂正式归入第五研究院建制。

这样，杨嘉墀他们工作起来，更有了一种保密性，也有了一种军事化性能。

各方面都更灵便，更机动，无论是协调还是计划，都能快速达到目的。

1968年11月1日，北京礼花厂17岁的女工王世芬和另一个青年女工谷连珍，在熟练地按照步骤停机修理油压机，修完之后再次开机时意外发生了，机件摩擦迸发出火星，"砰"的一声爆炸，车间瞬间变成一片火海。

谷连珍直接被气浪推出了门外，王世芬则被困在了车间里。

她的衣服、发辫、鞋子都烧着了，呼吸变得困难起来。但她想到如果火烧到了电线，很可能会引起更大的事故，便从地上挣扎着站起来去拉电闸。

就在这个时候，火苗裹挟着高温横扫过来，王世芬再次被扑倒。

职工们发现她时，她已经成了一个"黑炭"。有人奋力将她包裹起来，送到就近的北大第一医院。

检查发现，她全身烧伤面积达98%。

第二十八章 "东方红一号"

经过半年的抢救,王世芬的情况基本稳定了,抗肺部感染、大手术、切痂、植皮,击退绿脓杆菌……她创造了一个奇迹。

王世芬的生命保住了,但她的右臂从肩膀处截肢,左臂从肘部截肢。

王世芬本来是个漂亮的女孩子,她爱美,却也乐观坚强。从休克中清醒开始,她就顽强地接受自己,直面疼痛,忍受一次次植皮、剔骨、手术。

一天,她笑着对医护人员说:"今天我已经看到自己的脸了。没啥关系,就是够丑的。如果越烧越漂亮,谁都想去火里整容了。"

此事惊动了国务院。

周恩来总理指示,一定要为患者给予最好的治疗。周总理说:"行百里者半九十,以后的治疗,你们决不能放松!不要以为危险已过,要想到各种可能。要去解决医学上还没有解决的问题,一定要仔细地考虑。"

乐观坚强的人生态度为王世芬赢得了新生,她一天天好起来。

周总理对治疗专家吴阶平说,有没有王世芬的照片?

一组王世芬烧伤后的照片连同王世芬烧伤前的半身照送到了中南海。

周总理看后心情很是沉重。

在一个大会上,周总理还提到了王世芬,提议大家学习她的胸襟和她的革命人生观，并指示有关单位，尽可能为患者配制好假肢。

北京假肢厂接受了任务，但是他们目前所具有的最好的假肢，仍旧不能达到令人满意的程度。

需要高科技的支持，以更灵活，更随意。

经过多方打听，他们找到了自动化所，希望自动化所的专家能够提供此项帮助。

这可真的是一个重托，一副假肢，也要国家级的大专家用心。

经院领导批准，杨嘉墀接受了帮助研制假肢的任务。

杨嘉墀知道这是周总理的指示，总理从始至终都在关注着一位普通女工的命运。

杨嘉墀放下手中的工作，每天乘公共汽车去位于东直门的假肢厂。

他详细地同制造假肢的工程师进行交流，了解假肢的各个环节，同时也了解人体的运动规律，了解女工王世芬的个人情况，以便这个带有"自动化"的假肢能够达到完美体现。

大家不要忘了，杨嘉墀曾经从事过医学电子学的研究，他对此还是蛮有信心的。

公交车一次次穿越北京的大街小巷。

杨嘉墀一次次往来于假肢厂和单位。

终于，一副利用人体神经信号控制的假肢很快制作出来。

第二十八章 "东方红一号"

经过为王世芬佩戴使用，完全符合大家所想，或者说超越了大家所想。

这个假肢还真不是一般的假肢，真正体现出当时最高的科技水平。

假肢厂也因此有了高端的假肢产品，这是他们的王牌产品啊。

后来王世芬康复出院，她的头上渐渐长出了又黑又长的头发。

她依然把长发梳成十七岁时的辫子。那是她的生命中最完好的部分了。

对了，还有一副近乎完美的假肢。她每天都在用假肢练字。

周总理病逝了，王世芬哭了，哭得很痛！

她用假肢握笔，一字字地写下："周总理，您永远活在我的心中。"

七

1970年4月24日，我国自行设计的"东方红一号"卫星终于飞上了蓝天。

卫星进入预定轨道，很快环绕着地球运行。

信息反馈回来，星上各系统工作正常，性能稳定。

经过几年努力，我国第一颗人造卫星，发射成功了！

杨嘉墀热泪盈眶，这是他亲自参与并长期为之奋斗的目标。

为了这个目标，大家盼了十数年！

那些紧张艰辛的呕心沥血的经历，是他一生中最难忘的记忆。

1970年4月24日，是中国航天发展史上具有历史意义的一天，它拉开了中国航天发展的序幕，标志着中华民族从此进入了航天时代。

"东方红一号"，也为后来的卫星设计和研制工作提供了宝贵的依据和经验。

大家还记得我国第一颗人造地球卫星发射成功的新闻报道。

这颗我国自己制造的人造卫星，不时地播放着悦耳动听的"东方红"乐曲，在宇宙中旋转。

此后一发而不可收。

截至1992年底，中国共成功发射了33颗不同类型的人造卫星。

人造卫星成为发射数量最多、用途最广、发展最快的航天器。

杨嘉墀一次次地望着天空，不时发出会心的微笑。

1971年3月3日，中国第二颗人造地球卫星"实践一号"发射成功。

这颗卫星我们后面还会提到。

它不仅测量了高空磁场、X射线、宇宙射线和外热流等空间环境参数，还进行了硅太阳能电池供电系统、主动无源热控制系统等长寿命应用卫星一些关键技术的试验。

它在轨运行了8年，大大超过设计寿命，为中国设计和制造长寿命卫星提供了宝贵经验，尤其为卫星电源、热控和无线电测控系统的研制开辟了成功的道路。

第二十九章　返回式卫星

一

一般来说，卫星发射入轨之后，就在太空执行通信、导航、气象等任务，并不需要返回地面。

但是根据需要，有的卫星却是要返回到地面，甚至必须返回地面。

这是特殊的需要，由于这种特殊的需要，对科研人员提出了更高的要求。

返回式卫星用途十分广泛，它可作为观测地球的空间平台，装载各种精密的遥感仪器设备，以获取大量图像清晰的遥感资料。

那个时代，返回式卫星最基本的用途是照相侦察。比起航空照片，卫星照片的视野更广阔、效率更高。

各个航天大国都曾利用返回式卫星进行军事侦察、科研及国土普查。返回式卫星还可作为空间微重力试验平台，搭载多种微重力试验装置，进行材料和生物等科学领域的试验。

由此可见，集空间观察、科学探测和技术试验于一身的返回式卫星，比一般科学试验卫星技术更复杂、难度更大。

它既有一般卫星那样的在轨飞行能力，又具备按程序受地面控制、安全完整返回地面预定区域的能力，是综合国力的重要象征。

更重要的一点是，返回式卫星可以作为发展载人航天技术的先导。

因为宇航员必须采取与返回式卫星相似的方法返回地面，所以掌握卫星返回技术是第一步。

二

研制返回式卫星，除了要解决一般卫星的结构、温度控制、姿态控制、电源和无线电测控等技术外，还必须解决卫星返回一系列复杂的技术难题。这样才能使其从太空轨道上安全返回地面。

这也是返回式卫星的独特之处和困难所在。

全世界只有美国和苏联掌握了卫星回收技术。

中国也将其列入攻坚奋斗的目标。

我们毕竟有着这么多一流的科学家,应该在不久的将来,就会实现这一目标。

具体来讲,研制返回式卫星就必须掌握姿态调整技术。

即在卫星返回前,将其从在轨道的运行姿态准确地调整为返回姿态,并使卫星在此姿态下保持稳定,以确保制动推力方向的准确。

还有,为使卫星脱离原来的运行轨道,按预定程序进入返回轨道而重返地面,则要求卫星上的制动火箭能按时点火。

并且可靠地、正常地工作,以便卫星借助火箭的制动推力准确地踏上回家之路。

还有防热技术。

在卫星高速返回途中,既要保证卫星不被与空气强烈摩擦而产生的高热烧毁,又要确保卫星内的仪器能够正常工作。

还要有可靠的降落伞与回收控制系统,也就是软着陆技术。

还要有确保实时准确地预报及测量卫星落点位置的技术手段。

以便在预定的回收区内尽快地发现它并迎接其回家。

三

1965年8月，中央有关部门指示，中国科学院可先按卫星工作规划开展工作。

赵九章、钱骥即开始探讨返回式卫星的研制方案。

他们组织专家先后到国家测绘局、地矿系统、海陆空三军有关单位，进行了广泛的调研。

征询对返回式卫星应用的意见和建议，考虑到经济实力和紧迫的时间问题，专家们拿出了具体意见。

按照中国国情，侧重军民结合，综合利用。

提出了以发展遥感应用为主的返回式卫星的设想。

1966年1月，裴丽生副院长主持召开了中国科学院有关研究所参加的卫星工作会议。

会上，大家讨论了发展返回式卫星的设想、需要解决的关键技术问题，以及各研究所相互协助解决的分系统方案。

会议明确指出，返回式卫星是当前的工作重点，任务复杂，技术难度大，涉及学科面广。所以各个主要研究所要尽快行动起来，在总的设计框架下，拿出各个系统的可行性方案。

譬如卫星回收方案，由力学所研究提出；姿态控制方案，由自动化所负责提出；卫星照相机，由长春光机所设计制造；地面测控方案，由电子所研究提出。

四

1966年初，杨嘉墀开始带领自动化所，参与我国第一颗返回式卫星姿态控制系统的工作。

他首先从系统总体的角度进行考虑。

通过分析，认为返回式卫星的姿态控制系统，主要是三种功能和用途：

一、在入轨后消除星箭分离时对卫星产生的初始姿态干扰。

二、在轨道运行阶段的姿态控制，使地物相机对准地面拍摄的区域。

三、返回前，将卫星的纵轴调整到返回姿态，使制动火箭的推力方向满足设计要求。

大家集思广益，进行了一次次的研究和商讨，最后提出，为了满足对地观测和返回前建立制动点火姿态的要求，卫星必须采用三轴稳定姿态控制。

航天器三轴姿态控制，是使航天器相互垂直的三个轴，在空间相对于某个参考系统具有预期方向的一种姿态控制技术，它包括姿态敏感器、姿态控制器和姿态控制执行机构。

这个就是攻关的重点。

1967年9月11日，国家有关部门又召开了返回式卫星方案论证会。

在开幕式上，钱学森发表了热情洋溢的讲话。

他谈到了返回式卫星的研发现状，各个科研所的工作情况，国家领导人对返回式卫星的重视，以及当前要做的一些工作。

总之，对中国发展返回式卫星充满了信心和期待。

在这次会上，钱学森首次提出了一个新名词。

他说，毛主席曾有诗叫"巡天遥看一千河"。我们正在研制的卫星工程，就是巡天工程。

以前，人们把在地球大气层之内的飞行叫作"航空"，那么卫星是在地球大气层之外飞行，我们就称为"航天"吧。

航天，这个新名词就此诞生。所以此后有了航天工业部。

大家对此反响强烈，觉得我们正是做着前无古人的航天事业。

而且，在以后的征程上，会有更多的关于航天的发明创造出来。

鉴于国外同类卫星在研制初期多次失败的教训，杨嘉墀提出了元部件要立足于我国已有的成熟技术和产品。

在控制方法上，则应当采用最先进的技术。为了保证系统的可靠性，系统构型越简单越好。

在控制系统的设计中，杨嘉墀和他的团队，提出了许多颇具特色的方案，有些方案是当时国外同类卫星没有采用过的。

譬如，在红外地平仪电路中采用自动增益控制。

这个控制设计，只经过一次探空火箭试验就验证了这一方案的可行性。

而卫星姿态测量系统，则采用两个捷联陀螺和红外地平仪相结合的方案。

这是利用稳态卡尔曼滤波方法，取得三轴姿态信号。

控制方式采用大小喷气推力结合的开关控制，并用伪速度增量反馈校正来减少耗气量。

在陀螺仪中安装步进机构，以保证卫星返回前，建立制动姿态的可靠性。

五

这是一个特殊时期，在此期间，虽然不少专家都积极参与我国返回式卫星的研制工作，但因为种种原因，进展仍然有些缓慢。

1970年，国防科学技术委员会建议将这一工程列为国家重点工程。

第二十九章 返回式卫星

周恩来总理批准了这一建议。

早在20世纪60年代初，杨嘉墀就开始注意跟踪国外空间技术的发展动向，他结合美、苏返回式卫星、载人飞船的相关信息，开展了有预见性的卫星控制理论研究。

他坚持卫星上天前必须充分进行地面仿真模拟实验。

在杨嘉墀领导下，科研人员对姿态控制系统的初样产品进行了三次大型模拟试验，也就是利用三轴机械转台进行了半物理模拟试验，利用单轴气浮台和三轴气浮台分别进行了全物理模拟试验。

通过这些大型试验，验证了系统的可靠性和正确性，使该系统技术性能指标达到20世纪70年代初的世界先进水平，为日后首颗返回式卫星的成功回收奠定了基础。

在卫星测控网中，除了需要技术指标很高的相关设施设备，还要保持高精度的测控及安全可靠的回收系统。

1975年5月，第一颗返回式卫星发射星的仪器设备开始了总装测试。

总装现场，挂着周恩来总理提出的"严肃认真、周到细微，稳妥可靠，万无一失"的十六字方针。

参加总装测试的杨嘉墀显得严肃而认真，对于姿态控制方面，生怕出现什么问题。

虽然此前已经同研制工厂进行了无数次研判调试，但是进入总装之后的测试，仍然事无巨细。每一项他都要细致叮嘱，亲自查看，对每一个细小的问题都不放过。

测试开始，各种仪表显示一切正常。

大家紧张的神经开始放松。

杨嘉墀指示，仍然要保持审慎态度，不放过任何细微之处。

已经运转了不短的时间。

各项指标仍旧在正常范围内。

也就在这时，一位测试的同事向杨嘉墀汇报，说他在观察中发现，姿态控制的水平陀螺测量精度有短时间的下降。不过，很快又恢复到原来的状态。这是否属于正常现象呢？

杨嘉墀立时慎重起来。

他亲临现场，仔细观察，反复认定。

确实是有同事反映的现象，不细心还真看不出来。

虽说按照正常规则，精度瞬时下降值在允许的范围内。但在杨嘉墀的心里，却不允许有任何微差，这可是要用在返回卫星上。

他以细致认真的工作态度，带领大家将仪器重新拆解，进行查找。

仪器可不是儿童玩具，其中有相当精密复杂的元器件。

工作虽烦琐，但每一个环节都要做到一丝不苟。

经过认真比照、查找，最终发现其中的一根细小的导线些微松动，导致与陀螺外环上的配重块偶尔碰触。

问题找到了，大家心里的一块石头终于落地。

虽然不属于设计问题，但意义重大。说明任何细微之处注意不到，都会引发大问题。

而后是进行处理。在原来的基础上进行改进、更新，防止再次出现此类问题。

经过改动、加强之后，再次测试。

这一次，大家紧紧盯住原来测试出现的问题。结果是令人满意的：测量精度短时下降的问题再也没有出现。

杨嘉墀松了一口气，科学，来不得半点疏忽啊，细微问题不解决，一旦卫星上天，就有可能酿成大事故。

杨嘉墀随即召开会议，对检测试验有关人员提出表扬，并特别强调了认真、谨慎、负责的工作态度及科学工作者一贯的工作作风。

六

杨嘉墀的担心不是没有缘由的。

1973年底，我国第一颗返回式卫星的正样产品终于完成。

1974年11月，这颗卫星被运到酒泉卫星发射中心进行首次发射试验，但是就在准备发射的前几分钟，意外的事情发生了。

人们突然发现，卫星的回收舱没有供上电。

此时距离火箭点火，只有不到 3 分钟的时间。

就在这千钧一发之际，工作人员迅速登上几十米高的发射塔架，手工操作，排除了故障。

运载火箭带着这颗卫星终于升空了。

但仅仅过了 20 秒，运载火箭突然像个醉汉一样摇晃起来，渐渐失去了控制。

最后，在离发射台 300 米的地方摔了下来。

经过事故排查，发现是由于运载火箭上的一根导线存在暗伤，起飞以后，由于震动，导线断开，火箭的控制系统失去了作用。

虽然试验没有成功，但是给所有人员敲了警钟。

大家重新对卫星和火箭的几十万个零件进行了全面测试，并采取了有效的安全保障措施。

七

又是一年过去。

1975 年 11 月 26 日，在总结早期导弹火箭研制经验的基

第二十九章 返回式卫星

础上，应用最先进的技术，采用最优化的设计方案，经过验证、攻关、各项地面试验和多次靶场合练及试验检验之后，酒泉基地再次执行发射任务。

装载着一颗崭新的返回式卫星的火箭，矗立在酒泉卫星发射中心的发射台上。

11时30分，"长征二号"运载火箭按照指令点火，瞬间，巨大的火箭腾空而起，越飞越高。

在空中完成了一级、二级点火、星箭分离的动作后，那颗承载着航天人梦想的名叫"太空游子"的卫星，安全顺利地进入了预定轨道。

中国第一颗返回式卫星发射成功了！

这可不是一般的返回式卫星，它的重量达到了1.5吨，没有巨大的托举力和助推力，如何能将这一庞然大物送入天际？

这颗卫星承载复杂，包括仪器舱和返回舱两个舱段，由结构、温控、摄影、姿控、程控、遥测、跟踪、返回等11个分系统组成。

这些系统的组合，也显现出尖端复杂的科技含量。

然而，还不能高兴得太早了。

卫星入轨只是完成了第一步，下一步返回才是关键。

从少数几个航天大国来看，人造卫星发出去已经是一件容易的事情，而让卫星完成一次有去有回的旅行则并非易事。

此前，世界上第一种返回式照相侦察卫星——美国"发现者号"，曾经七次入轨，但七次回收都以失败告终。

直到第八次，才回收成功。

返回式卫星，不仅要求在运行和返回中必须保持高精度的运行姿态，星上所有仪器都必须准确无误地按程序工作，更要求地面对其保持高精度的测控及安全可靠的回收。稍有失误，都可能前功尽弃。

对于此前从未有过卫星回收经验，一切从零开始的中国航天人来说，面临的挑战极为严峻。

杨嘉墀在渭南卫星测控中心，紧张地监视着返回式卫星的运行情况。

国务院、中央军委的领导对这次试验专门作出指示：

第一，希望把卫星送上去；第二，希望把卫星收回来。要尽最大的努力，打好这场硬仗。

早前，为适应返回式卫星发射、测控和回收，在"东方红"卫星地面测控网7个台站的基础上，又建成了拉萨、闽西、长春3个固定测控站。

还建成了前置遥测站、活动观测站、回收站3个机动站。

同时改造完善了原有的通信网，增设了无线电通信设备，形成了以渭南为中心、向各个方向辐射的卫星测控通信网络。

按照既定方案，卫星在轨运行3天后，将于11月29日返回地面。

试验到了关键时候。关键就是看发射入轨的卫星能否正常回收。

那就像第一次看着亲手放飞的鸽子会不会找到自己的家。

所有参与试制和试验的人员都是既渴盼，又担心。

没有发射上天，担心上天，上天了，又担心能不能按时回来。

关键，人们还等着它把北京空间机电研究所研制的返回式卫星相机系统带回来。

大家要看看第一代胶片型航天光学遥感相机的眼睛，究竟怎样清晰地看到了地面目标。

八

大家在中国这颗卫星运行第10圈的遥测数据看到，卫星没有任何异常。

但是，继续运行下去会怎样？会不会出现什么问题？

有些人开始着急了，为了防止夜长梦多，是否早点让卫星回家？

只要第一次能够平安回来，下次再发射就好办了。

还真是，卫星入轨后，突然出现氮气压力下降过快的紧急状况。

如果气压下降是因氮气泄漏引起的话，靠喷气产生反作用力所实现姿态控制的返回式卫星，就有可能永远无法回来了。

事态紧急，立刻召开紧急会议。

会议的中心议题就是如何面对眼下的问题。

也就是：是让卫星尽快返回，还是按照原计划进行。

紧急商讨中，多数科学家认为应当让卫星提前返回。

他们的意见是："提前回家总比回不来强。"

就此，试验团队开展了一场激烈的争论。

即使是提前返回，什么时间返回为好呢？是提前一天，还是两天，还是现在就发出指令？

有人主张让卫星提前两天也就是 11 月 27 日就返回，以防万一。天上的事情谁也不能百分之百地保证。

有人也同意这种担心，但主张提前一天也就是 11 月 28 日返回。

第三种意见，则还是主张按预定计划，也就是 11 月 29 日实施卫星返回。

这样返回后心里会更踏实，因为既定方案就是这一天。只要按照原计划返回，就等于确定了原来设计的准确性以及卫星的可靠性。

钱学森也在渭南卫星测控中心，主持着这次试验。

他有意听取杨嘉墀的意见："嘉墀，你说说，根据你的判断，应该什么时间返回好？"

杨嘉墀和试验科研人员一起，昼夜密切注视卫星运行姿态及控制系统的工作情况。

他根据遥测数据进行了计算，根据计算判断，气压降低是地面和外太空的悬殊温差导致，不一定是氮气泄漏引起的。过一段时间，就可能会稳定下来。

为此，杨嘉墀果断地说："根据我的判断，卫星应该能按照原计划平稳地运行三天。"

听了杨嘉墀沉稳的分析和判断，钱学森最终果断拍板，采纳杨嘉墀的意见。

钱学森微笑着说："同志们，那就让我们的'太空游子'再飞一会儿吧。"

九

激动而紧张的时刻终于来临。

谁都能想到，在距离地球表面200多公里的茫茫太空中，一颗以极快速度飞行的卫星要使它改变姿态，重返大气层，准确降落在预定的地点,是一件多么不容易的事情。

11月29日10时53分,在太空飞行了47圈后,我国第一颗返回式卫星的回收舱按地面遥控站发出的返回调姿遥控指令,开始向地面返回。

11时06分,"天空游子"安全降落于贵州省六枝地区。

渭南卫星测控中心一片欢腾,这是又一项我国自主研制的尖端项目试验成功。

从发射第一颗卫星到发射和回收遥感卫星,仅用了5年多时间。

这是世界空间技术发展史上少有的壮举,标志着我国成为世界上第三个掌握卫星返回技术的国家。

所有参与设计研究的人员都露出了欣慰的笑容。他们互相拍手、拥抱,共同祝贺并且感谢相互间的紧密协作,友好合作。

中国首颗返回式卫星,完美履行了杨嘉墀"在轨三天"的设计。

钱学森紧紧握住杨嘉墀的手说,实践证明,你的计算和判断是准确的,你立了大功了!这使得我们对返回式卫星更加有信心、有把握了。

中国的这一壮举震惊了世界,香港《文汇报》报道:目前,世界上有好几个国家能够发射人造卫星,但能引导它返回地面的只有中、美、苏3国……中国成功地引导人造卫星返回地面，标志着中国自动化遥控技术、电脑计算技术和导向技术已取得重大进展。

西班牙《阿贝赛报》报道：中国令人惊讶地宣布已经成功收回了它最近发射的一颗地球卫星。这说明，北京为发射洲际导弹迈向了非常重要的一步。这还意味着，中国的科学家们解决了"返回的问题"，掌握了着陆技术，发展了耐高温材料，能够承受返回大气层时遇到的高温。

十

1976年12月，中国航天系统再接再厉，又圆满完成了第三颗返回式卫星的发射和返回任务。

杨嘉墀清楚，发展返回式卫星还有一个重要目的，那就是为将来的载人航天做准备。

要载人上天，就要能够回来。

当时，苏联的加加林已经上天，美国也在努力发展载人航天。我们国家当然不会落后，载人航天，是早晚的事。

事后，杨嘉墀抓紧指导遥测数据的总结和处理工作，以便为以后的卫星设计和改进提供可靠的依据。

1985年，杨嘉墀因为返回式卫星和"东方红一号"卫星的研制与成功，获国家科技进步奖特等奖。

1979年，在英国召开的国际自动控制联合会空间控制专业会议上，杨嘉墀被特邀作有关中国返回式卫星控制技术的专题报告。

与会专家认真倾听了杨嘉墀的报告，他们从报告中明显感觉到中国航天技术的先进与独特，并纷纷向中国代表表示祝贺。

在座的苏、美两国卫星控制技术专家，也上前同杨嘉墀握手致意，对中国的返回式卫星控制方案表示赞扬。

十一

从1975年发射第一颗返回式卫星起，中国航天越走越顺，已经发射了无数颗返回式卫星。

这些卫星搭载了数百个微重力科学实验室，其试验成果已经应用于新材料的研制生产、新药品的制造以及农作物新品种的栽培等方面。

它们的用途越来越广泛，仅科研和生产领域，就包括国土普查、石油勘探、地图测绘、海洋海岸测绘、地质矿产调查、铁路选线、电站选址、地震预测、草原与林区普查，以及历史文物考古等。

接续前辈为我们铺设好的金光大道，在此后的40余年间，返回式卫星成为中国发射最多的卫星系列。

第三十章 "331 工程"

一

带着重要责任感和使命感，杨嘉墀还参与了我国通信卫星的研制工作。

说起通信，20 世纪已经实现了无线电通信，使人类的通信手段大大提高。

相对于有线通信，无线电通信可以覆盖更广阔的区域，不受地理条件和布线限制。

我们知道，无线电通信是靠电波传送信号。

电波分长波、中波、短波和微波等波段。后面两者具有传输信息容量大、稳定可靠等优点。

但超短波和微波只能直线传播。

因此早先人们只好每隔 50 公里为它们建造一个中继通信站。而传统的地面基站是有限制的，譬如它无法在海上或空中铺设，即使沙漠及偏远山区能够建立中继站，一个是考验技术和施工水平，再就是增加了运营成本。

还有，就是无线电通信容易受到外部电磁干扰。

相对于有线通信，无线电通信的频谱资源是有限的。

随着无线设备和用户的增加，频谱资源的需求也不断增加，可能导致频谱拥塞和质量下降。

当然，还有能耗的问题。

再有，就是无线电通信，存在着窃听和信息泄露的风险。

通信卫星是作为无线电通信中继站的人造地球卫星。

通过转发无线电信号，实现卫星通信地球站之间或地球站与航天器之间的无线电通信。

通信卫星就像一个国际信使，收集来自地面的各种"信件"，然后再"投递"到另一个地方的用户手里。

它可以传输电话、电报、传真、数据和电视等信息。

由于它是"站"在3.6万公里的高空，所以它的"投递"覆盖面特别大。

一颗地球静止轨道通信卫星，大约能够覆盖40%的地球表面，使覆盖区内的任何地面、海上、空中的通信站能同时相互通信。

所以发展卫星通信，具有极其重要的战略意义。

对于灾难应急通信、军事国防作用十分重大。

卫星通信不仅能够解决地面通信覆盖不足的问题，对于远洋航行的船舶,更是一道福音。强大的卫星网络,已经成为解决其通信需求的唯一方案。

利用通信卫星建立通信系统,具有建设周期短、投资少、不受或少受地理条件限制的优势。

其优越性是其他任何通信手段无法比拟的。

在赤道上空等间隔分布三颗地球静止轨道通信卫星,就可以实现除两极部分地区外的全球通信。

所以说,通信卫星是世界上应用最早、应用最广的卫星之一。

通信卫星是一种革命化的信息传播工具,它使人类社会、经济、文化和人们的生活方式发生了革命性变化。

1958年12月,美国发射了世界上第一颗试验通信卫星。

1963年,美国和日本通过"中继一号"卫星,第一次进行了横跨太平洋的电视传输。

1964年8月19日,美国把"辛康三号"卫星直接送入国际日期变更线附近的赤道上空,使之成为第一颗真正的静止通信卫星,并利用这颗卫星成功地转播了东京奥运会的实况。

1965年4月6日,美国成功发射了世界第一颗实用静止轨道通信卫星:国际通信卫星一号。

1970年4月24日,中国第一颗人造地球卫星东方红一号发射成功,使中华民族实现了飞天的梦想,令世界刮目相看。

然而,中国还没有自己的通信卫星,长期落后的通信现状,仍然困扰着中国人民。

为此,我国军事及通信部门迫切希望能有自己的通信卫星,实现对包括边远省(区)在内的全国的覆盖,摆脱通信落后状态。

二

杨嘉墀如何不知道通信卫星的重要性?

他和各位专家甚为重视,不断提出前瞻性建议。

为此,1970年6月和11月,中国空间技术研究院连续召开会议,进行可行性论证。

通过一系列的讨论和论证,中国科学家最终提出了中国通信卫星总体方案的初步设想。

与会各单位通过对国外卫星通信发展状况分析,对各种不同轨道的卫星通信方案比较,大家一致建议选用静止轨道通信卫星方案。

也就是说,既不像美国那样先进行中低轨道卫星通信试验,也不像苏联那样先发射大椭圆轨道卫星实施卫星通信,而是直接发射静止试验通信卫星,进行卫星通信试验。

谁都知道,这是一着险棋!

走对了,中国的通信卫星事业,就会大大地前进一大步。

走错了呢?不,绝对不允许走错。

既然已经制定了这一方案,中国人就有信心,有决心,实现这一理想。

由此组织了通信卫星研制队伍,着手研制"东方红二号"通信卫星。

1972年初,美国总统尼克松访华带来的卫星通信地面站,引起了中国科学家的极大兴趣。

这使得我们有了先进的参照物。

后来又是日本领导人来访。

国际形势对我们是有利的。

其间,邮电部、广播事业局利用地球站,通过国际通信卫星进行了通信和电视转播。

周恩来总理高兴地看了转播。之后又感慨地说:"可惜的是,天上还没有我们中国的通信卫星。"

科学家们知道后,都感到了激励和鞭策。

然而因为当时的种种原因,使得研制进展缓慢。

一些有识之士忧心忡忡地给总理写信,详细阐述中国发展通信卫星的重要意义。

1974年5月19日凌晨,病中的周恩来看到了这些真诚而迫切的信件。

他同样以真诚而迫切的心情，在一封来信上批示：请计委、国防科委尽快将卫星通信的制造、协作和使用方针定下来，然后再按计划分工做出规划，督促进行。

1975年3月31日，原国家计委和国防科学技术委员会上报的《关于发展我国通信卫星问题的报告》，由毛泽东主席圈阅，并经中央军委批准。

至此，中国发展通信卫星的伟大工程正式启动。

报告的签署日期是3月31日，中国通信卫星工程的代号也就成为"331工程"。

三

通信卫星研制任务由中国空间技术研究院承担。

研制启动的同时，用于发射卫星的长征三号新型运载火箭，也同时由中国运载火箭技术研究院研制。

1977年，国家正式将卫星通信工程列为航天战线三项重要任务之一。

与此同时，我们不忘利用国际的交往与合作，提高自己的科技水平。

"天狼星"卫星,是意大利于 1977 年发射的一颗 K 频段试验通信卫星。

中国空间技术研究院与意大利国家科研委员会,签订了利用意大利"天狼星"卫星进行联合科学试验的会谈纪要。

双方确定,通过"天狼星"卫星进行电波传输、报纸传真、卫星在轨测试等试验项目。

杨嘉墀担任试验工作的技术总负责。

双方派技术专家参与工作。

根据 1982 至 1983 年中意文化科技交流计划,中意双方签署了《中意空间科学技术合作会议纪要》,商讨了在通信卫星电波传播和卫星天线技术、遥感技术以及科学卫星三个领域合作的可能性。

1983 年 3 月 24 日,"天狼星"卫星从西经 15 度东移,两个月后到达东经 65 度中国空间技术研究院总部所设站,意方先后派出专家来华安装、调试。

6 月 15 日,举行了联合试验开通仪式,航天部部长张钧和杨嘉墀分别代表中方讲话。

7 月 16 日,国家主席李先念通过卫星与意大利总统山德罗·佩尔蒂尼通话,祝贺中意两国联合科学试验正式开始。

在一年半的时间里,杨嘉墀带领双方技术人员,一起做了上、下行电波绝对衰减测量、数据传输、数字电话、时间同步、报纸传真、卫星测轨定位等试验。

1984年3月26日，在北京召开了"天狼星"试验第二次工作会议。

12月9日，又在罗马召开了"天狼星"试验第三次联合工作会议。

科学家们一致认为，两国利用"天狼星"进行的一系列科学试验取得了圆满成功，双方都获得了许多宝贵的技术数据和资料。

杨嘉墀在总结会上称赞，两国关于"天狼星"的合作，开拓了通信卫星的应用领域，可以说"天狼星"卫星，连接起了中意两国科技人员超过8万公里的友谊桥梁。

四

在负责"天狼星"联合试验工作期间，杨嘉墀对我国自己的通信卫星的研制和设计更加关注。

虽然研制任务艰巨，但杨嘉墀信心十足。

面对作为中国的首颗地球静止轨道通信卫星，杨嘉墀带领科研人员，力求在多方面取得技术创新。

他们克服一切困难，加班加点，日夜苦战，终于完成设计图纸，并且交付厂家装配制造"东方红二号"试验通信卫星。

杨嘉墀：大海与星空

1983年9月9日，科研人员将"东方红二号"试验通信卫星，以及一应地面测试设备，从北京运往发射场。

这是中国通信卫星的首次出场，能不能登上太空的舞台，还要看具体的操作及后续情况。

一切都在渴望与焦急中等待，无论是北京总部的人员，还是去往发射现场的人员，这几个月都在揪着一颗心。

杨嘉墀时刻都在关注着。这颗通信卫星是在他的主持下设计完成，按照常规，应该没有什么问题。

卫星的十个分系统：结构、电源、控制、通信、遥测、遥控、跟踪、天线、远地点发动机以及温控等，无论是设计要求还是制造要求，都达到了精致、精密的程度。

为了稳妥，还专门设计制造了两颗相同的卫星，也就是0A星和0B星。

这颗高3.6米、直径2.1米、质量为441千克的"东方红二号"圆柱形卫星，设计有2个C波段转发器，保证每天24小时全天候通信。

可转发电视、广播、电话、电报、数传、传真等各种模拟和数字通信信息。

可以说是我们中国首颗置于天上的宝贝，一旦成功，将开启用中国自己的通信卫星进行卫星通信的历史。

1984年1月29日。

终于等到了这一天,一切准备就绪。

第一枚长征三号运载火箭载着"东方红二号"0A星腾空而起。

带着人们的期望,冲向太空。

现场格外安静,人们的心提到了嗓子眼,就等最后的消息了。

然而随后的消息却让人不那么乐观。

火箭三级发动机二次启动后,显得力气不足,没有出现那种勇猛的推力。

第一颗卫星竟然望空兴叹,无法到达预定的地球同步转移轨道。

五

首次发射失败,虽有沮丧,但并没有阻止科研人员向太空进军的决心和信心。

他们仔细查找原因,进行调整和改进。

一个多月后的1984年4月8日,第二颗通信卫星再次送上了发射架。

随着一声令下，19点20分，"东方红二号"0B星在长征三号火箭托举下发射升空。

这一次，火箭运载顺利，火箭三级发动机二次启动也顺利成功。

但是卫星进入地球准同步轨道向预定位置漂移时，操控人员发现，卫星上的蓄电池温度超过了设计指标的上限值，并且还有不断上升的情况。

不马上处理，就会出现异常！

人们再次捏了一把汗。

科研人员立刻会诊，共同研究。

经过分析，这种发热情况，是因卫星太阳能电池阵功率过剩引起，只有减小充电电流，才能制止蓄电池温度上升。

于是果断由地面发出了调整卫星姿态的指令，将太阳入射角由垂直照射增加到151度，使卫星几乎平躺在轨道上。

指令发出后，卫星温度停止上升，并且逐渐恢复到正常工作状态。

这个时候，大家才呼出一口气，悬着的心放了下来，现场响起一片欢呼和掌声。

1984年4月16日18时27分57秒，"东方红二号"通信卫星经过一路漂泊，终于定点于东经125°的赤道上空。

这就表明，这颗通信卫星发射成功了！

这是中国航天首次征服了距离地球三万六千公里的轨道。

同时表明：中国已经成为世界上第三个掌握火箭氢氧发动机技术、第五个能够独立研制发射静止轨道通信卫星的国家。

1984年4月18日上午10点，时任国防部部长的张爱萍，在北京指挥所通过"东方红二号"0B星，拨通了新疆维吾尔自治区书记王恩茂的电话：恩茂同志，你好啊！

那边传来了清晰而沉稳的回答：你好，爱萍同志！

也就在这一天，中共中央、国务院、中央军委向全体从事"东方红二号"卫星研制和试验的人员发出了贺电。

十几天后的4月30日，人民大会堂举行隆重的庆祝大会，党和国家领导人出席大会，祝贺中国试验通信卫星发射成功。

5月14日，"东方红二号"通信卫星正式交付使用，进入了长期运行管理阶段。

同时，北京、南京、乌鲁木齐、昆明、拉萨等地的地球站及核潜艇卫星通信站先后投入使用。

这颗通信卫星采用地球同步轨道，可以覆盖中国全境及其周围地区。

解决了军用通信和远洋船只多少年通讯不畅的问题，改变了中国通信落后的状况，使中国卫星通信事业进入了一个全新的阶段。

"东方红二号"实用通信卫星的成功发射和可靠稳定运行，为改革开放中的中国经济建设和国防事业作出了巨大的贡献。

六

科学的步伐始终在向前迈进，科学研究一刻也没有停止。

杨嘉墀说，根据我国国情，一方面要充分发挥现有技术的潜力，发展我国急需的应用卫星；利用发射机会进行科学技术空间试验；努力开发空间成果应用和技术市场，为国民经济服务。另一方面要立足我国实际，放眼世界，选准发展方向和重点，为技术发展提供后劲，使我国到21世纪在航天技术方面仍能在世界上占有一席之地。

1986年2月1日，西昌卫星发射中心又发射了由长征三号火箭运载的"东方红二号"实用通信广播卫星，中国卫星通信由试验阶段正式进入实用阶段。

再接再厉。1988年3月7日、12月22日和1990年2月4日，中国又相继发射了三颗"东方红二号甲"实用通信卫星，分别定点于东经87.5度、110.5度和98度。

"东方红二号甲"是在"东方红二号"基础上改进研制的

第三十章 "331 工程"

实用型通信卫星。

其采用了新的设计方案,性能增强,卫星转发器由两个增加到四个,使电视转播能力由两个频道增加到四个,电话传输能力由一千路增加到三千路;设计寿命也由三年增加到四年半。

由于技术上有了适当的改进,其传输质量超过了当时中国租用的"国际通信卫星"。

中国空间技术研究团队,后续利用"东方红二号甲"通信卫星平台,先后研制了多颗"风云"系列静止轨道气象卫星。

截至 1992 年,风云二号气象卫星仍然沿用该平台,为中国的大气环境和自然灾害监测、气候预报提供了优良服务。

1985 年,试验通信卫星及微波测控系统,获国家科技进步特等奖。

1991 年,杨嘉墀在研究院讲话:截至目前,我国已发射了四颗实用型通信卫星,使我国通信、电视、广播事业跨越了传统的发展阶段。

杨嘉墀说,实践证明,航天技术促进了经济的增长、经济效益的提高以及经济结构的变化。应用卫星的经济效益,一般不直接或单独存在,而是隐含于其服务对象的经济效果和社会活动中,通过受益单位间接发挥出来。此外,还有一些服务效益短期内并无直观反映,待相当长的时期后才能逐渐显露出来。

因此，应用卫星应考虑其综合效益，包含社会效益、经济效益、技术效益，尤其以社会效益为主。"七五"计划期间，我们研制并成功发射了11颗卫星，其中东方红二号实用通信卫星1颗；东方红二号甲实用通信卫星3颗；用于国内通信；返回式卫星5颗；气象卫星2颗。

七

杨嘉墀在中科大作报告。

同学们，我高兴地告诉大家，我国自主研发的"东方红二号甲"3颗通信卫星共12路转发器，已全部投入使用。

它的意义在哪里呢？我给大家算一笔账：目前租用国际通信卫星一个转发器每年要付150万美元，按五年计划，则为9000万美元，折合人民币4.68亿元。

按照国外有些咨询公司的估计，国际通信卫星公司的收入与其为远程电信部门创造的收益之比为1∶16。由于我国卫星用于国内通信距离较短，该收益比可考虑按1∶5估算，效益约为23.4亿元人民币。

而其他应用卫星系统，如遥感卫星、测地卫星、气象卫星等，国外统计的增值比大致定为20∶1到10∶1。

我们按照更低的增值比估算，该项效益约为 19.6 亿元人民币。

综上所述，我国"七五"计划期间发射卫星的直接经济效益估算为 43 亿元。

其社会效益则更大。例如我国参加电视教育学习有 1000 万人，按每人每年节约培养费 500 元计，每年价值就有 50 亿元。

这种结论是可喜的。

听到这里，现场爆发出热烈的掌声。

同学们无比激动，下课了依然围着杨嘉墀问这问那。

这些同学，所学大都与此有关。杨嘉墀既有理论又有实例的报告，让他们格外振奋。

杨嘉墀接受记者采访。

当记者问到通信卫星的应用问题时，杨嘉墀高兴地说：我国正在发展的空间技术，是一门高度综合性的技术，很多成果被移植到国民经济的各个部门，带动了这些部门的技术改造，改善了劳动环境，提高了产品质量，增加了劳动生产率。

有数据表明，迄今已有 1800 多项成果在国民经济各部门得到二次应用。

杨嘉墀说，譬如，利用遥感卫星高分辨率成像技术和摄像管技术研制成功的医学 X 光电视系统可以广泛地用于外科、骨科的临床诊断。

目前形成了年产 1000 套的生产能力，产值 3000 多万元。

杨嘉墀欣慰地告诉记者,我国在卫星控制微机系统的基础上研制成功的STD-5000型工业控制微机,已经广泛用于制药生产、铁路信号处理、制糖工业、锅炉温度控制及机床数字控制等1000多个系统。

国内市场覆盖率约占40%,已形成年产1000多套的生产能力,产值达1500万元。

杨嘉墀说,在卫星通信技术的基础上,我们还研制生产了大批各种类型的电视单收站。利用回收控制技术生产了各类定时器710万只。

此外,我们将卫星远程高速数据传输技术,还应用在了水库和森林管理等方面。可见,通信卫星有着越来越广阔的发展前景。

第三十一章 "实践"系列卫星总设计师

一

1977年9月,中央批准了国防科学技术委员会制订的国防尖端技术新的发展规划。

该规划确定了20世纪80年代前期的主要目标:

一、向太平洋海域发射远程火箭;

二、发射静止轨道试验通信卫星;

三、从水下发射固体燃料火箭。

1978年1月,第五届全国人民代表大会如期举行。

杨嘉墀作为人大代表参加会议。

在会上,他积极参加科学小组讨论,并在发言中着重提到科技兴国的重要性,提到科学家应该积极参与到创新实践中去,为科技春天的到来增色添彩。

杨嘉墀似乎感到，这一个期盼已久的春天很快就要到来。

确实，3月18日，全国科学大会在北京召开。

来自全国各地的科技工作者以及中国人民解放军和国防工业部门的5586名代表，走进庄严的人民大会堂。杨嘉墀应邀参加了这次规格最高的科学盛会。

在这次大会上，中央强调并明确肯定"现代化的关键是科学技术现代化""知识分子是工人阶级的一部分"，重申了"科学技术是生产力"这一基本观点。

邓小平同志作了重要讲话，他号召广大科学工作者"树雄心，立大志，向科学技术现代化进军"。

这次大会是中国科技发展史上一次具有里程碑意义的盛会，充分调动了广大知识分子的积极性、创造性和工作热情。

二

1978年12月召开的党的十一届三中全会，作出了全党全国把工作重点转移到社会主义现代化建设上来的战略决策。

1979年4月18日，杨嘉墀被中共北京市委任命为中国空间技术研究院副院长，兼任北京控制工程研究所所长。

科学的春天已经来临。

科技人员在科研工作中正在充分发挥骨干及引导作用。

担任研究所所长期间,杨嘉墀实施科学化管理,重点抓质量意识教育,把全所的科研生产纳入以质量管理为中心的轨道,并且建立健全一系列规章管理制度,使得研究所的工作顺利向前发展。

1979年春,中国科学院正式恢复了学部活动,为迎合形势,加强科研队伍建设,鉴于过去选聘的学部委员三分之一以上已经过世,健在的委员平均年龄也已超过73岁,有必要输送新的血液,焕发青春活力。

1980年11月26日,技术科学部举行学部委员推举大会。

大会采用差额选举和无记名投票的方法进行。

经过计票,最终宣布选举结果。

杨嘉墀、任新民、陈芳允等64名科学技术专家当选为中国科学院技术科学部委员,也就是后来的院士。

随着航天工程的发展,在各类型号研制上,杨嘉墀担负起越来越多的重任。

1980年11月10日,经中共中央书记处批准,杨嘉墀被任命为七机部总工程师。

三

随着我国第一颗人造卫星上天，发射一种专门用于空间物理探测的科学试验卫星被提到议事日程上来。

当时正开展关于"实践"的大讨论，实践不仅是检验真理的标准，而且是唯一的标准。

这样，也就以"实践"一词来命名这个卫星系列。

这个卫星系列，既肩负空间科学探测，同时兼顾航天新技术试验。

1981年2月13日，七机部任命杨嘉墀为"实践"系列卫星总设计师。

杨嘉墀立即着手，进行"实践"卫星的研究。当然，这次他是主帅，后面跟着一个军团，可谓是兵强马壮。

大家都明确地认识到，在国际空间技术的利用有很大进展的今天，"实践"卫星对于我国国民经济有很高的实用价值。

这正是向科学进军的好时候，乘着这股东风。杨嘉墀带领的科研大军，马不停蹄、日夜兼程，在"长征一号"运载火箭发射"东方红一号"卫星成功不到一年的时间，1971年3月3日，我国第一颗科学实验卫星成功发射。

这个速度是极快的，它也是中国发射的第二颗卫星，而且科技含量极高，虽然"实践一号"是基于"东方红一号"备份星研制的，重221千克，直径约1米，外形近似球体的多面体，与"东方红一号"相似，但它无论在空间科学还是空间技术方面都具有开创性。

"实践一号"卫星的主要任务，是考验太阳能电池、镍镉蓄电池、辐射式主动热控制系统和脉位遥测系统长期工作的可靠性，同时进行空间物理环境探测。

它全面进行了硅太阳能电池供电系统、主动式无源热控制系统等长寿命卫星技术的试验，为中国设计和制造长寿命卫星提供了宝贵经验，尤其为卫星的电源、热控制和无线电测控系统的研制开辟了成功之路。

因而，"实践一号"的寿命远远超过了"东方红一号"。

"东方红一号"只有几十天的寿命，"实践一号"一开始设计的寿命就是一年。

实际上呢？这颗卫星在太空竟然工作了8年之久。

在轨期间，"实践一号"进行了高空磁场、X射线、宇宙射线和外热流等空间物理环境参数的测量，这是我国第一次直接探测到了宇宙空间环境。

四

此后,杨嘉墀带领科研人员一鼓作气,于1981年9月20日,用一枚"风暴一号"运载火箭,以一箭三星的发射方式,将"实践二号""实践二号甲""实践二号乙"3颗科学探测与技术试验卫星送入轨道,使中国成为世界上第三个掌握一箭多星技术的国家。

"实践二号"由于要验证自旋稳定,就像陀螺高速自转立在地面一样在太空中自转着稳稳地飞行。

因而它是圆筒形状,它的太阳能电池贴在圆筒壁上。

"实践二号"的任务有空间科学和空间技术两方面。

卫星上装载有热电离计、太阳X射线探测器、太阳紫外探测器、磁强计、太阳角计、闪烁计数器、短波红外辐射器、长波红外辐射器、半导体电子方向探测器等,以进行大容量数据存储系统、太阳能电池阵工作状态、对日定向姿态控制精度的试验,并且对有关地球磁场、大气密度、太阳紫外线、X射线、带电粒子辐射背景和大气紫外背景等有关卫星发射本身数据进行实验验证。

借助星上的探测仪器,"实践二号"取得了重要的科学探测数据和有关技术试验数据，为空间科研提供了资料和依据。

令人欣喜的是，许多高新技术，至今仍在卫星上使用。

五

杨嘉墀在伏案工作。

他的笔下写出一行有力而端正的题目：《我国应用卫星成就与效益分析》。

由于有了一系列的实践活动，以及理论积累，杨嘉墀已经对卫星了如指掌。他需要将这些理论和认识写下来，作为一种建设性观点供大家参考。

杨嘉墀在这篇专业论文中写道：

> 如此，我们可以看到我国应用卫星的未来，那就是我国邮电、广播、电视、农林、国土资源、文化教育等部门通过试用国内卫星，对应用卫星加快本部门的现代化进程及提高工作效率增强了信心。

杨嘉墀写道：

根据近几年来我国十几个部、委、局及国外对我国应用卫星提出的需求，经初步统计，我国在10年内需要发展大容量通信广播卫星、移动通信卫星、银行通信卫星、极轨气象卫星、静止轨道气象卫星、海洋卫星、资源卫星、减灾救灾卫星、测地卫星、导航定位卫星、生物卫星、微重力科学试验卫星和空间科学探测卫星等。

这是一个展望，而且是不久就能实现的伟大展望。

由此，杨嘉墀充分认识到，使卫星通信实现产业化已经迫在眉睫。

杨嘉墀在多种场合提出了关于发展和满足实际需要的卫星通信的多种途径。

为了实现卫星通信产业化，杨嘉墀和专家们还向国家提出了"政企分离、全面规划、批量生产、竞争机制与扶持政策"等建议。

这些积极的建设性建议，在国家制订的卫星通信规划中，很多被采纳。

杨嘉墀为此充满信心，积极为国家通讯事业的发展贡献自己的光和热。

六

杨嘉墀在多种场合强调，我国的空间技术和航天工业，已经有 30 多年努力奋斗所建立的基础，运载工具和人造卫星的地面配套设施——发射基地和测控系统也较为完整，有关的通信、遥感和信息处理的技术队伍也是很强的。

所以我们应该大力协同，创新地发展自己的空间应用系统。

一方面为国民经济和全社会服务，一方面投入国际市场，参加竞争。这对于我们自己也是一种促进和提高。

杨嘉墀建议：

一是加强对空间技术利用的统一领导，加强对这一方面的投资。

二是结合我国已有的和在研制中的卫星以及国际上已有的卫星，加强地面系统的建设，利用并开展卫星应用的研究。

三是在技术方面，从通信广播、对地观测、导航定位等迫切需要出发，研究新的空间系统。

杨嘉墀说，特别应注意小卫星在这些方面的应用。

例如全球卫星移动通信系统、卫星遥感自然灾害监控系统等。

其次，要从天地一体化来考虑整个系统的设计和研制。

从卫星、用户、发射、测控等方面，综合考虑，使其获得尽可能大的效费比，并能较快地实施。

最后，还要寻求国际合作，特别是亚太地区的合作，投入国际市场竞争。

七

时间进入了20世纪90年代。

1991年，72岁的杨嘉墀从领导岗位上退了下来，但他仍旧关心着"实践"卫星的应用和发展，倡导开发小卫星技术，开展月球与行星探测。

他的一系列较为可行的卫星发展规划，逐渐在施行中。以"实践"命名的科学技术试验卫星已经进入了更为广阔的空间。

他先期主导研制和发展的实践卫星一直没有停止脚步，那是一种传承与接续。

1994年2月8日，"长征三号甲"运载火箭将"实践四号"卫星送入预定的地球同步转移轨道。

"实践四号"卫星是一颗用于探测空间辐射环境及其效应

的卫星。

针对地球同步转移轨道的特殊环境，科学家专门设计了空间辐射环境及其辐射效应试验项目。

2023年1月9日06时00分，我国在文昌航天发射场使用"长征七号"改运载火箭，成功将"实践二十三号"卫星和搭载的"试验二十二号"A/B星发射升空，卫星顺利进入预定轨道，发射任务获得圆满成功。

可以说，"实践"卫星家族，在我国空间科学和技术领域立下了赫赫之功。

第三十二章 "863" 计划

一

1979年,中国空间技术研究院对外开放以后,航天部总工程师杨嘉墀成为中国空间技术研究院副院长,主管空间技术外事工作。

开发空间是全人类的共同愿望,中国要想推进航天的宏图大业,开展国际间的技术合作与交流,是发展空间技术的必然趋势。

有着国外学习和工作的经验,并且长期做着这方面的工作,杨嘉墀从事对外技术合作与交流,也就驾轻就熟,得心应手。

为了打开对外开放的局面,杨嘉墀以中国空间技术研究院为窗口,开展了一系列活动。

包括组织专家出席国际学术会议,组织专业技术考察,接待各国专家来访。

他还充分利用政府间科技合作渠道,与欧美等国家和地区的空间组织建立了广泛的联系,开展相互间的空间技术合作。

20世纪80年代和90年代初,杨嘉墀担任国际宇航联合会(IAF)副主席职务,多次参加大型的国际空间科学和技术讨论会。

1992年,他还参加了国际空间年在美国华盛顿举行的大会。

这些活动,使他从宏观上了解到世界各国在开发和利用空间方面进行的科学和技术研究。

在国际宇航联合会第三十三届年会上,杨嘉墀等中国宇航科技专家首次当选为国际宇航科学院院士。

二

这中间,杨嘉墀不忘挖掘和培养人才,关心自动化控制发展的未来。

1984年,杨嘉墀接到通知,作为中国的学科代表到日内瓦参加国际学术会议。

日内瓦在国际上享有的高知名度,得益于在那里建立的国际组织或办事处，包括红十字会总部、世界卫生组织、联合国日内瓦办事处等。

在两次世界大战之间，国际联盟的总部也设立于此。

迷人的湖光山色，使其早就成为国际机构云集的国际化城市。

杨嘉墀下榻的宾馆位于日内瓦湖的西南角。在宾馆里可以看到这座城市的重要标志——湖上喷泉。

日内瓦为这次会议安排了多彩多姿的文化活动，既有独具特色的展览会，又有赏心悦目的游览项目。

然而，杨嘉墀却顾不上这些，他抽出时间，购买了一张车票，一个人坐上了去往纳沙泰尔的火车。

叶培建没有想到，当传达说有人来找，看到的竟然是一头白发的杨嘉墀。

这位已经60多岁的航天部总工程师，竟然这么老远跑来看他，让他喜出望外又感动万分。

叶培建于1968年分配到北京卫星总装厂工作。与杨嘉墀所在自动化控制研究所同属一个研究院，两单位毗邻而居。

那时研究院正忙着研制中国的第一颗卫星——"东方红一号"。

自动化控制研究所与北京卫星总装厂的人员不断有接触。

叶培建从他们口中知道自动化控制研究所有两个从美国回来的大专家，其中一个就是杨嘉墀先生。他正参与我国第

第三十二章 "863"计划

一颗人造地球卫星研制规划的制定,并领导这颗卫星姿态控制和测量分系统的研制。

叶培建心里充满了仰慕之情。

叶培建的中学时代是在浙江湖州度过的。

这座城市与杨嘉墀的出生地和少年读书的吴江震泽镇仅一河之隔,同为丝绸之乡。

叶培建想着自己也算是和杨嘉墀先生同出一地,不免感到亲切和近乎。

后来终于与杨嘉墀有了接触和交流,杨嘉墀称他为小老乡,关心他的学习和工作。

叶培建感到浑身有了力量,他将杨嘉墀认作老师,不断地向杨嘉墀请教,关注自动化控制,读了大量的有关书籍。

杨嘉墀也热心指导这位小老乡,叶培建问到什么问题,都热情接待,耐心解答。

这使得叶培建对自己越来越有信心,决心像杨嘉墀先生那样,走出一条科学研究的阳关大道。

功夫不负有心人,1978 年,叶培建终于考取了自动化控制研究所的研究生。

叶培建格外激动,多年的愿望终于如愿以偿。

自此可以在杨嘉墀先生的身边,跟着先生好好学习。

杨嘉墀似乎比叶培建还要高兴,他发现这个小老乡的身上有自己的影子,有一股向上的拼劲,喜欢探究和钻研。这是好的品质，好好培养，将来是国家不错的好苗子。

不久，叶培建又考取了出国读研的资格。

这是人生的又一个转折点。

叶培建有些拿不准，不知该选择去哪里深造。

当时很多人都希望去美国读书，杨嘉墀先生不也是美国出来的吗？

叶培建去拜访杨嘉墀。

杨嘉墀首先向叶培建表示祝贺，他觉得这位弟子又一次显露出他的能量。

听了叶培建的话语，杨嘉墀明白了这位小老乡的矛盾点。

杨嘉墀认真而慎重地同叶培建进行了交流。

根据当时国际大环境和美国对敏感专业的限制，结合自己当年在美国搞研究所遇到的情况，杨嘉墀不建议叶培建去美国，而是建议他去欧洲学习。

时代不同了，欧洲的科技已经很发达，学习环境相对宽松，没有过多的约束和限制。

这使得叶培建立时喜笑颜开，没有了顾虑和烦恼。

叶培建听从杨嘉墀的建议，改学法语去瑞士学习。

这一学就是5年。

从后来的结果看，叶培建真心地认为，杨嘉墀的这一建议对他非常有益，可以说让他受益终身。

杨嘉墀来看叶培建，到他所在的研究所，听了他的工作、

第三十二章 "863"计划

学习汇报，还到实验室看了现场演示。

叶培建在这里的一切让杨嘉墀感到满意。

杨嘉墀与叶培建愉快地畅谈着。他给予叶培建很多的鼓励，让他好好深造，回国后会有更为广阔的天地等着他。

让叶培建感到后悔的是，当时只顾高兴和激动了，杨先生那么大的腕儿，不顾旅途劳累跑这么远来看他，竟然没有时间游览一下自己所在的美丽城市，就又匆匆登上了返回日内瓦的火车。

杨嘉墀走后，其他国家的留学生向叶培建打听，刚才来看你的老头儿是谁呀？

听完叶培建的介绍，他们都惊得合不上嘴巴，愣了好半天，才说出羡慕叶培建的话语。

是呀，会有哪一位这么大的人物，专程跑来看一个自己的晚辈呢？

杨嘉墀，他们都记住了这个名字，并且在以后经常听到了这个如雷贯耳的名字。

叶培建回国后，担任了自动化控制研究所计算机室主任。

他如鱼得水，更好地发挥了自己的所学与所长。

叶培建很久以后都还记得，他头一次看到所里的第一台计算机——"王安机"。

这是杨嘉墀在美国的同窗好友王安赠送的，而机器中的存贮装置，正是杨嘉墀的发明专利。

后来带学生的时候,叶培建都会把他们带到这台计算机前,讲述自动化控制前辈的创造与奉献。要求他们以功勋科学家的高尚品格和进取精神为镜子,不断追求,奋勇向前。

事实上,叶培建也是这样做的。

叶培建后来成了"嫦娥一号"卫星总指挥、总设计师、中国科学院院士,还获得了"人民科学家"荣誉称号。

三

1983年,各国开始了一场"起航星际"的浪潮,都在探索神秘的外太空。

美国当时提出了"星球大战"计划。

这项计划旨在把握和控制世界航空领域和科技领域。这就是美国总统里根公布的震惊世界的"战略防御倡议"。

苏联和东欧迅速制定"科技进步综合纲要",与之针锋相对。

西欧17国联合签订了"尤里卡计划",日本提出了"今后十年科学技术振兴政策"。

而此时的中国科技界,却没有太大的动静。

不是没有人不为所动,杨嘉墀等一批科学家早已坐立不安,等待着冲锋。

只是没有那声号令。

1985 年，杨嘉墀两次出国考察，美国和欧洲的计划使他深受震动，他觉得中国应该迎头赶上，瞄准高技术的发展刻不容缓。

1986 年年初，国防科学技术工业委员会召开国防科技计划会议，就美国的"星球大战计划"以及中国如何应对这一轮新的科技挑战展开了讨论。

在中国应该采取什么对策这个问题上，专家学者们存在着不小的分歧。

一种意见认为，在科学技术飞跃发展的今天，谁能把握住高科技领域发展的方向，谁就有可能在国际竞争中占据优势，因而我们也应该搞高科技发展。

另一种意见则认为，发展高科技固然好，但是从目前国家的经济实力来看，尚不具备全面发展的条件。

四

1986 年 2 月。

这天，杨嘉墀到中国科学院办事，出来的时候，遇到了王大珩和王淦昌。他们知道杨嘉墀最近出国参加了几次学术活动，便同他聊了起来，问他的见闻和感受。

杨嘉墀说，感受颇多啊。这一段时间，正好去了美国和欧洲的一些国家，感到他们在科学领域的投入巨大，尤其是航天计划。

说到航天计划，两位立刻来了兴趣。他们问杨嘉墀有什么想法。

杨嘉墀说，我们要想发展高科技，也就需要大的投资力度，而投资又是一时半会难以见到直接的经济效益。对于这一点，我就想，没有最高领导层的决心和认同，难以办到。不管怎么说，对于当前的国际形势，我们国家应该重视起来。

王大珩和王淦昌听了，说他们对于国家发展前景的认识是一致的。

王大珩说，我们国家正面临着前所未有的历史挑战，只能想办法促成高层决策，启动中国的高科技进程。国家这么大，事情又这么多，国家领导人一时不会考虑得这么具体。前几天我就和芳允谈起这个话题，现在国家正在狠抓科学进步，小平同志就说，发展才是硬道理。发展靠什么？当然是靠科学，科学是第一生产力嘛！所以我们有了好想法，应该早些向中央表达出来。

杨嘉墀说，说得太好了，这也是我想的。

王大珩说，我正试着写一封建议书，还没有完全想好。

杨嘉墀说，好啊，写出来我们都看看。

王大珩说，这样，我们就联合以个人的名义，给小平同志递上去。

三个人激动地议论着内容，使得建议书简明扼要，态度鲜明。

正在这时，陈芳允走了过来。

他笑着问候三位老友。

多少年来，他们一起共事，一同研究，有什么困难相互帮忙，有什么想法共同探讨，建立了深厚的友情。

陈芳允是专门找杨嘉墀谈论文的事，听说杨嘉墀来中国科学院了，正好他也要办点事，就也过来了。他与杨嘉墀研究方向相同，两人合作写了多篇极有分量的论文，每每发出，都在学界引起不小的反响。

杨嘉墀说，正好，老陈来了，我们再谈谈这个话题。

听说光学家已经动笔写建议书的事，陈芳允高兴地说，这件事我必然是支持的，中国必须尽快提出自己的高科技发展计划。在科学技术飞跃发展的今天，谁能把握高科技领域的发展方向，谁就可能在国际竞争中占据优势。中国的经济实力不允许全面发展高科技，但我们在一些优势领域首先实现突破却是可能的。

王大珩说，搞"两弹一星"的时候，我们的国力还不如现在雄厚，经济实力也完全不能和美、苏等超级大国相提并论，但是我国"独立自主、自力更生"，我们硬是咬着牙搞出来了，只花了不到美、苏二十分之一的钱就搞出了"两弹一星"。这样我们在国际上的地位就大不一样了,人家就不得不对我们另眼看待,就不得不在国际政治舞台上让我们占据一席之地,人民也才有了不受核威慑的生活环境。搞高技术发展研究也是这样,我们集中力量,突出重点,完全可以花较少的钱办较大的事。

4位为共和国科技前途而焦虑的"两弹一星"元勋,又谈了好长时间才各自散去。

五

很快,王大珩将起草的初稿,交给其他3人传看。其间王大珩还专门跑到老朋友杨嘉墀的家里,边谈边改。

王大珩眼睛高度近视,改动的时候,几乎要趴在稿纸上。

4位科学家又一次聚首了。

他们显得高兴而激动,谈论着其中的内容以及某些措辞。

最终,经过反复逐字逐句地推敲修改后,他们郑重地签上了自己的名字。

这封由"中国光学之父"王大珩执笔,核物理学家王淦昌、航天技术及自动控制专家杨嘉墀、无线电电子学家陈芳允联合签名的建议书,于3月3日呈交到了邓小平同志的办公桌上。

第三十二章 "863"计划

3月5日的深夜,邓小平久久凝视着案头的这份代表着科学家心愿的建议书。

这位82岁高龄的老人显然被建议书中提到的严峻的国内外形势所触动。建议书主要提出了这样几个迫在眉睫的问题:

> 高科技问题事关国际上的国力竞争,中国不能置之不理。真正的高技术是花钱买不来的。我们应该有紧迫感,抓晚了就等于自甘落后,难以再起。
>
> 鉴于我国的经济情况,必须"突出重点、有限目标",强调储备与带动性。积极跟踪国际先进水平,要能在进入所涉及领域的国际俱乐部里占有一席之地。
>
> 发挥现有高技术骨干的作用,通过实践,培养人才,为下一个世纪的发展做好准备。

邓小平一边看着,一边露出欣慰的微笑。

4位科学家建议,中国要从现在抓起,用力所能及的资金和人力跟踪新技术的发展进程,而不能等到十年、十五年经济实力相当好时再说,否则就会贻误时机,真正的新技术是引进不来的。

早在1978年就提出"科学技术是生产力"的邓小平再次看到了中国科学的希望,而播种希望的就是这些赤胆忠心的知识分子,正是有这样一批具有高尚品格和超凡科技素养的科学家,我们的国防建设才能从无到有地迅速壮大起来,才能有"两弹一星"的辉煌成就,才能为祖国赢得和平发展的机会。

他们是国家的希望啊!

邓小平拿起笔,在信上作了如下批示:

> 这个建议十分重要,请找专家和有关负责同志,提出意见,以凭决策。此事宜速作出决断,不可拖延。

杨嘉墀他们听到了这个消息,激动得彻夜难眠,这是多么好的消息啊!

大家没有想到这么快就有了结果,这说明小平同志同他们的心是一致的,这样一来,国家科学就会宏图大展了。

六

几天后,杨嘉墀他们在怀柔参加中国科学院召开的"七五"计划讨论会。

这次会议有个精神,在全国科技体制改革的形势下,军品任务改变拨款体制,研究经费将要大大压缩。

这是什么信号?本来经费就不是太足,再经压缩,一些

第三十二章 "863"计划

项目势必受到经费不足的制约,那空间技术的发展会不会受到影响?

杨嘉墀不免有些担忧。

这天晚上,突然有电话通知他,第二天早上要赶到中南海,国务院领导同志要接见他。

第二天早上杨嘉墀赶到中南海时,才知道约见的就是王大珩他们4位科学家。

出来接见的,竟然是国务委员、中国科学院的老领导张劲夫。

张劲夫热情地同大家一一握手,问候他们的工作和生活。

对于这几位中国科学院的中坚力量,张劲夫十分熟悉他们的情况。大家见面都显得亲切又高兴。

张劲夫谈起了他们的建议,认真听取了他们4位的陈述。

张劲夫说,你们的建议很好啊,这是我们国家的百年大计!

张劲夫接着说,中央已经研究过了,国务院准备拨专款支持这项计划。

杨嘉墀他们听了,互相看了看,露出了欣慰的笑容。

这个时候,他们又听到张劲夫说,你们看,这项计划大概需要多少经费?

这可把几个很少理财的科研人员难住了,他们还真没有想到过这个问题。

沉默了一会儿,还是王淦昌有些数量概念,说,能省就省,一年能给两个亿就行!

是呀，在当时来说，两个亿的专项资金已经不少了，国家那么大，方方面面都要照顾，怎么敢多想呢？

张劲夫听后笑了，他明白这几位国家栋梁心里想的什么。他说，还可以再多些嘛。

4个人再次相互看了看，感觉到了预想不到的惊喜。

张劲夫说，是呀，可能你们没有想到，国务院已经考虑，在下面三个五年计划期间，用100亿的额度来支持这项计划！

100亿？这可是相当于当年全国财政总支出的二十分之一！

在场的4位科学家简直惊呆了。

他们完全没有想到，中央会为他们的提议拿出这么多的投资。这可真的是中国科学的春天啊！

七

这些钱如何使用？如何选择高技术发展项目？

当时有两种不同意见：一个是以发展国民经济为主；一个是以增强军事实力为主。

杨嘉墀他们认为，从国际形势和国内情况来看，当前中国所面临的问题，或许不是打仗的问题，而是发展经济的问题，带动经济发展的，便是科技。

只有发展科技，才能让经济大发展，走一条中国式的发展之路。

那么，能不能综合各位意见，让军民结合，突出发展国民经济呢？

为了有一个最终目标，从1986年3月到8月，国务院先后召开了七次会议。

3月上旬，国务院领导又在中南海召开了一次100多位专家和科技管理领导参加的座谈会。

在会上，国务院领导向大家通报，邓小平同志针对选择高技术发展项目的问题，作出了赞成"军民结合，以民为主"的决策。

之后，国家主管部门又组织200多位专家再次参加论证、确定主要的技术领域，作为重点投资方向。

专家们分成多个小组，进行细致的讨论与论证。

专家们济济一堂，讨论得可谓热烈，不时会有争论，但是可以看出，大家的心情是不错的，为了国家发展大计，虽然他们来自科技岗位的各个方面，但心劲是一致的，目标是一致的。

那就是，要从战略角度出发，突出前瞻性、先进性和带动性。

经过一系列的讨论、研究，最终选择对中国未来经济和社会发展有重大影响的生物、航天、信息、激光、自动化、能源、材料等7个技术领域的15个主题项目，作为高技术研究与开发的突破重点。

1996年，又在此基础上，增加了海洋技术领域。

这项计划是严谨的，适用的。希望用15年的时间，争取达到下列目标：

一、在几个最重要的高技术领域，跟踪国际水平，缩小同国外的差距，并力争在我们有优势的领域有所突破，为20世纪末特别是21世纪初的经济发展和国防安全创造条件；

二、培养新一代高水平的科技人才；

三、通过伞形辐射，带动相关方面的科学技术进步；

四、为21世纪初的经济发展和国防建设奠定比较先进的技术基础，并为高技术本身的发展创造良好的条件；

五、把阶段性研究成果同其他推广应用计划密切衔接，迅速地转化为生产力，发挥经济效益。

计划是充实的，前景是辉煌的，根据专家的讨论，最后通过了《国家高技术研究发展计划纲要》。

10月6日，这份"纲要"送到邓小平手里。

邓小平高兴地提笔批示："我建议，可以这样定下来，并立即组织实施（如有缺点或不足，在实施中可以修改和补充）。"

1986年10月，中共中央政治局召开专门扩大会议，批准了《国家高技术研究发展计划纲要》。

这是中国唯一一个由中央政治局召开扩大会议通过的科技计划。

1986年11月18日,中共中央、国务院批转了这一文件。

一个面向21世纪的中国战略性高科技发展计划正式公之于世。

中国宏伟的高技术研究发展计划,就这样坚定地开始实施了。

因为4位科学家上书的时间和邓小平指示的时间都是1986年3月,所以该计划简称"863"计划。

八

邓小平曾经说过:"过去也好,今天也好,将来也好,中国这么一个国家,必须在高科技领域里边,有一席之地。"

"863"计划的决断和投入,开启了中国科技腾飞的新征程。

其有力地提升了我国自主创新能力、国家综合实力,并且提振了民族自信心,为中国在世界高科技领域占有一席之地奠定了坚实基础。

在高技术发展计划的推动下,一场旷古未有的科技大革命席卷中国大地。

中国科学家们,热血在沸腾,情怀在激荡。

中国科技命运重压在肩的历史使命感、找回失落梦想的振奋,与实现人生价值的渴望交织在一起,驱使他们迫不及待地全身心地投入到科研工作中。

"863计划"自1987年3月正式实施后,全国数万名科学家参与攻关,在高技术及其产业化领域取得了不小的成就。

九

中国在开放搞活,杨嘉墀也同其他科学家一起,不断走出去,吸收新鲜空气,接受新鲜事物,同时将中国的发展情况介绍给世界。

他参加了国际空间研讨和评审等活动,在会上作了系统发言。

一是关于航天技术商业化问题,提到中国航天部成立了长城工业公司,为世界提供发射服务。

他提到,中国还提供多次返回式卫星的搭载服务,为国外用户提供微重力试验的环境。

1986年8月发射的卫星上,就有法国的有关试验。

二是主要介绍了20世纪80年代改革开放后，中国加强与国外的交流与合作，同时将航天技术转向民用。

"863"计划的实施，使得航天技术的产业化得以顺利发展。

到1991年，经过不到5年的实施，"863计划"已取得数百项科研成果。

到了2001年，"863"计划实施15年时，仅在民口6个领域的230多个专题中，资助项目近6900项，获国内外专利2000多个。累计创造新增产值560多亿元，产生间接经济效益达2000多亿元。

中央领导同志又及时作出了"发展高科技，实现产业化"的指示，使我国高技术的发展走上更具有生命力的轨道。

20世纪80年代以来，众多科技成果的大量转化，使高科技渗透进每个人的日常生活。

"863"的影响不断持续。

直到20年后的2008年，节能环保汽车、载人航天工程、高性能计算机、下一代移动通信等自主研发成果，有效地展现出"863"计划的强大力量。

第三十三章　重返故乡

一

1999 年。

火车越过华北平原，越过黄河，一直向着南方飞驰。

渐渐地，看到越来越多的水，一块一块的，一溜一溜的。

杨嘉墀跟徐斐说，你看，进入南方了。

多久没来了？记不得了，只是事情太多，太忙，一天天的，顾不得多想，也就这么过去了。

这次利用出差，杨嘉墀和夫人徐斐想着轻松一下，重返老家震泽看看。

杨嘉墀的话语多了起来。

徐斐也有些激动，她不断地听着杨嘉墀说着，不断地点头。

两个人想起当年回国都没有顾上回一次家乡，总想着还

第三十三章 重返故乡

有机会。

那个时候还年轻,杨西才四五岁,现在两人都是白发苍苍的老人了。

车到苏州。

已经有人等在那里。

坐上一辆考斯特,车子沿着古老的大运河一路驶去。

运河里还有不少的船,一艘接一艘地迎风破浪。

这些景象杨嘉墀不陌生,就好像自己儿时的印象。

离老家越来越近了。杨嘉墀想起那首诗:

> 近乡情更怯,
> 不敢问来人。

故乡,从小生长的故乡,怎么就一隔几十年了?

那年离开家乡去上海读书,是乘了一列火车。那列夜晚从苏州出发的火车,因为战事,走走停停,似乎永远也到不了。

国破山河在,城春草木深。

那段年月,一个学子的力量太弱,就如还没有长满羽毛的小鸟,无法在天空翱翔。

后来呢,后来这位学子却成为国家的栋梁,成为"两弹一星"的功臣。

杨嘉墀:大海与星空

二

震泽因太湖古称得名。

深厚的文化积淀,为古镇留存了丰富的历史遗存和人文景观。

千百年来,这里雅士齐聚、文人辈出。

他们进入镇子,还是以前的老样子,一切都改变不大。

到处都是小青瓦和石灰砖墙的明清建筑。

一处处古迹,一座座深宅大院,一家家酒肆商号,让杨嘉墀和徐斐仍然感到目不暇接。

頔塘河由东西走向贯流镇区,它西接湖州、北达苏州、东通上海、南抵嘉兴,不但为震泽人民提供了取之不尽的生活和生产用水,还因为得天独厚的航运便利,使震泽成为湖丝交易的重要商埠。

杨嘉墀携着夫人,再次踏入这片土地,心中有着诸多的感怀。

杨嘉墀说,这里的水质非常适合种桑养蚕,所以我从小就记得,这一带是太湖流域有名的湖丝产区。有人说,这里很早就开始了原始的缫织。我小时就听说"蚕事胜耕田""春茧半年粮",说你只要不辞辛劳,育蚕缫丝,一个春天就等于人家半年的劳动。

徐斐说，你带我去看看那些缫丝老户吧。

杨嘉墀凭着记忆，往镇子深处走去。

杨嘉墀边走边对徐斐说，晚唐诗人陆龟蒙曾寓居在震泽、庙港一带，他就关注过这里的种桑缫丝。他还写了诗歌记载这些事。从明代开始，震泽的丝就成了丝中上品。

徐斐说，记得你说过，那丝的名字好像叫"七里丝"。

杨嘉墀说，对，清代以后就叫成了"辑里丝"。

杨嘉墀说，我好像跟你说过，光是清光绪六年的记载，震泽一地出口海外的"辑里丝"，就占当年全国生丝产量的十五分之一。我在镇子里上学的时候，震泽有四五十家丝行。赶车的、行船的，都是来做生丝生意的。

三

两位老人兴致很高，一条街巷一条街巷地走，站立桥上四处望着。

杨嘉墀边走边回忆自己小时跟祖父的故事。

杨嘉墀问祖父，人家都说很久以前，咱们这里是一片水，根本没有村庄，那我们的祖先原来在哪里？

祖父说，我们杨家的祖先呀，在河南的弘农郡，也就是今天河南的灵宝一带。因为黄河泛滥才离开故土，向东南迁徙。经过一代代延续，一次次选择，直到清嘉庆年间，最后由乌镇迁到了震泽。

杨嘉墀说，也就是说，震泽是后来才有的。

祖父说，是啊，包括震泽周围的一大片村镇，都是后来慢慢出现的。

来到这里的人们，以水中泥沙淤漫的沙洲存地积田，堆积成陆。一点点经营，一点点繁衍，先成为一个小的定居点，渐渐由稀疏散居，变成一个家族的村落，再后来变成了村镇。

杨嘉墀第一次知道这一带水乡的来历，他感到祖父懂得真多。

祖父还告诉他，江南这一带的人喜欢种桑养蚕，慢慢知道了好处，就都开始弃农经商。

杨嘉墀的太爷爷开始是向蚕农收购湖丝，再转售给当地的丝商。

由于他会做事，善经营，有了本钱，便自己开设了杨同昌丝行，同上海丝栈做起了联手买卖。

后来就直接跟外商打交道，销量逐年增加，杨同昌丝行便成为震泽宝塔街上有名的丝经行。

第三十三章 重返故乡

四

徐斐说,听你讲得多了,我也就知道,震泽历来商贸兴盛,经济繁荣,在江浙一带久负盛名。尤其是蚕桑、缫丝,是震泽的主导产业。

你还说过,祖父精明良善,继承父业后很快熟悉丝经业的各种生产环节和经销业务,咱们底定街上的老宅,就是祖父1912年买的,从此他自立门户。

徐斐说,我记得祖父经营丝业刚开始也不大顺畅,后来开设了隆昌震丝经行,专营丝经加工、出口,先后创立了"纺织娘""金字塔""金孔雀"的牌号,才慢慢发展起来。

杨嘉墀说,祖父丝经行的"金字塔"牌特优干经,还拿到了1923年在美国纽约举办的万国丝绸博览会上,那次展示,使得震泽干经名扬海外。又过了几年,"金孔雀"商标的干经,在1929年西湖博览会上还获得了优等奖。

徐斐说,祖父很有经商头脑,你却没有继承他的志向,成为一名实业家。

杨嘉墀笑了,说,确实是,我只能做个"书呆子"。

五.

徐斐早就听杨嘉墀说祖父杨文震为人宽厚,办事公正,在同行中颇有威望。

他 1912 年被同行推为震泽丝经业同业公会会长,连任此职长达 23 年。

祖父接受西洋文化熏染,主张实业救国,通过丝业实践,进一步认识到实业与教育的紧密关系。

他抓教育,创办学校,还参与震泽电灯事务所的筹建。

杨嘉墀说,是呀,那个时间太早了。

早在 1918 年,就有了浔震电灯公司。发电厂以煤作为燃料,发电量有 100 千瓦,能供南浔、震泽两地前半夜的照明用电。后来又增设了一台 300 匹马力的活塞蒸汽机,发电量达到了 200 千瓦时。

老百姓算是开了眼界,每年春节,镇子里家家灯火通明。周边的乡镇,都是稀罕又羡慕,赶到震泽来看热闹。

杨嘉墀说,1919 年,震丰缫丝厂创办,适逢应用电力缫丝,开创了吴江县境内缫丝用电的先河。十几年后,电灯公司又增设了一台靠木柴为燃料的 105 匹马力冷泵柴油机。

这样,震泽的商铺店家、戏院、书场等场所都告别了"点灯必备油"的原始年代。这一举措,促进了人们观念的更新和当地文化经济的发展。

杨嘉墀说,你想不到吧,为了确保震泽镇每日有电可用,在南浔到震泽的7公里路途上,架起了2300伏压输电线路,并同时配装容量为100千伏安变压器一台。

只是到了1937年11月,日军入侵震泽,将高压输电设备专线拆除,浔震电灯公司才被迫歇业。

徐斐说,你小的时候,正好感受到了发电、输电、照明所带来的种种好处,这应该是对你有所影响的,孩子的启蒙教育很重要。

杨嘉墀说,你说得对,我那个时候就感到全中国都是这个样子,后来才知道震泽走在了前面。

徐斐说,那一代人,着实是为了一个实业报国的梦想,而发奋自强。他们想不到的是,他们的后代却完成了他们的梦想。那不只是一座发电厂,也不是几座缫丝厂,那是伟大国家的雄伟基业,是祖国强大的根本保证。

杨嘉墀说,我一直感慨,震泽肥沃的水土,曾经养育了我,先贤好学的精神一直鼓舞着我。路是人走出来的,而人生之路的起点总是故乡啊。

六

　　陪同人员故意在后面与他们拉开一段距离，他们要给两位老人留出一个空间，让他们可以好好地交流。

　　他们知道，老人这个时候回来，都会陷入深深地回忆和回味，诸多的感慨是他们所感受不到的。

　　看到两位老人如此兴致勃勃地看来看去，他们也感到由衷的高兴。

　　他们知道，杨嘉墀所说的震泽的前辈，确实是很优秀，正是有了他们的努力，杨嘉墀才有了新的认识，那认识从小扎根，使得他一步步走出去，走入上海交大，走入世界顶级大学、顶级科研机构，震泽，是他最初的台阶，也许就是那个"嘉墀"。

　　不知不觉，两位老人来到了杨嘉墀曾经就读的震泽中学。

　　杨嘉墀对徐斐说，没有想到，这么多年过去，我还总是会梦到它，梦到我坐在那张课桌前，在进行着一堂考试测验，先生在讲台上，一遍遍地交代要仔细阅题，切不可做错。

　　那个时候的孩子，大都是镇子上的，彼此十分熟悉，都想考出个好成绩回报先生，也能得意回家报喜。

　　徐斐说，我也是，我就怕考理数，做梦总是做到那一道题不会，怎么也解不出来，而考试时间马上就结束了，慌乱得不知所措。

两人都笑了。

徐斐说，你毕竟是学习尖子，没有难倒你的题，你还能做考试的梦？

杨嘉墀说，为了一个好成绩，总是怕考不好啊。你毕竟走了一条与理数无关的路，跟我不一样，所以你也就不用担心了。

徐斐说，就是不知道为什么，还是会梦到，可见中学时代是人生中的重要时段。

两人一边说着，一边走进院子。

杨嘉墀指着一间教室，告诉夫人，那就是自己曾经的学堂，学堂外，还会听到那里传来的蛙声和蝉鸣。

七

家乡人为杨嘉墀夫妇特意准备了震泽美食。

首先为他们上了"四碗茶"。

"四碗茶"就是水潽鸡蛋、饭糍干茶、熏青豆茶、清绿茶。

杨嘉墀高兴地边品边对徐斐说，我们这里的风俗，"四碗茶"是宴请贵客或婚礼宴席的首选饮品，比如谁家的"毛脚女婿"首次登门，就给他上这"四碗茶"。

说得大家都笑起来。有的说是第一次听说。

而后还有震泽的一个个特色小吃：

甜肥软韧、滋味分明的酒酿饼；色呈淡红、松软甜糯的定胜糕；形似海棠、香甜可口的海棠糕；还有口感绵软、富有嚼劲的黑豆腐干……

最后是一碗回味无穷的红汤小面。

他们坐的地方，正对着窗户。

窗外是一幅充满生机的江南画卷。

那里传来委婉动听的苏州评弹，和人们欢快自在地谈笑。

杨嘉墀问，现在老百姓还有烧野火饭的习俗吗？

镇上的人笑着说，有的，明天咱们就去感受一下。

杨嘉墀对徐斐说，以前大家认为吃野火饭对身体好，能够安然度过炎夏。

徐斐说，什么是烧野火饭？到野外去吗？

杨嘉墀说，是呀，一家人带上锅碗瓢盆，带上喜欢吃的东西，再摘一些蚕豆，就到野地里烧野火饭。烟火缭绕中，家人们其乐融融，那种味道，那种快乐，你们城里人是体会不到的。

大家的笑声再次响起。

第三十三章　重返故乡

夜晚，街灯照亮了错落的屋宇，照亮了柔曼缱绻的河水。

震泽古镇，显得更加迷离，温馨。

杨嘉墀和夫人徐斐站在桥上，久久地望着这一切。久久地依偎着。

月光将他们的身影，悄然地投射在了水中。

第三十四章　星　空

一

杨嘉墀说，航天技术是在现代科学技术的基础上发展起来的。

经过30年的努力，我国航天科技和工业已有一定的基础。我国已发射了一些科学试验和应用卫星，在通信和对地遥感方面已取得直接效益，在成果的开发以及转移技术至其他工业方面也取得了不少间接效益。

但是，正像微电子、信息、新材料等高技术一样，航天技术也面临着世界的挑战，我们必须慎重地研究对策，制定相应的空间政策。

人造地球卫星发射成功后，载人飞船工程提上了议事日程。

虽然1991年杨嘉墀已经从领导岗位上退下来，成为中国空间技术研究院顾问，但他宝刀不老，依然在为中国的航天事业贡献着自己的光和热，关心着我国航天工程的进展，为我国探月工程建言献策。

他还与陈芳允参与和指导了512所开展的月球探测工程系统，以及月球资源开发利用的情报课题研究，为月球探测项目进行可行性论证提供了有价值的资料。

1992年1月20日，航空航天部作出决定，将载人飞船工程的总体设计和总装工作交给中国空间技术研究院。

研究与探索是无止境的，且是一个缓慢的过程。

在"曙光一号"飞船研制时期，杨嘉墀参与了飞船控制系统的预研工作。

在制导、导航和控制系统中最终完成了全姿态仪和飞船用计算机样机。

对于我国航天载人发展规划的方案论证、技术攻关进行深入的探讨，做了大量卓有成效的工作。

1996年12月，有关部门举办了一场"21世纪初我国航天高技术发展研讨会"。

杨嘉墀在会上作了《月球探测和开发》的专题发言。

与会者深切领会了杨嘉墀具有战略眼光的可行性思考和建议，体会到老一辈科学家的爱国情怀及科学审慎的态度。

杨嘉墀：大海与星空

二

1999年9月18日，秋高气爽，阳光铺洒在东西长安街上。宽敞的道路两边，松柏显得格外青翠。

杨嘉墀坐在车上，望着窗外，他有些不大认识这座日新月异的城市了。

1956年刚从美国回来的时候，同今天的北京大不一样。

今天，很多建筑都焕然一新，街道似乎也变得宽阔了。

杨嘉墀说出了自己的想法，为他开车的司机说，老人家，可能是您不大来这街上走吧？

是呀，总是忙于研究、试制，哪有时间和心情到街上走一走、看一看呢？即使是有时坐车穿过，也是因为开会关心着会议内容，或想着工作，还真没有像今天这样，有心的朝着窗外观望一下街景。

杨嘉墀今天的心情确实是不错的，他知道人民大会堂要举行一个特殊的会议，而且党和国家领导人要出席。

自他接到通知后，就显得激动和兴奋。好久没有这种心情了，似乎自己多年的工作同今天有着必然的联系。

这一天，将赋予杨嘉墀的生命以新的意义。

三

雄伟的人民大会堂。华灯闪烁。

下午3时,嘹亮的《国歌》响彻全场,"表彰为研制'两弹一星'作出突出贡献的科技专家大会"隆重开幕。

新中国50年的光辉历程中,"两弹一星"的研制成功,是中华民族为之自豪的伟大成就,充分显示了中华民族的创造能力,在国内外产生了巨大而深远的影响。

在庆祝中华人民共和国成立50周年之际,党中央、国务院、中央军委决定,对当年为研制"两弹一星"作出突出贡献的23位科学家予以表彰,并授予王大珩、朱光亚、陈芳允、杨嘉墀、周光召、钱学森、程开甲等16人"两弹一星功勋奖章",追授王淦昌、邓稼先、赵九章、姚桐斌、钱骥、钱三强、郭永怀7人"两弹一星功勋奖章"。

激昂的乐曲声中,杨嘉墀登上了主席台。

江泽民同志亲手为杨嘉墀戴上了"两弹一星功勋奖章",并同他亲切握手,表示祝贺。

这是对我国从事"两弹一星"研制专家的最高荣誉,也是国家和人民对老一辈科学家光辉一生的肯定。

大会号召全国人民,向这些为国家作出突出贡献的科学家学习,在新的形势下,大力弘扬研制"两弹一星"的革命精神和优良传统，顽强拼搏、开拓创新，为夺取新的伟大目标而努力奋斗。

过去，这些无名英雄总是默默地在幕后，没有多少人知道他们，认识他们，他们无怨无悔地将自己的一生献给了祖国的科技事业，献给了人民的幸福祥和。

今天，他们一个个迎着闪亮的镁光灯，走上台去，以苍然华发笑对广大观众。

"争名当争国家名，计利当计人民利。倘若要为人民建立新的勋业，就必须以这次受勋为新的起点。面临国际竞争日趋激烈的当今社会，每一步都如逆水行舟，不进则退。必须抓住每一天，利用机遇，迎接挑战，将国家的航天事业推向一个新阶段。"

这是杨嘉墀授勋时的感慨。

老骥伏枥，志在千里；烈士暮年，壮心不已。

时间进入了新的世纪，迈入老年的杨嘉墀仍然没有闲着，他不像有些老年人那样，悠闲地进入养生状态。

作为科学家的他，认为个人的事情都是小事情，脑子里装着的总是国家的大事业。

2003年10月22日，杨嘉墀会见了杨利伟等5位中国航天员，并与他们合影留念。勉励他们为中国的航天事业作出更大贡献。

2004年，有关单位在海南举办了"中国北斗导航系统应用论坛"。

杨嘉墀不顾 85 岁的高龄，仍旧坐上飞机去出席会议。并在会上作了《发展导航卫星及应用要启动一个完整的广益增强系统》的典型发言。

杨嘉墀充分认识到发展我国独立自主的卫星导航系统是多么重要，他不断地同屠善澄、童铠、王礼恒、戚发轫、张履谦 5 位院士交换意见，认为应该像提出"863"计划那样，联名向中央提出建议书。

大家非常赞同这个想法，于是经过多次讨论商量，6 位院士于 2005 年 2 月 2 日向国务院提交了《关于促进北斗导航系统应用的建议》。

这个带有着中国科学家强烈责任感的建议书，仅仅过了两天，也就是 2 月 4 日，就得到国务院领导的批示。

很快，国家就将北斗导航系统的建设，列为国家基础设施规划，并且下拨资金。

这让杨嘉墀感到分外高兴，能在有生之年，为中国北斗导航系统的发展作一份贡献，着实是一件快事啊。

四

不断的奔波和操劳，耗尽了杨嘉墀的生命之光。

那份带有强烈责任感的建议书提出一年后，2006年6月11日12时45分，杨嘉墀，这位为祖国的科学事业奋斗了一生的功勋科学家，永远地离开了我们。

杨嘉墀院士的一生，是不平凡的一生，他从青少年时期就走上了奋斗之路，可以说每一步都走得坚定而扎实，饱含着对国家、对民族的无限深情。

为了祖国的科技事业，他不计得失，无私奉献，呕心沥血，殚精竭虑，对于发展我国航天事业和尖端技术更是贡献了自己的一切。

直到去世前，他还在为祖国科技强国之梦出谋划策。

他嘱咐了几件事：

一是要坚持不懈地继续智能自主控制的研究工作；

二是要大力发展重点实验室，加强国内外学术交流；

三是要抓紧培养青年科技人才。

人们仰望他，怀念他。

永久的仰望和怀念变得具体起来。

是的，人们仰首望天的时候，天空会告诉你，在浩瀚的星空中，有了一颗闪亮的星星，那就是"杨嘉墀星"。

这颗 11637 号星，是 1996 年 12 月 24 日，由中国科学院国家天文台兴隆观测站发现。

2003 年，国际小行星中心通知世界各国天文台：

"此星以中国科学院院士、国际宇航科学院院士的名字而荣誉命名。杨嘉墀致力于发展中国人造卫星，在自动化与控制技术领域作过开创性的杰出贡献。"

从此，"杨嘉墀星"永远闪耀在宇宙星空之中。

杨嘉墀的名字永载史册。

还有一项，国家设立了"杨嘉墀科技奖"。

以杨嘉墀的名义，表彰那些在自动化领域及宇航控制领域，从事学科理论与方法、技术与系统、工程与应用的研究及实践做出成绩的科技人员，以及对学科发展、国民经济及国防建设有推动作用的科技工作者。

这是根据杨嘉墀先生生前遗愿，由中国自动化学会与中国宇航学会共同设立，2009 年 7 月 15 日，由中国科技部正式批准的奖项。

这是对杨嘉墀先生在中国科学技术上的成就的又一次认定，是对他的爱国情怀及工作作风的永久铭记。

首届"杨嘉墀科技奖"颁奖大会上，获得此项殊荣的科学家们感慨万分。

他们纷纷表示，要以此为荣，以此为新的出发点，以杨嘉墀为榜样，把自己从事的工作做得更好，把杨嘉墀精神发扬光大。

五

在这里交代一句，我们前面曾经提到一位在欧洲留学的叶培建，他后来成了著名科学家。

1988年底，叶培建调至中国空间技术研究院任计算机信息化副总工程师，协助一位院领导主管信息化、计算机工程工作。

杨嘉墀是前任总工程师，这时他虽不在其位，但对这项工作十分关心。

每当杨嘉墀得到一点有用的信息或拿到一篇有价值的文章，就从大楼的西头办公室走到东头的办公室，亲自向叶培建提出他的看法和建议。

叶培建总是说，杨先生，你有什么事，打个电话让我过来就行。

杨嘉墀从不打电话叫叶培建过去，尽管他走起路来不是十分方便。

第三十四章 星空

在叶培建担任型号总设计师之后,杨嘉墀仍然时时处处关心这个小老乡的成长。

2000年,当叶培建任总设计师、总指挥的"资源二号"卫星发射成功之后,杨嘉墀又与闵桂荣、屠善澄两位院士一起联名推荐他申报国际宇航科学院通信院士。

此后,2002年,杨嘉墀还亲临发射基地,视察叶培建主持设计卫星的准备工作。

杨嘉墀还经常给叶培建提出意见和忠告。叶培建至今记得,杨嘉墀最后一次给他提建议,是在2005年春节前的一次月球探测会议上,他语重心长地对叶培建说,"要重视电推进技术,这对深空探测是十分有意义的。"

杨嘉墀曾经说过:中国有句成语,即"十年树木,百年树人",人才培养是一个长期的战略性措施,需要几代人的努力。

人才的培养是国家创新能力的持续力量,杨嘉墀在这方面付出了十分的用心和努力。

他指导与培养的叶培建、孟执中、吴宏鑫、王南华、李铁寿等,都成了空间技术的顶尖级专业人才。

2006年杨嘉墀先生驾鹤仙去,叶培建十分悲痛。恩师的一桩桩、一件件往事,都把他带入无尽的思念之中。

他夜不能寐,写成一副挽联:"出吴江,学哈佛,归国效力,八十七,做人做事皆楷模;精仪表,掌自动,再领信息,八六三,'两弹一星'建奇勋。"

六

时间到了 2021 年 9 月 2 日，由中国国家博物馆与国家国防科技工业局共同主办的"协同创新，自立自强——'两弹一星'精神展"在国家博物馆开展。

展览通过图片、图像等多种形式，系统展示了为国家作出杰出贡献的"两弹一星"专家的事迹，弘扬他们"热爱祖国、无私奉献，自力更生、艰苦奋斗，大力协同、勇于登攀"的"两弹一星"精神。

9 月 18 日，是"两弹一星功勋奖章"颁发 22 周年的日子。

这天，8 位元勋的子女相约国家博物馆。

他们是邓稼先之子邓志平，于敏之子于辛，杨嘉墀之女杨西，王希季之女王庆苏，朱光亚之子朱明远，王淦昌之女王遵明，黄纬禄之女黄道群，陈芳允之子陈晓东。

当年大院里的玩伴，现在也都老了，他们相携着，一起观看"两弹一星"精神展，缅怀先辈。

说起过去在一起的欢快时光，以及老一辈的关怀和影响，都是感慨万分。

最后，他们在父辈的影像前，留下了一张珍贵的合影。

杨西走下台阶的时候回望，父亲杨嘉墀仍然面带着慈祥的微笑，那是父亲的一贯面容。

七

科学家精神永不落幕。

2023年4月7日,"科教兴国 开创未来——'两弹一星'功勋科学家杨嘉墀院士专题展"在上海交通大学正式开展。

展览精要地展现了吴江震泽籍院士杨嘉墀奋发求知、科技救国的高远志向,不忘初心、矢志报国的家国情怀,孜孜以求、踔厉奋发的创新精神以及爱党爱国、情系九天的赤子之心。

杨嘉墀的女儿杨西受邀到父亲的母校参加活动。

展览的内容可谓丰富。

除了杨嘉墀院士的成长和科研历程,还有杨西捐赠的父亲的"两弹一星"功勋证书、奖牌和奖章,交通大学毕业证书,哈佛大学博士论文、学位证书、成绩单,以及他回国时的回国留学生登记表,写给妻女的家书等珍贵的实物藏品。

还有上海交通大学档案馆馆藏杨嘉墀入学登记表、成绩单等实物珍档;中国空间技术研究院、上海中学、钱学森图书馆等单位提供的杨嘉墀院士的手稿、照片等珍贵文献。

还有返回式卫星使用的降落伞、"长征四号"火箭发动机等。

200余幅珍贵图片,100余份珍贵档案及实物,使得展览在上海交大达到了前所未有的轰动效应。

今天的上海交大校园,春风正浓。

青翠的草地,蜿蜒的小径,树木掩映的教室和图书馆。

尽管已经不是当年杨嘉墀先生就读时的模样,但是同学们依然能感觉到先生的存在。

他或是在小径上散步,或是在教室里晨读,或是在图书馆翻阅。

他的音声,他的笑貌,依然伴随着年轻的学子们。

大家心怀崇敬之情,感佩杨嘉墀在母校的求学情景,并为有先生这样的校友而备感骄傲和自豪。

年轻的学子抬起头仰望。

璀璨的夜空中,有一颗星星正在异样地闪亮。

是的,"杨嘉墀星",永远都会在宇宙的天幕上,在人们的心幕上,放射着光芒。

2022 年 2 月一稿
2022 年 11 月二稿
2023 年 8 月三稿
2024 年 9 月改定

杨嘉墀生平活动年表

1919 年
9月9日（农历己未年闰七月十六日）生于江苏省吴江县震泽镇。

1924 年
秋，5周岁时入震泽私立丝业第一初高等小学（现名震泽镇藕河街小学）读书。

1930 年
秋，小学毕业，被保送到震属中学（后改名震泽中学）读书。

1932 年
秋，转入省立上海中学读书。

1937 年
从上海中学毕业，考入上海交通大学电机系学习。

1941 年
夏，毕业于上海交通大学，获工学学士学位。任西南联合大学电机系助教。

1942 年

夏,调入昆明中央电工器材厂三厂工作。先后任工务员、助理工程师。

1945 年

成功研制中国第一套单路载波电话样机,并成功研制了扬声电话。

1947 年

年初,入美国哈佛大学文理学院工程科学与应用物理系攻读研究生。年底以 A 等成绩获硕士学位。

1948 年

在哈佛大学攻读博士学位。参加回旋加速器的研制工作,负责控制系统的设计与安装调试。在化学实验室研制了利用光电吸收法研究而成的高分子光化学反应电子设备。成功研制了傅里叶变换器。

1949 年

4 月,以《傅里叶变换器及其应用》论文通过答辩,被授予哲学博士学位。

1950 年

入宾夕法尼亚大学生物物理系工作,任副研究员。先后成功研制高速电子模拟机和快速记录吸收光谱仪(被称为"杨氏仪器")。

1954 年

任纽约洛克菲勒医学研究所(现为洛克菲勒大学)高级

工程师。成功研制生物化学的二色光谱仪、视网膜仿真仪，成为生物医学电子学的创立者之一。

1956 年

9 月，携全家返回祖国。10 月，到中国科学院参与筹建自动化研究所，先后任研究员兼室主任、副所长。

1957 年

年初，应邀参加国务院科学规划委员会自动化专业小组，参与编制科学研究年度计划。受教育部委托，在清华大学参与开办了我国第一个自动化技术培训班——全国生产过程自动化进修班。9 月，赴法国参与发起和筹建国际自动控制联合会。12 月至次年 2 月，参加中国科学院和第一机械工业部共同组织的我国自动化情况调查团。

1958 年

参加中国科学院卫星发展规划技术组，开展卫星发展规划研究。担任特殊仪表研究室主任，负责研究卫星自动控制。负责筹建 0306 工厂，开展控制系统元器件加工和总装工作。10 月，参加中国科学院高空大气物理代表团，赴苏联考察。担任中国科学技术大学自动化系兼职教授。负责火箭发动机控制系统、测量系统的特殊仪表的研制任务。

1959 年

9 月，出席全国群英会。在火箭发动机试验基地进行火焰温度测量。

1960年

6月,出席在莫斯科召开的国际自动控制联合会第一次世界大会。

1961年

领导实施导弹热应力试验设备"151工程",至1965年7月完成加热、加载、测量系统研制任务。参加星际航行座谈会。

1962年

任中国科学院自动化研究所副所长。贯彻"科学十四条"。参与制订我国《科学发展十年规划》。提出以控制计算机为中心的工业自动化试点项目。

1963年

承担核潜艇反应堆控制系统的研究任务。承担原子弹爆炸试验测试任务,领导开展了火球温度测量仪、冲击波压力测量仪、火球光电光谱仪地震波振动测量仪的研制工作,于1964年5月通过验收,10月应用于我国第一次核试验。

1964年

当选为第三届全国人民代表大会代表。

1965年

参与《"651"卫星发展规则》研究。任卫星总体设计组副组长,参与我国第一颗人造卫星的总体方案论证。负责组建姿态测量和控制研究室、地面测控数据处理设备研究室。

1966年

年初,组织和参与我国第一颗返回式卫星姿态控制系统的研制工作。5月，组团去苏联考察控制论方面的研究项目。研究返回式卫星姿态测量和调整方案。

1968年

中国科学院自动化研究所划归国防科学技术委员会中国空间技术研究院，先任研究员，后任副所长、所长。

1969年

去北京假肢厂为烧伤女工王世芳研制假肢，利用人体神经信号控制假肢活动。

1970年

领导对返回式卫星姿态控制系统的初样产品进行大型模拟试验。

1973年

4月，根据周恩来总理的指示，率中国科技代表团访问日本。

1975年

当选为第四届全国人民代表大会代表。参加第一颗返回式卫星的总装和测试工作。11月，赴渭南卫星测控中心监视卫星运行情况，为卫星按计划返回做了准确的判断。率团赴美国波士顿参加国际自动控制联合会第六届世界大会。

1976年

组织进行第三颗返回式卫星总装测试。

1978年

当选为第五届全国人民代表大会代表。参加全国科学大会。

1979 年

4 月,被任命为中国空间技术研究院副院长兼北京控制工程研究所所长。当选为中国宇航学会理事。参与组建中国仪器仪表学会,任副理事长。

1980 年

11 月,当选为中国科学院学部委员(后改称院士)。当选为中国自动化学会副理事长。12 月,加入中国共产党。

1981 年

2 月,被任命为"实践"系列卫星总设计师。参与领导"实践二号"卫星的研制和发射。

1982 年

被任命为航天工业部总工程师、科学技术委员会顾问。

1983 年

6 月,被任命为"实践三号"卫星的总设计师。负责中国、意大利两国利用"天狼星"卫星进行通信试验项目的执行。担任国际宇航联合会副主席,后连任。

1984 年

担任国际自动控制联合会空间控制专业委员会副主席。被任命为中国空间技术研究院计算机推广和应用工程总设计师。获航天部"劳动模范"称号。

1985 年

当选为国际宇航科学院院士。参加联合国亚太地区空间科学和技术进步应用讨论会。获国家科技进步奖特等奖。

1986 年

与王大珩、王淦昌、陈芳允联名提出《关于跟踪研究外国战略性高技术发展的建议》。在邓小平支持下，这个建议产生了《高技术研究发展计划纲要》，即"863 计划"。

1987 年

赴英国参加国际宇航联合会第三十八届年会。被邀请参加国际空间技术产业化研讨会。

1989 年

当选为中国自动化学会理事长，后连任。

1990 年

被中央国家机关党工委授予"优秀党员"称号。被航空航天部授予"优秀党员"荣誉称号。进行卫星通信产业化研究。

1991 年

参加国防发展战略座谈会，作了《海湾战争对我国国防建设的启示》的报告。当选为中国科学技术协会全国委员会委员。

1993 年

12 月，参加日本宇宙科学研究所组织的国际评审委员会的工作。

1995 年

被中国航天工业总公司任命为航天军转民科学技术委员会主任。获中国科学院授予的"陈嘉庚信息科学奖"。

1996年

应邀出席"21世纪初我国航天高技术发展研讨会"。在会上作了《月球探测和开发》专题报告。

1997年

与王大珩共同主持"香山科学会议"第七十一次学术讨论会,会议主题为"面向21世纪的空间科学与探测技术"。

1998年

起草《关于加速发展我国航天事业的建议》。11月,赴香港参加由香港中文大学协办的第一○七次"香山科学会议"——"遥科学与机器人国际学术讨论会"。

1999年

获"何梁何利基金科学与技术进步奖"。9月18日,获中共中央、国务院、中央军委授予的"两弹一星功勋奖章"。

2000年

参与"技术科学发展战略研究会"。获国际电机电子工程师学会授予的"千年勋章"。

2002年

撰写论文《中国卫星控制系统的发展》,发表在《院士论技术科学》(2002年卷)。

2003年

"杨嘉墀星"命名。会见中国航天员杨利伟。

2004年

参加中国宇航学会卫星应用工作委员会举办的"2004年

中国北斗导航系统应用论坛",并发表了《关于参加伽利略计划要同时启动一个完整的广域增强系统的建议》。

2005 年

倡议 6 位院士向温家宝同志呈送了《关于促进北斗导航系统应用的建议》,温家宝同志做了重要批示。在中国宇航学会召开的"航天技术创新,促进产业发展"学术大会上发表了《发展卫星应用技术,促进产业发展》一文。

2006 年

杨嘉墀因病在北京逝世,享年 87 岁。

参考文章及书目

[1] 杨照德、熊延岭著：《中国当代著名科学家——杨嘉墀》，贵州人民出版社，2005年版。

[2]《当代中国的航天事业》编辑委员会：《当代中国的航天事业》，中国社会科学出版社，1986年版。

[3] 杨照德、熊延岭著：《杨嘉墀院士传记》，中国宇航出版社，2014年版。

[4] 边东子著：《风干的记忆：中关村特楼内的故事》，上海教育出版社，2008年版。

[5] 宋健主编：《"两弹一星"元勋传》，清华大学出版社，2001年版。

[6] 张神根主编：《足迹：共和国记忆》，新华出版社，2020年版。

[7] 艾国祥著：《空间天文学——当代科学前沿，共同走向科学》，新华出版社，1997年版。

[8] 孙勤著：《核铸强国梦：见证中国"两弹一艇"的研制》，

中国社会科学出版社出版，2013年版。

[9] 蔡恒胜、柳怀祖等著：《中关村回忆》，上海交通大学出版社，2011年版。

[10]《当代中国》丛书编辑部：《当代中国的国防科技事业》，当代中国出版社，1992年版。

[11] 董光璧著：《中国近现代科学技术史》，湖南教育出版社，1997年版。

[12]《震泽镇志》编纂委员会：《震泽镇志》，中国矿业大学出版社，1999年版。

[13] 王大珩、潘厚任著：《太空·地球·人类》，广西科学技术出版社，1993年版。

[14] 李福林、陈永楷：《名垂星汉 功在中华——记著名卫星与自控专家、中国科学院院士杨嘉墀》，《航空知识》，2007年12期。

[15] 许燕舞：《搏击天宇傲苍穹——"两弹一星"功臣杨嘉墀的故事》，《少儿科技》，2007年06期。

[16] 文源：《仰望星空怀念"两弹一星"功臣杨嘉墀院士》，《中国航天》，2006年07期。

[17] 五轩：《一生为国 熠熠生辉——记杨嘉墀院士不平凡的一生》，《中国航天报》，2019年07月25日。

[18] 王英：《"杨嘉墀科技奖"回到故乡苏州》，《苏州日报》，2021年4月11日。

[19] 莫晓：《"863"计划：改变中国的科技战略》，《文史

博览》,2016 年 09 期。

[20] 震泽镇、吴江市档案局编:《震泽镇志续稿》,广陵书社,2009 年版。

[21] 科小特:《中国探月事业四十年记》,《农家参谋》,2008 年 02 期。

[22] 杨嘉墀、闵桂荣:《空间技术与交通运输》,《现代化》,1988 年第 10 卷 07 期。

[23] 江苏省苏州市吴江区震泽镇志编纂委员会:《震泽镇志》,方志出版社,2017 年版。

[24] 杨嘉墀:《仪器仪表和系统》,1979 年在中国仪器仪表学会成立大会暨全国仪器仪表科学技术交流会上的讲话。

[25] 杨嘉墀、张国富、孙承启:《中国近地轨道卫星三轴稳定姿态控制系统》,《自动化学报》,1980 年 7 月第 6 卷 03 期。

[26] 杨嘉墀、孙承启:《由轨道上估算陀螺漂移来改进陀螺罗盘的测量精度》,《杨嘉墀院士文集》,中国宇航出版社,2006 年版。

[27] 杨嘉墀、张国富、孙承启、冯学义、钮寅生:《返回型对地定向观测卫星姿态控制系统及飞行试验结果》,《宇航学报》,1981 年第 1 期。

[28] 杨嘉墀:《人造卫星的质量保障和可靠性问题》,《杨嘉墀院士文集》,中国宇航出版社,2006 年 5 月版。

[29] 杨嘉墀:《自动化和新技术革命》,《百科知识》,1984 年第 10 期。

[30] 陈芳允、杨嘉墀：《我国航天技术发展与技术科学》，《中国科学院院刊》，1986 年第 4 期。

[31] 杨嘉墀：《继往开来　任重道远》，《杨嘉墀院士文集》中国宇航出版社，2006 年 5 月版。

[32] 杨嘉墀：《迈入二十一世纪的世界航天技术》，《现代化》，1988 年第 10 卷第 2 期。

[33] 杨嘉墀：《我国应用卫星成就与效益分析》，《中国航天》，1991 年第 10 期。

[34] 杨嘉墀、戴汝为：《智能控制在国内的进展》，《杨嘉墀院士文集》，中国宇航出版社，2006 年 5 月版。

[35] 钱学森、于景元、戴汝为：《一个新的科学领域——开放复杂的巨系统及其方法论》，《自然杂志》，1990 年第 1 期。

[36] 李人厚，秦世引：《智能控制系统：结构、原理与指标体系》，《1992 全国智能控制与自适应控制理论与应用研讨会论文集》。

[37] 徐耀玲、戴汝为：《人工神经网络在系统辨识中的应用》，《自动化学报》，1990 年第 17 期。

[38] 陈芳允、杨嘉墀、闵桂荣：《空间技术利用与人类》，《1993 年 11 月中国科学院学部学术活动报告》。

[39] 周光召主编：《科学进步与学科发展》，《中国科学技术出版社》，1998 年版；杨嘉墀：《中国卫星控制系统的发展》，《2000 年中国科学院第十次院士大会学术报告汇编（技术科学部分册）》。

[40] 杨嘉墀:《中国卫星控制系统的发展》,《2000年中国科学院第十次院士大会学术报告汇编（技术科学部分册）》。

[41] 杨嘉墀:《开发空间是全人类共同的愿望》,《杨嘉墀院士文集》,中国宇航出版社,2006年版。

[42] 肖博仁:《杨嘉墀:将生命化为银河中的一颗星》,《学习时报》,2022年7月27日。

[43] 芮雪:《传承"两弹一星"精神和科学家精神 杨嘉墀》,中国科技大学工会,2021年11月。

[44] 杨嘉墀:《中国航天世界瞩目——学习＜中国的航天＞白皮书的体会》,《杨嘉墀院士文集》,中国宇航出版社,2006年版。

[45] 共青团中央:《从哲学到航天他全精通,生命最后时刻为"北斗"发声》,2022年7月16日。

[46] 杨嘉墀:《21世纪月球探测和开发利用》,《杨嘉墀院士文集》,中国宇航出版社,2006年版。

[47] 杨嘉墀:《在2003年中国北斗导航系统应用论坛上的讲话》,《杨嘉墀院士文集》,中国宇航出版社,2006年版。

[48] 苏州市公共文化中心:《嘉实弥望——中国科学院院士杨嘉墀》,2024年5月。

[49] 杨嘉墀:《发展卫星应用技术 促进产业发展》,《杨嘉墀院士文集》,中国宇航出版社,2006年版。

[50] 叶培建:《深切怀念良师杨嘉墀先生》,2006年6月27日光明日报。

[51] 葛榜军、廖春发：《我国卫星应用产业现状与发展前景》，《卫星应用》，2004年第四期。

[52] 姜景山主编：《空间科学与应用》，科学出版社，2002年版。

[53] 杨嘉墀：《我这五十年——大力协同发展航天事业的体会》，《杨嘉墀院士文集》，中国宇航出版社，2006年版。